호남 한시의 공간과 형상

박명희

景仁文化社

책머리에

우리나라의 경우 각기 다른 사회·문화적 특성을 지닌 지역을 묶어 모두 여섯으로 권역화(圈域化)할 수 있다. 서울과 경기도 일대를 경기권이라고 하며, 동해안을 중심으로 한 강원도 일대를 강원권이라고 일컫고, 경상남·북도를 아울러 영남권이라고 한다. 또한 충청남·북도를 총칭하여 충청권이라고 하며, 전라남·북도를 합해 호남권이라고 일컫는가 하면, 섬의 독특한 특징을 지니고 있는 제주도는 제주권으로 지칭된다. 요즘 새삼 각 지역에 대한 연구가 활발히 이루어지고 있다. 각 지역에 대한 이러한 연구는 나름대로의 색깔을 지니고 있기에 그동안 중앙 집중식 연구에서 놓쳤던 부분까지 세세하게 다룬다는 점에서 큰 의미를 부여할 수 있다.

전라남·북도를 통칭하는 호남은 나름대로 독특한 문화를 형성하며 오늘에 이르렀다. 지형학적으로는 많은 섬들을 거느리며 섬문화를 형성하였고, 역사적으로는 중앙과 동떨어진 만큼 고유한 전통성을 지니게 되었다. 뿐만 아니라 넓은 평야와 풍부한 물산은 정신적인 여유와 풍요를 가져와 인성면(人性面)에서 다른 지역에서는 볼 수 없는 낙천성이 있음은 부인할 수 없는 사실이다. 또한 중앙과 멀리 떨어져 있어 유배의 땅으로 이용되었는가 하면, 때로는 정치적인 억압을 받았던 것도 사실이다. 이러한 모든 것이 어우러져 호남만이 지닌 문화를 형성할 수 있었다.

필자는 오래 전부터 호남에 내재된 한문학에 깊은 관심과 애정을 가지고 있었다. 그 직접적 계기의 중심에는 '전남대학교 호남문화연구소'가 있었다. 연구소 연구원의 한 사람으로서, 그리고 한문학을 연구하는 연구자로서 호남과 관련된 연구를 수행하며 그동안 가지고 있었던 관심과 애정을 실행할 수 있었다. 그리고 이러한 연구를 실행하던 중 그동안 알았던 호남 한문학에 대한 나의 앎이 전부가 아니었음을 다시 한번 확인할 수 있었다. 그럴 때마다 마음가짐을 다잡으며, 연구의 폭을 넓히려 애쓰기도 하였다. 그러면서 다른 지역에서는 볼 수 없는 호남만이 지닌 호남 한문학은 과연 무엇일까? 하는 의문을 가져보기도 하였다. 그렇지만 사실 이는 많은 연구가 축적되었을 때 알 수 있을 것으로 잠정 결론지었다. 이러한 연구의 축적은 작가와 작품, 그리고 작품이 생성된 배경 및 공간 등을 총체적으로 엮을 때에 가능하리라고 본다.

본 저서는 호남 한문학의 실체에 대한 연구의 일환으로 볼 수 있다. 그리고 구체적인 제목으로 『호남 한시의 공간과 형상』으로 하였다. '공간'은 한시를 생성한 배경적인 의미가 강하고, '형상'은 작품을 직접 분석하여 문학성과 예술성을 추적하는 가운데, 호남 한시의 실체를 조금이나마 드러내려고 했음을 뜻한다.

먼저 15~6세기는 그 전후의 시기와 비교할 때 호남 문인들이 중앙 문단에서 가장 활발히 활동했던 시기로 기록되어 전하는데, 그 구체적인 모습을 고구(考究)하는 일부터 시작하였다. 그리고 호남 불교문학의 본산지라고 할 수 있는 송광사에서 간행된 고승문집 및 불교문학적 의미를 연구하여 문학에서 사찰이 차지하는 비중을 살폈다. 또한 15~6세기 호남 문인 중 한 사람인 김인후의 작품 중에서 대표작이라고 할 수 있는 「소쇄원 48영」의 미학적 의미와 아울러 그의 영물시에 나타난 표상성 등을 밝혔다. 뿐만 아니라 조선후기 화단(畵壇)의 사실주의 화가의 대표 인물로 손꼽히는 윤두서의 아들인 윤덕희의 제화시와 송광사의 고승 중 한 사람인 무용 수연대사의 시문을 연구하여 작품에 대한 의미를 정리하였다. 『시경』은 중국을 비롯한 우리나라 문인들에게 시문의 안내서 역할을 담당하였다. 이러한 점을 고려하여 시론에서 그동안 자주 언급되곤 하였다. 2부 5장의 임상덕의 『시경』론 연구도 포괄적 시론에 대한 연구로 인정하여 형상이라는 틀 속에 포함시켰다. 마지막 부론의 두 논문은 이달 시문에 대한 연구로 이달이 호남과 직접 관련되지는 않으나 그 또한 백광훈·최경창 등의 삼당파(三唐派)의 일원으로서, 그리고 호남 문인을 시적 스승으로 두었다는 점을 감안하여 '호남한시'속에 수용하였다.

그러나 이러한 본 저자의 연구는 전체 호남 한시에 대한 빙산의 일각이라고 하기도 부끄러울 정도로 극히 일부분에 한정되어 있다는 점에 수긍하는 바이다. 다만, 지금까지의 연구를 정리하며, 다하지 못한 연구 역량에 대한 반성과 아울러 앞으로 무엇을 어떻게 연구해야 할 것인가 하는 연구자로서 필자의 정체성을 조금이나마 찾았다는 점에 위안을 삼고자 한다.

본 저서가 출판되기까지 많은 분들의 도움을 받았다. 남경(南畊) 박준규(朴焌圭) 선생님과 현재(弦齋) 김영웅(金永雄) 선생님은 학문에 대한 진지한 자세를 몸소 보여주신 분으로 평생 잊을 수 없다. 그리고 어려운 자료를 기꺼이 보도록 허락해주신 송광사의 고경 스님과 송일기(宋日基) 선생님께도 지면으로나마 고마움을 전한다. 또한 충분치 못한 저서를 흔쾌히 연구총서로 간행토록 허락해주신 호남문화연구소장님이신 최대우(崔大羽) 교수님과 출판을 맡아주신 경인문화사의 편집장님과 편집 일을 묵묵히 담당하준 편집부에게도 고마움의 마음을 또한 전하고 싶다.

2006년 11월 초입에
저자 朴明姬 謹識

次例 차 례

x

1부
호남 한시의 공간

●
●
●

1장 15~6세기 전남지역 문인의 詩壇形成과 山水美 표현
2장 順天 松廣寺 간행 고승문집에 관한 연구
3장 順天 松廣寺의 불가문학 전개와 의미

15~6세기 전남지역 문인의
詩壇形成과 山水美 표현

1. 머리말

　지역의 특징을 드러내는 한문학을 논할 때 전남지역의 경우, 시기
적으로 15~6세기에 대한 인식은 남다르다. 그 이유는 문인들의 활동
이 산발적이지 않고 집단적이었으며, 가장 중요한 사실은 비록 지역
적으로 중앙과 원거리에 위치해 있었지만, 당대 문단을 움직일 정도
의 강한 힘을 가진 시인들이 있었기 때문이다. 이는 당시 문단의 상황
을 누구보다도 잘 파악했던 李睟光이 비평가적 안목으로 '근래의 시
인은 호남에서 많이 나왔다'라고 하며, 朴祥・林億齡・林亨秀・金麟
厚・梁應鼎・朴淳・崔慶昌・白光勳・林悌・高敬命 등과 같은 문인
군을 열거한 것[1]을 통해서도 알 수 있을 뿐 아니라 '중종조 때에 호
남 출신으로서 드러난 자가 매우 많았다'라고 하며 박상・김인후・임
형수・임억령・양응정・박순은 물론이고 朴祐・崔山斗・柳成春, 希
春 형제・梁彭孫・羅世纘・宋純・吳謙・李恒・奇大升 등의 16인을

---

[1] 李睟光, 『芝峰類說』 卷14, 文章部 7, 『詩藝』: "頃世詩人多出於湖南 如朴
　　訥齋祥 林石川億齡 林錦湖亨秀 金河西麟厚 梁松川應鼎 朴思菴淳 崔孤
　　竹慶昌 白玉峯光勳 林白湖悌 高苔軒敬命 皆表表者也."

말한 許筠의 비평문에서도 드러난다.[2] 여기서 말하는 호남에 대한 지역적 한계는 연구자들마다 각기 다를 수 있지만,[3] 이수광과 허균이 말한 문인들의 다수가 현재 전남지역을 연고로 두고 있음은 시사하는 바가 크다고 하겠다. 뿐만 아니라 이들은 중앙 정치에서 물러나게 되면, 대개 無等山을 중심으로 광주·화순·담양·장성·나주 인근을 주된 터전으로 삼아 樓亭을 건립하고 활동했음을 보여주는데, 이 또한 하나의 특이 사항으로 인식할 수 있겠다. 그리고 앞에서도 이미 말하였듯이 이들의 활동은 개인적이라기보다는 집단화하는 모습을 보여주어 '湖南詩壇'이라는 특정 지역을 염두해 둔 용어를 산출하기에 이른 것이다.

본 논고는 이들의 집단적 문학 활동을 시단으로 규정한 그간의 연구를 충실히 따르면서 궁극적으로 시단이 지닌 한문학적 의미를 정리해보고자 한다. 이를 위해서는 먼저 다른 지역과는 변별적인 시단이 형성될 수 있었던 기저가 무엇이었는지를 정리할 필요가 있을 것이다. 시단 형성은 결국 풍부한 물산과 온난한 기후, 낙천적 기질 등 복합적인 요인이 작용했다고 할 수 있는데, 이 글에서는 정치적 영향과 학풍의 성격에서 그 근원을 찾고자 하였다. 그리고 시단의 주역들이 남긴 시문의 양태를 보면 누정 주변의 산수 경관을 주요 소재로 삼았음을 볼 수 있는데, 이는 그들의 관심 대상으로서 산수 자연이 그만큼 중요했음을 알 수 있게 한다. 따라서 그들이 지닌 산수에 대한 인식은 어떠했으며, 어떤 입장을 견지하고 산수시를 창작했을 것인가 하는

---

2) 許筠, 『惺所覆瓿藁』卷23, 說部2「惺翁識小錄中」: "在靖陵朝 湖南人才 之顯于時者 甚多 如朴訥齋昆季 崔舍人山斗 眉菴昆季 梁校理彭孫 羅提 學世纘 林牧使亨秀 金河西 林石川 宋三宰純 吳贊成謙 最著 其後 朴思菴 李一齋 梁松川 奇高峰 高霽峰 或以學問 或以文章 顯於世 …."
3) 호남의 지리적 상한선과 하한선에 대한 자세한 설명은 朴焌圭, 『湖南詩 壇의 硏究』, 전남대학교 출판부, 1998, 7~16쪽 참조.

점에 관심을 가질 필요가 있다고 본다. 이는 시단을 움직였던 많은 문인들의 작품을 대상으로 했을 때 성과가 나타날 것이지만, 본고에서는 河西 金麟厚(1510~1560)가 남긴 산수시를 통해 전남지역 문인의 시문의 한 양상을 살피고자 한다. 물론 김인후는 당시 여러 누정을 드나들었던 한 문인에 불과하여 객관적인 입장에서 볼 때 반드시 대표적이라고 할 수는 없다. 하지만, 瀟灑園의 경관을 48수의 작품으로 남긴 「瀟灑園 48詠」은 당시 소쇄원시단의 대표시문이기도 하지만, 산수미학을 담고 있다는데 의미가 있다.

2. 시단 형성의 기저

1) 정치적인 영향

조선 중기에는 무오·갑자·기묘·을사와 같은 네 번의 큰 士禍가 있었는데, 이는 한마디로 新進士類들이 勳戚으로부터 받은 정치적 탄압이라고 정의할 수 있다. 15세기에 거의 확립된 듯한 조선왕조의 기본 질서는 15세기 말 무렵부터 여러 분야에서 모순을 드러내기 시작하였는데, 그 중에서 가장 두드러진 것은 정치였다.

고려후기에 등장한 사대부는 조선왕조의 건국과정에서 그 처지를 달리하는 두 방향으로 나뉘어지는데, 그 하나는 개국에 참여한 공신계열이고, 다른 하나는 그에 반대한 인물들로서 그 일부는 향촌에 은거하면서 후일을 예비하게 된 재지사림이었다. 개국에 참여한 공신계열 사람들은 건국 초부터 성종 중엽까지 중앙의 요직을 독점하며 훈구계열로 자리를 잡아가게 되었다. 반면, 향촌에서는 재지적 기반을 가진 사림이 영·호남 등 넓은 지역에 분포되어 성리학에 침잠하고

朱子家禮의 실천을 통해 자기 수양을 추구하는 한편, 왕조의 건국 이념이자 자기들의 이상인 성리학적 통치질서 확립을 위한 구상을 하고 있었다.4)

이처럼 성리학적 이념에 충실하려고 하는 사대부층의 활동이 있기는 했지만, 이는 지방이라는 지역적 한계를 지닐 수밖에 없었고, 중앙의 요직은 훈구세력들이 독점하여 국정을 壟斷하는 지경까지 이르게 되었을 뿐만이 아니라 재산을 증식하는데 힘을 기울여 당대의 부호가 되어 있었다. 심지어 1506년에는 연산군의 횡포를 보다 못하여 反正을 일으켜 중종을 새로운 왕으로 세우는 일까지 하게 되었다. 따라서 중종은 왕이 되어서도 훈구세력들로부터 자유로울 수 없었다.

이러는 와중에도 지방에 있던 사림계열의 중앙 정계 진출은 꾸준히 이어졌다. 이들은 경제적으로는 지방의 향리에 얼마간의 토지를 갖고 있는 중소지주계급의 출신이며,5) 성리학에 바탕을 두고 행동하는 지식인에 속해 당시 훈구계열 사람들뿐만 아니라 척신까지 가세하여 권력을 남용하는 것을 신랄하게 비판하였다. 이로써 정치적인 충돌이 불가피하게 되었고 당시 힘이 약한 사림파 인사들이 화를 당할 수밖에 없었다.6)

---

4) 李秉烋,『조선전기 사림파의 현실인식과 대응』, 일조각, 1999, 53~55쪽 참조.

5) 李樹健,『영남사림파의 형성』, 영남대학교 출판부, 1979, 184~230쪽 참조.

6) 성리학적 규범으로 스스로를 규제했다고 함은 학문적 소양을 그대로 현실에 옮겼다는 의미로도 풀이할 수 있는데, 호남시단을 형성했던 문인들의 경우 사화 뿐 아니라 기타의 크고 작은 역사적 사건에 직면했을 때 배운 것을 그대로 현실로 옮겨 몸소 실천하는 모습을 보여주었는데, 각 문인과 역사적 사건을 연관지으면 다음과 같다.
① 박상 ; 42세 때 순창군수 金淨 그리고 柳沃과 함께 慎氏復位上疏를 올림. ② 양팽손 ; 32세 때 중종반정 때의 靖國功臣의 위훈을 삭제한 상소를 올림. 32세 때 기묘사화가 일어나자 伸救하는 상소를 올림. ③ 송순 ; 38세 때 灼鼠之變의 옥사에서 朴氏母子를 변호하는 계를 올림. ④ 나세

'사림'이 집단화되면 '사림파'라고 할 수 있는데, 처음 용어가 사용된 고려후기 이후 시대의 변천에 따라 다양한 의미를 보여주었다. 여말선초의 초기 사림은 왕조의 교체기에 향리에 은거하며 성리학적 소양을 쌓은 성리학자를 중심으로 한 성리학적 소양을 갖추고 다소 詞章學에도 관심을 보인 사람까지도 포함하였다. 그러다가 중앙 정계에 진출하여 정치적 영향력을 가지게 되면서 조직체로서의 '사림파'가 형성되었다고 할 수 있는데, 이로부터 현실적이고 구체적인 목표를 지니며 강인한 공동체 의식 뿐 아니라 상호간에 지속적인 접촉을 유지하며 성리학적 규범으로 스스로를 규제하였다.[7]

그러나 사림파들은 중앙의 훈구파들이 휘두른 막강한 힘에 압도될 수밖에 없었고, 언제 있을지도 모를 탄압에 몸을 움추려야만 했다. 즉, 중앙 정계 진출의 꿈은 잠시 접어두고 지방 향리에서 은거하며 학문을 연마하고 후진을 양성하는데 만족해야만 했다. 그리고 비록 중앙 정계에서 자신의 경륜을 펼칠 수는 없었지만, 향리에서 뜻이 맞는 사람들끼리 집단적으로 학파를 형성하기도 하였다. 이러한 학파 형성

찬 ; 22세 때 조광조의 억울함을 상소하여 부친이 화를 당하다. 39세 때 김안로를 指鹿之奸이라고 하여 하옥당함. 48세 때 白仁傑·柳希春·丁熿 등의 억울함을 상소하여 체직. ⑤ 임형수 ; 32세 때 윤원형의 무리와 어긋나 제주목사가 되다. 34세 때 良才驛 壁書事件에 연루되어 遠方付處되고 결국 사사됨. ⑥ 김인후 ; 34세 때 수찬이 되어 기묘제현을 신원하는 차자를 올림. 38세 때 검토관으로서 기묘인들이 주장한 소학·향약을 다시 일으킬 것을 주장. ⑦ 유희춘 ; 35세 때 양재역 벽서사건에 연루되어 제주로 유배. 56세 때 조광조의 推崇을 건의. ⑧ 박순 ; 39세 때 임백령의 시호 사건으로 인해 파직되어 나주로 귀양. 43세 때 윤원형의 죄를 논하여 삭출. ⑨ 기대승 ; 19세 때 을사사화 소식을 듣고 두문불출. 25세 때 알성시에 응시했으나 윤원형이 낙제. ⑩ 정철 ; 10세 때 을사사화에 姊夫 계림군이 연루되어 부친과 백형이 화를 입음. 31세 때 을사사화 때 화를 입은 諸人의 신원을 청함.
7) 이병휴, 앞의 책, 56쪽 참조.

은 결국 문학을 생성하는 주요 동인으로 작용했다고 볼 수 있는데, 누
정이 문학을 생성한 중요한 현장으로 인식될 수 있는 이유도 바로 여
기에 있다. 16세기에 건립된 누정의 대부분은 이처럼 사화라고 하는
역사적 사건과 맞물리면서 화를 피하여 잠시 머무르는 은신처로서의
성격도 지니고 있었지만, 이후 지역의 전통을 형성하는 주요한 공간
으로 자리매김되었다고 할 수 있다.

2) 학풍의 성격

전남지역 학맥은 조선 초까지만 하더라도 구체적으로 드러나지 않
은 상태였는데, 연산조 때 연산군의 폭정을 이기지 못하여 落南한 사
림들이 향리에서 활동하면서 점차 형성되었으며, 중종조 사화를 입은
사림층이 향리에 자리잡으면서 발전의 단계에 이르렀다.

그 첫 번째 인물로 知止堂 宋欽(1459~1547)을 손꼽을 수 있다. 송
흠은 전남 장성 출신으로 34세에 벼슬에 나아갔으나 연산군의 폭정을
더 이상 이기지 못하고 고향으로 돌아와 觀水亭이라는 누정을 건립하
고 만년을 보냈던 사림문인 중 한 사람이다. 南歸한 후 그의 학덕을
높이 사 많은 문인들이 그를 찾았는데, 梁彭孫·羅世纘·宋純·安處
誠 등을 들 수 있다.

이중 양팽손은 13세에 송흠에게 나아가 수학하고, 이후 기묘사화가
일어나자 사림들을 위하여 항소하여 당시 훈척의 부당함을 고발하였
던 인물이다. 이 일로 인하여 결국 관직에서 삭직당하여 고향인 화순
능주로 돌아오게 되는데, 기묘의 화를 입고 낙남한 기준·朴世熹·최
산두 등 기묘명현들과 우의를 다졌고, 특히 마찬가지 전남 화순 능주
로 유배와 있던 趙光祖가 사사될 때 곁에서 함께 했던 것으로 알려져
있다. 나세찬은 전남 나주 출신으로 기묘사화의 화를 입고 능주로 귀
양와 있던 조광조를 신원하다가 화를 입은 羅彬의 아들이기도 하지

만, 훗날 을사사화 때 金安老에게 배척당한 乙巳名賢이기도 하다. 송순은 전남 담양 출신으로 일찍이 송흠에게 나아가 수학하였지만, 21세 때에는 鄭萬鍾과 함께 박상과 탁우에게도 배움을 받았고, 26세 때에는 당시 至近 거리에 와 있던 宋世琳에게도 학문을 전수받았던 인물이다. 그의 나이 41세 무렵 김안로가 정권을 쥐고 국정을 농단하자 고향에 면앙정을 짓고 여러 사림문인들과 함께 면앙정시단을 형성하였다. 당시 인근의 사림문인들인 김인후·기대승·임형수·고경명·임제 등이 면앙정시단을 드나들었던 것으로 나타나는데, 이들 모두는 송순을 만나 時流에 대한 대화도 나누며 자신들의 처지를 시문으로 달랬을 것으로 생각된다.

송흠의 학문을 전수받은 양팽손·나세찬·송순 등은 향리에 머무르며 많은 제자들을 길러 학맥이 이어지게 되는데, 양팽손은 그의 아들인 양응정에게 家學으로 이어주었고, 또한 양응정은 三唐詩人으로 불리우던 최경창과 백광훈에게 학문을 전해주었다. 그리고 송순은 앞에서 들었던 다섯 문인은 물론이고, 기타 많은 제자들을 길러 명실공히 명종 때에 이르러서는 전남지역을 대표하는 학맥으로 성장하였다.

전남지역 학맥을 형성한 두 번째 인물로 訥齋 朴祥(1474~1530)을 들 수 있다. 박상은 본관이 충주로 광주에 자리를 잡게 된 때는 부친인 朴智興 때로 알려져 있다. 박상은 삼형제 중 둘째로 태어나 위로는 朴禎, 아래로는 朴祐를 두었는데, 이들은 모두 문장이 뛰어나 '東方의 三朴'이라는 별칭을 얻기까지 하였다. 이중 박정은 당시 성리학의 맥을 정통으로 잇고 있던 金宗直을 從遊하였는데, 박상은 그의 나이 16세 무렵 박정에게서 수업을 받았으니 시사하는 바가 자못 크다고 하겠다. 박상은 마찬가지로 여러 문인들에게 학맥을 전수하게 되는데, 그의 아우 박우를 비롯하여 박우의 아들인 박순과 송순·임억령·정만종·蔡仲吉 등을 주요 인물로 헤아릴 수 있다.

이중 박순은 18세에 徐敬德에게 나아가 학문을 익혔을 뿐 아니라 송순과 김인후 등에게도 어느 정도 학문적 영향을 받았다. 평소에 당대의 유명한 성리학자들인 李珥·成渾·李滉·成運 등과 교유하며 학문의 경지를 높여 많은 문인 제자들이 따랐는데, 삼당시인으로 불리우는 최경창과 백광훈을 위시하여 鄭介淸 등이 이에 해당한다. 임억령은 전남 해남 출신으로 말년에 관직을 떠나 담양의 식영정 주변을 중심으로 한 시단에 적극 참여한 인물로 알려져 있으며, 모두 2,300여 수의 시문을 남겨 명실공히 호남문인 중 으뜸이라고 할 수 있다.

전남지역 학맥을 형성한 세 번째 인물로는 錦南 崔溥(1454~1504)를 들 수 있다. 최부는 전남 나주 출신으로 김종직의 학맥을 이어 받은 대학자로 『漂海錄』이라는 저서를 남긴 이로 유명하다. 최부의 학문은 尹孝貞·林遇利·柳桂隣 등 주로 해남과 나주 출신들에게 전해지는 특징을 보여 앞의 송흠계열과 박상계열의 주된 근거지가 광주·담양·장성인 점과 구별되는 점이다.

이중 윤효정은 관향이 해남으로 그의 학문을 尹衢를 비롯한 네 아들에게 전하였고, 윤구는 다시 사위인 李仲虎와 자신의 둘째 아들인 尹毅中에게 학문의 맥을 이어주었다. 이런 학문의 전승은 가학으로 이어져 윤의중의 아들 尹唯深을 이은 尹善道에게까지 이어지는 특징을 보이고 있다. 유계린은 무오사화 때 유배와서 갑자사화 때 사사되기까지 약 5년 동안 순천에 머무른 金宏弼에게서 학문을 닦기도 한 인물로 후에 자신의 학문을 아들인 柳成春·希春 형제 등에게 전하였다.

이상과 같이 전남지역 학맥은 송흠·박상·최부계열 등으로 나누는 것이 통상이고, 여기에 논자에 따라 김굉필이 순천에 유배 기간동안 형성한 학통을 중요하게 생각하여 김굉필계열을 덧보태기도 하고, 김인후와 유희춘 등이 金安國에게서 수학한 경력을 들어 김안국계열을 설정하기도 한다. 그러나 김굉필계열이나 김안국계열은 앞의 세 계열에 비할 때 그 기세가 상대적으로 약하여 두 학통이 있음은 인정하되 자세히 거론하지는 않았다. 이를 다시 큰 흐름을 중심으로 정리하면 다음과 같다.

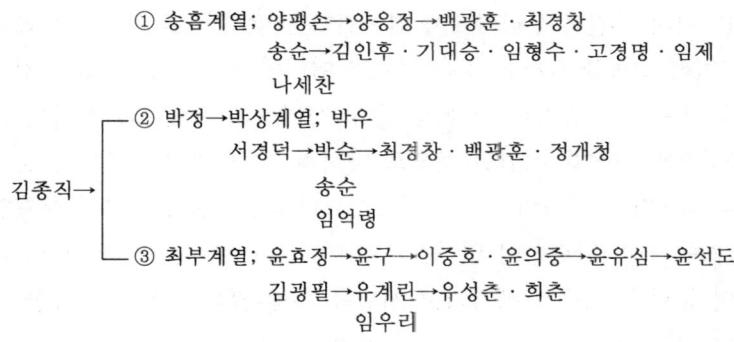

① 송흠계열; 양팽손→양응정→백광훈 · 최경창
      송순→김인후 · 기대승 · 임형수 · 고경명 · 임제
      나세찬
② 박정→박상계열; 박우
      서경덕→박순→최경창 · 백광훈 · 정개청
      송순
      임억령

김종직→

③ 최부계열; 윤효정→윤구→이중호 · 윤의중→윤유심→윤선도
      김굉필→유계린→유성춘 · 희춘
      임우리

한 가지 덧붙일 내용은 전남지역 사림문인들이 왜 그렇게 문학에 치중했을까? 하는 점이다. 지금까지 전남지역 문인들을 논할 때 이러한 사실은 언급을 하면서 그 이유에 대한 명확한 답은 찾지 않았다. 필자는 그 이유를 멀리 김종직의 학문적 성향에서 찾고자 한다. 주지하다시피 김종직은 고려 말 이후 조선 초까지의 성리학의 정통 맥인 鄭夢周 → 吉再 → 金叔滋를 잇는 인물로 알려져 있다. 사실 성리학의 정통 맥을 잇기는 했지만, 그 학문 성향은 經學은 물론이고 詞章도 인정을 하는 입장이었다. 그는 사장학과 그것을 출세의 도구로 삼던 훈구파 일색의 시대를 살면서 성리학의 보급이란 역사적 사명을 수행해야 하는, 말하자면 현실과 미래의 이상 추구 두 가지에 모두 충실해야 할 처지에 놓여있었다.[8] 따라서 경학과 함께 사장도 중요하게

인식하여 결국 문인 제자들이 성리학을 탐구하는 사람과 사장을 위시하여 政事·節義·孝行 등에 치중하는 인사로 분류되기에 이르렀다. 물론 성리학의 정통을 이은 인물은 김굉필과 鄭汝昌이 될 것이고, 사장 등 성리학 외의 학풍을 이은 이들로는 南孝溫을 비롯하여 金馹孫·曺偉·洪裕孫, 그리고 최부 등이 망라되어 있음을 볼 수 있다.9) 이의 성리학풍을 잇지 않았다는 말은 순수 학문적 성향을 띠지 않았다는 의미이지 완전히 성리학에서 멀어졌다는 말이 아닌 것으로 이해된다. 여기서 주목을 요하는 것은 최부가 어디에 속해 있는가 하는 점이다. 즉, 최부는 김종직의 학풍 중 순수 성리학을 따랐다기 보다는 다소 사장적인 경향을 지녔던 것으로 알려져 있다. 그러나 또다른 문제는 15~6세기 전남지역 시단을 주로 드나들었던 문인들과 최부계열의 학맥은 별반 관련성이 없다는 사실이다. 이로서 전남지역 사림 문인들이 문학을 소중히 생각하고 시단을 통해 많은 작품을 산출할 수 있었던 근본적인 학맥은 결국 송흠과 박상계열로 귀결되는데, 송흠보다는 박상계열이 더 많은 영향을 끼쳤을 것으로 보인다. 박상은 앞에서 이미 언급했듯이 김종직을 종유했던 형 박정에게서 수학한 인물이다. 박정은 김종직을 종유하면서 그의 학풍이 두 갈래로 나뉘어짐을 인식했을 것이고, 두 가지 중 경학보다는 문학을 택했다고 봄이 옳을 것이다. 이는 그의 가학으로 이은 박상을 통해서 엿볼 수 있는데, 박상 자신이 경학보다는 문학에 더 기울고 있기 때문이다. 따라서 박상에게서 수학한 문인들이 영향받았을 것은 자명하며, 이것이 당시 시단 형성의 중요 기저로 작용했다고 생각한다.

---

8) 李秉烋,『朝鮮前期 畿湖士林派硏究』, 일조각, 1984, 30쪽.
9) 이병휴, 앞의 책, 31쪽에 경학을 중시하는 인사와 사장을 중시하는 문인이 분류되어 있다.

3. 산수의 미적 표현
―김인후의 경우를 중심으로―

1) 산수에 대한 인식

김인후는 명실공히 조선중기의 대유학자요 시인으로 우리나라 18현에 속한 인물이다. 6세 때 「詠天」이라는 시문을 지어 사람들이 놀랬다는 기록이 연보에 전하고 있을 뿐 아니라 8세 때 당시 호남 관찰사로 와 있던 趙元紀와 聯句를 짓는 과정에서 시인으로서의 천재적 자질이 나타나 명성을 날리기까지 하였다. 그때 마침 고향에 내려와 있던 기준이 김인후의 총명함에 대한 소문을 듣고 김인후의 집에 직접 찾아와 칭찬을 아끼지 않았다는 이야기는 주지하는 바이다. 10세 때에는 김안국에게 나아가 『소학』을 수학하였고, 18세 때에는 당시 기묘사화로 인하여 화순 능주에 와 있던 최산두에게서 학문을 연마한다. 기준·김안국·최산두 등은 모두 기묘사화 때 화를 입은 기묘명현들로 이들로부터 무엇을 배웠을 것인지는 자명하다. 그 후 22세 때에 진사시에 합격하고, 31세 때에는 별시 문과에 등과하여 출사하였다. 그리하여 承文院 副正字를 시작으로 弘文館 正字, 弘文館 著作, 弘文館 博士, 世子侍講院說書 등의 벼슬을 거친다. 하지만, 자신이 가르친 인종이 왕이 된지 약 8개월만에 운명을 달리하자 玉果縣監을 마지막으로 더 이상 관직에 나아가지 않고 향리에 머무르며 사림계층과 누정에서 詩會를 결성하여 교유하는가 하면, 한편으로는 후진들을 양성한다. 따라서 김인후가 남긴 산수시의 경우 대개 퇴사 후 지어진 것으로 인식할 수 있다.

이렇듯 김인후는 퇴사 후 줄곧 산수를 벗삼아 유유자적한 삶을 살아간다. 심지어 陶淵明류의 은일까지 예찬하는데,[10] 이런 사실은 그의 문인인 吳希吉의 다음과 같은 언급을 통해서도 읽어낼 수 있다.

불행한 때를 만나 산림에 물러난 후 유유자적하게 즐기면서 병을 핑계삼아 문을 닫아걸었다. 매양 春秋花月의 良辰이나 美景을 만나면 오류 명의 冠童을 데리고 숲속을 노닐며 시를 짓고 노래 부르며 談論을 펴니 知命樂天의 뜻이 있었다. 沂水에서 목욕하고 舞雩에 바람을 쐬다가 시를 읊조리며 돌아오는 취향이 있었다.[11]

이는 마치『論語』에 나오는 曾點의 '浴沂'와 흡사한 내용을 이루고 있다. 증점이 '욕기'를 말함은 단순히 산수를 遊樂의 공간으로만 생각한 것이 아니라 性情을 함양하겠다는 의지 표출로 유가들의 자연을 대하는 태도에 지대한 영향을 미치게 된다. 따라서 김인후의 산수 편력의 의미도 증점의 '욕기'류로 분류할 수 있음은 당연하다.[12] 이 曾點之樂은 산수 공간이 먼데 이르지 않아도 얻을 수 있는 것으로 인식되어 왔는데, 보통 공자의 樂山樂水와도 맞닿아 있다. 이는 일상생활과 가까운 곳에도 道가 존재한다는 인식에서부터 출발한다.

도는 일상생활 사이에도 있는지라
성현이 이룬 법에서 진실을 볼 수 있네

---

10)『河西全集』卷5,「贈內 其三」: "大醉新豊酒 長吟彭澤詩 風霜搖落處 隱逸我相知."
11)『河西全集』下, 附錄, 卷2,「敍述」: "遭時不幸 退遁山林 一退之後 若得其所油然自樂 稱以病廢杜門 每於春秋花月良辰美景 輒携五六童冠 徜徉疏林之下 嘯詠歌詩 尙談古昔 有知命樂天之志 浴乎沂風乎舞雩 詠而歸之趣 及其歸也."
12) 김인후의 산수시가 증점의 '욕기'류라고 하는 언급은 조기영 저,『하서 김인후의 시문학연구』, 아세아문화사, 1994, 49쪽을 참조. 김인후는 증점의 '욕기'를 제재삼아 「욕기」라는 시문까지 남겼는데, 그의『전집』권2에 실려져 있다.

진실로 참 옳음과 참 그름을 알아야만
나가는 길 정하는데 어려움 보지 않아
道在尋常日用間　聖賢成法儘堪看
眞知眞是眞非處　立定前行不見難[13]

도는 멀리 있는 것이 아니라 살아가는 가까운 곳에 편재되어 있음
을 강조한 시로 여기서 중요한 것은 시비를 올바르게 판단할 줄 아는
능력의 소재이다. 만약 시비를 판단할 줄 모른다면 앞으로 나아가는
데 어려움이 뒤따를 것이라고 한다.

이런 '일상생활의 도'를 강조한 김인후는 妄想은 바로 높고 먼데에
서 생긴다는 언급을 다음 시문을 통해 제시한다.

금강산 높고 낮은 팔만 봉우리
지금 어찌 석장을 옮기어 鷄龍으로 향하는가
알지어다! 망상이란 높고 먼데서 생기는 것
평지에서 마땅히 날로 공부해야지
楓岳高低八萬峯　今何移錫向鷄籠
應知妄想生高遠　平地宜加日用工[14]

이를 보면, 김인후는 산수의 도를 구하려고 반드시 깊숙하고 현묘
한 경지까지 이르지 않았음을 알 수 있다. 이는 이황이 도산에서 도를
구하려고 했던 것과 서로 유사한 부분이 있다. 이황의 심경에 비친 도
산은 雄壯崎崛하지 아니하고 蘊藉端雅하며, 玄妙虛誕하지 아니하고
親近質實하며, 豪放剛健하지 아니하고 溫柔敦厚하며, 幽邃深遠하지
아니하고 平夷淡泊하며, 纖麗華靡하지 아니하고 典重素樸하며, 衝突
葛藤하지 아니하고 和諧相合하는 산수였다.[15] 따라서 가까운 도산을

---

13) 『河西全集』 卷6, 「吟示景范仲明 其十一」.
14) 『河西全集』 卷6, 「鷄龍山人道遉性修智雲自靈川所持軸過 其三」.
15) 洪瑀欽, 「退溪의 시문에 나타난 산수관」, 『한국한문학연구』 제8집, 한국

배경으로 시문을 짓고, 성정을 함양하려고 하였지 멀고 높은 곳에 이르지는 않았다.[16]

이와 같이 김인후는 '일상생활의 도'를 강조하며, 평소 부딪치는 物象에서도 도를 충분히 찾을 수 있다라고 보아 詠物에 寓興을 붙였으며, 깊은 골짜기나 웅장한 기암 괴석이 있는 높은 산에서는 도리어 망상의 지경으로까지 몰고 간다고 주장하였다. 따라서 누정 주변 산수 물상의 작은 초목 군상들조차도 시문의 대상이 될 수 있었다.

소쇄원은 瀟灑處士 梁山甫가 은거의 공간으로 삼았던 정원으로 '소쇄'라는 뜻이 말해주듯 속세의 공간과는 다른 이미지를 지니고 있다. 따라서 원림이 만들어진 이후 많은 시인들의 시심을 일으키는 공간으로 작용하여 적지 않은 시문이 지어졌다. 일찍이 고경명이 「遊瑞石錄」에서 소쇄원에 대하여 '一區의 보는 바가 수려하지 않은 곳이 없으니 하서의 48영이 이를 다했다'고 한 기록을 통해서 볼 때 김인후의 「소쇄원 48영」이 소쇄원을 가장 잘 형상화한 작품임을 알 수 있다.

김인후와 양산보는 사돈간이기도 했지만, 사림의 입장에서 도의를 맺었던 사이이다. 이렇듯 서로 마음이 잘 통한지라 양산보가 세상을 먼저 떠나자 많은 수의 제문을 지어주었는데, 다음 기록은 둘의 친분이 어느 정도였는지를 알게 해준다.

> 선생(양산보)은 하서와 더불어 뜻을 같이 하고 서로 좋아하여 아들딸로 시집 장가를 들게 하니 오가며 강설하되 늙어서도 그만 두지 않았다. 항상 서로 보면 기뻐하고, 의리를 토론하기를 매우 깊게 하며 고금의 사

한문학회, 1995, 133~138쪽.

16) 일상생활 가까운 곳에 도가 내재되어 있다고 생각한 김인후는 월출산에 이르러서도 실지 답사는 하지 않았음을 다음의 「見月出山」(『河西全集』卷10) 시문이 말해준다 : "遠望猶知月出山 亂峯巉削露雲端 根盤海國隣仙島 頂戞天垣接帝關 決瘴煙奔陣馬 鬱凝佳氣集翔鸞 從容後日思登陟 歷訪靑螺十二鬟."

실을 뚜렷이 하였다. 어떤 날은 술을 마시며 시부를 짓되 밤낮을 다해도 싫어하지 않았다. 하서가 소쇄원에 오면 여러 달을 돌아갈 것도 잊었다. 같은 때에 함께 노닌 이로는 林石川·宋圭庵·柳眉巖·李青蓮 등인데 서로 사모하고 좋아했으나 석천을 가장 좋아했다.17)

이 글은 김인후와 양산보는 사돈간이기도 했지만, 뜻을 함께 하여 의투합했음을 적고 있으며, 당시 소쇄원시단에 드나들었던 문인들도 나열하였다. 이처럼 막역한 사이인지라 양산보가 먼저 세상을 뜨자 김인후는 여러 편의 만사를 지어 안타까운 마음을 전하기도 하였다.

결국 「소쇄원 48영」은 김인후의 양산보에 대한 우정의 과시이기도 하지만, 일상의 도를 강조하며 작은 물상도 지나치지 않는 태도에 의하여 창작되었다고 할 수 있다.

2) 미적 표현의 특성

「소쇄원 48영」의 배경이 된 소쇄원은 크게 외원과 내원으로 나눌 수 있다. 외원은 소쇄원 정원의 바깥 세상을 이른다면, 내원은 바로 소쇄원 정원을 말한다. 내원은 다시 애양단 구역, 오곡문 구역, 제월당 구역, 광풍각 구역 등으로 나누는 것이 보통인데, 이러한 구역 안에는 초목 군상과 바위·물 같은 광물 등등이 산재해 있어 과연 자연에 인공을 가미한 정원임을 실감나게 한다. 따라서 일찍이 김인후도 그의 시 「訪彦鎭兄林亭」에서 '추위 속에 향 풍기는 세 그루의 매화, 눈을 겪어 파릇파릇 대나무 두어 포기, 정많은 물오리는 도리어 범범하고, 하염없는 저 시내는 절로 좔좔 흐르누나'18)라고 하여 소쇄원의

---

17) 『瀟灑園事實』 卷3 : "先生與河西 同忘相友善 且嫁娶子女 往還講說 至老 不廢 每相見欣然謹 甚討論義理 的確古今 或命觴賦詩 窮日夜不厭 河西 至瀟灑園 輒數月忘歸 同時名勝 如林石川宋圭庵柳眉巖李青蓮諸人 慕悅 相好 而石川最善."

정경을 사실적으로 읊었다. 그러면 김인후는 「소쇄원 48영」을 통해서
소쇄원의 무엇을 시로 형상화했을 것인가? 이는 다음과 같은 시제의
분류에서 그 답을 얻을 수 있다.

「소쇄원 48영」의 시제는 대략 행위와 경물을 형상화한 작품으로
나눌 수 있다.

> 행위를 형상화한 시제 :
> 1영 小亭憑欄, 5영 石逕攀危, 6영 小塘魚泳, 11영 池臺納凉,
> 12영 梅臺邀月, 13영 廣石臥月, 19영 榻巖靜坐, 20영 玉湫橫琴,
> 21영 洑流傳盃, 22영 床巖對棋, 23영 脩階散步, 24영 倚睡槐石,
> 25영 槽潭放浴, 36영 桃塢春曉, 39영 柳汀迎客, 47영 陽壇冬午,
> 48영 長垣題詠.
> 경물을 형상화한 시제 :
> 2영 枕溪文房, 3영 危巖展流, 4영 負山鼇巖, 7영 刳木通流,
> 8영 春雲水碓, 9영 透竹危橋, 10영 千竿風響, 14영 垣竅透流,
> 15영 杏陰曲流, 16영 假山草樹, 17영 松石天成, 18영 遍石蒼蘇,
> 26영 斷橋雙松, 27영 散崖松菊, 28영 石趺孤梅, 29영 夾路脩篁,
> 30영 迸石竹根, 31영 絶崖巢禽, 32영 叢筠暮鳥, 33영 壑渚眠鴨,
> 34영 激湍菖蒲, 35영 斜簷四季, 37영 桐臺夏陰, 38영 梧陰瀉瀑,
> 40영 隔澗芙蕖, 41영 散池蓴芽, 42영 襯澗紫薇, 43영 滴雨芭蕉,
> 44영 暎壑丹楓, 45영 平園鋪雪, 46영 帶雪紅梔.

행위를 형상화했다고 함은 작중 화자가 산수를 거닐며 완상하는 모
습을 그렸다는 의미이고, 경물을 형상화했다고 함은 소쇄원의 자연과
인공 경물을 작품화했다는 말이다. 위에서 보는 바와 같이 「소쇄원
48영」은 행위보다 경물을 형상화한 경우가 더 많은데, 김인후는 소쇄
원에 있는 작은 경물이지만 그냥 지나치지 않고 시문으로 형상화하려
고 한 흔적이 역력한데, 이는 바로 일상적 영물에도 관심을 보인 태도

---

18) 『河西全集』卷10, 「訪彦鎭兄林亭」: "… 凌寒粉馥梅三樹 度雪蒨蔥竹數
竿 群鴨有情還泛泛 長溪無任自潺潺 …."

에서 연유했다고 생각한다. 이러한 그의 태도는 다음 글을 통해서 알
수 있다.

　　일찍이 밤에 趙希文과 梁子澂이 대화 가지를 꺾어 들고서 하서 선생
　을 모시고 술을 마시는데, 자징이 "선생님은 풀 한 포기 나무 한 가지라
　도 窮理 格物하여 吟咏하지 않은 것이 없으니 玩物이 아니겠는가?"라고
　말하자 희문이 "그대는 선생님을 알지 못하고 있다"라고 하며 즉시 입
　으로 불렀다. '물을 완하는 것은 천성이 아니요, 술 마심은 회포를 붙일
　뿐이다.' 하서 선생은 "조군이 나를 아는구나!"하고는 글귀를 이었다.
　'매화 등불 아래에서 술을 마시노라니, 취한 사람 같기도 하고 광대도
　같네.' 선생이 詩酒에 정을 붙인 것은 참으로 완물이 아니었으니 그 숨
　은 뜻을 볼 수 있겠다.[19]

　제자 양자징은 스승 김인후가 평소에 조그마한 식물을 음영함은 혹
시 완물하기 위한 것이 아닌가? 하고 의심을 가졌던 모양이다. 때문에
이를 물었는데, 또 다른 제자 조희문은 스승 김인후는 물을 玩弄하기
위해 시문으로 음영한 것이 아닐 것이라고 한다. 이런 제자들의 대화
를 들은 김인후는 조희문이 바로 자신의 생각을 알았다고 하며 흡족
해한다. 즉, 김인후는 일상적으로 대하는 미물이나마 시적 표현 대상
으로 삼게 되면, 그 사물의 외적인 것에 치우쳐 華美한 수식에 치우치
기보다는 그것의 내적 본질 문제에 곤심을 가지고 탐색하려했다는 말
과 일맥상통한다.[20]
　따라서 본 논고도 김인후의 경물을 바라보는 이러한 입장에 맞추어

---

19) 『河西年譜』39歲條 : "甞夜 諸生趙希文梁子澂 折取梅枝 侍飮先生 子澂
　　曰 先生於一草一木 無不窮格 而吟咏之無 乃玩物耶 希文曰 爾非知先生
　　者 卽口占曰 玩物非天性 銜盃只寄懷 先生曰 趙郞知我乎 因續聯曰 梅花
　　燈下飮 如醉又如俳 先生寓情於詩酒 非眞玩物 其微意可見云."
20) 박명희, 「하서 詠物詩에 나타난 物의 表象性」,『고시가연구』제10집, 한
　　국고시가문학회, 2002, 145쪽.

경물을 형상화하여 결국 얻고자 하는 물상의 본질은 무엇이었는가를
살피게 될 것인데, 결국 이는 김인후가 지향했던 산수의 미를 찾아가
는 것이라고 생각한다.

먼저 소쇄원의 石假山 주변 풀과 나무를 소재로 한 작품을 보기로
한다.

> 인력을 들이지 않고 만든 산이지만
> 造物이라 도리어 석가산 됐네
> 행세를 좇아 우거진 숲 일으켰으니
> 의연한 자연의 산이로구나
> 爲山不費人　造物還爲假
> 隨勢起叢林　依然是山野[21]

석가산이라 함은 사람이 인위적으로 만든 산을 이른다. 주로 돌무
더기를 모아 만든 산이기 때문에 인공산의 다른 이름일 수 있다. 그런
데 기구에서는 인력을 들이지 않고 만든 산인데, 조물의 조화를 부려
돌무더기 모인 산이 이루어졌다고 하였다. 즉, 억지로 쌓은 돌이 아닌
데도 불구하고 산이 이루어지게 되었고, 거기에 또 숲까지 이루었으
니 인공에 자연이 덧보태어진 형국이라고 할 수 있겠다. 이렇게 비록
석가산이지만, 거기에 작은 숲이 형성되었으니 자연스럽게 이루어진
산으로 인식하게 된 것이다. 다시 말해 김인후는 인공물인 석가산이
지만, 거기에 자연물인 풀과 나무 등이 자라게 되면서 인공과 자연의
조화미를 생각했음이 분명하다.

다음 작품도 형상화한 경물은 다르나 자연의 조화미를 찾고자 했다
고 생각한다.

---

21) 「소쇄원 48영」 중 16영 假山草樹.

펄펄 나는 벼랑가의 새
때때로 물 속에 내려와 노네
마시고 쪼는 제 심성을 따라
서로 잊었네! 백구에 저항하는 것
翩翩崖際鳥　時下水中遊
飲啄隨心性　相忘抵白鷗[22)]

　김인후는 「소쇄원 48영」에서 새를 소재로 한 시를 이 작품 외에 32영 '총균모조'·33영 '학저면압' 등에서 남겼는데, 소쇄원은 내·외원에 숲이 진 곳이 많아 새들이 보금자리로 만들 수 있는 여지가 충분하다. 그런데, 위 시에서는 기구를 통해 새가 살고 있는 곳이 벼랑가 주변임을 알게 해 주고, 승구에서는 가끔 아래 물 속에 내려와 遊泳함을 말하였다. 기구의 세계가 속세와 떨어진 곳이라면, 승구의 세계는 그와 조금은 다른 세속성을 내포한다고 볼 수도 있다. 그리고 전·결구에서는 새가 살기 위해 물을 마시고, 먹이를 쪼는 것이 본래 가지고 있는 심성이지만, 그것 때문에 백구와 싸우지는 않을 것임을 언급하였다. 먹이를 먹기 위한 둘의 투쟁이 있을 법도 한데, 김인후는 오히려 둘을 배타적으로 보지 않고 조화를 맞추어가며 생존해가는 경물로 그렸다.

　다음 작품은 형상화된 경물의 미적 이미지가 전편들과는 다름을 알 수 있다.

　　등은 청산을 엎어 묵중하고
　　머리는 벽옥의 맑은 계류를 향했네
　　오랜 세월에 어찌 기쁨이 없으리요
　　소쇄원의 대각들 신선계보다 낫구나
　　背負青山重　頭回碧玉流
　　長年安不抃　臺閣勝瀛洲[23)]

---

22)「소쇄원 48영」중 31영 絶崖巢禽.

소쇄원에는 물이 저 멀리 산에서부터 다섯 구비치며 흘러 내려 지나는 문이 있는데 이를 통상 '五曲門'이라고 부른다. 소쇄원 내원에서 오곡문을 나서서 왼편을 쳐다보면 산줄기의 흐름이 멈춘 듯한 언덕이 있고, 거기에 큼직한 바위가 자리하고 있으며, 바로 그 아래에 연이어 鼇巖井 샘이 있다. 오암정 위에 오두처럼 보이는 바위가 바로 위 작품 시제의 중심이 된 거북바위이다.[24]

기구와 승구에서는 거북바위의 모습을 나름대로 형상화하여 그렸는데, 등에 청산을 엎었다고 함은 외원에 위치한 산을 뒤로하고 있는 모습을 일컫는 것이요, 머리가 계류를 향했다고 함은 내원에 흐르는 물줄기를 마치 바라다보고 있는 듯함을 말한 것이다. 이런 거북은 원래 기린·봉황·용 등과 함께 四靈으로서 장수를 상징하는 동물로 알려져 있다. 뿐만 아니라 신선이 사는 세계와도 가끔 연결을 짓곤 하는데, 마지막 결구에서 거북바위가 있는 곳을 신선의 세계라고 하는 언급도 이와 같은 맥락에서이다. 그런데, 작자는 그런 신선의 세계와도 같은 거북바위가 있는 곳보다도 오히려 몇 대각이 있는 내원이 더 좋다라고 하였다. 이것은 결국 내원이 외원보다도 더 탈속적임을 간접적으로 시사한 것으로 이해할 수 있는데, 위 시는 경물의 이미지를 통해 탈속미를 드러내었다고 본다.

다음의 시도 마찬가지 관점에서 바라볼 수 있다.

> 바윗돌 오랠수록 구름 안개에 젖어
> 푸르고 푸르러 이끼 꽃을 이루네
> 흔히 구학을 즐기는 본성에
> 번화함에는 전혀 뜻을 두지 않는다네

---

23) 「소쇄원 48영」 중 4영 負山鼇巖.
24) 박준규·최한선,『시와 그림으로 수놓은 소쇄원 사십팔경』, 태학사, 2000, 27쪽 참조.

　　　石老雲烟濕　　蒼蒼蘚作花
　　　一般丘壑性　　絶意向繁華25)

　　기구와 승구는 바윗돌에 낀 이끼의 현상적인 모습을 그대로 보여주
어 오래된 바위일수록 푸른 이끼가 더 많이 피어남을 보여주었다. 그
러나 위 시에서 진정 말하고자 함은 전구와 결구에 있다고 할 수 있
는데, 세속을 멀리하는 은자들의 본성을 따지면서이다. 丘壑性이라
함은 속세를 떠나 구학에 은둔해 사는 성질을 뜻하는데, 이것을 은자
들의 본성으로 보았고, 진정한 은자는 속세의 번화함에 전혀 뜻을 두
지 않는다고 하였다. 김인후는 바위에 낀 하찮은 이끼를 통하여 구학
성을 즐기는 은자를 연상하고 있기에 전체적인 시의 이미지가 탈속성
을 지향했다고 하겠다. 이 외에도 경물을 통해 탈속미를 추구한 작품
으로는 9영 '투죽위교'·26영 '단교쌍송'·27영 '산애송국'·28영 '석
부고매'·38영 '오음사폭' 등등이 있어서 경물의 이미지 중 가장 많은
작품이 해당되는데, 이는 결국 소쇄원 자체에 대한 이미지와도 연결
되는 것으로 이해할 수 있다.
　　다음은 자연의 지속성을 경물을 통해서 제시한 작품이다.

　　　　흰 대 뿌리 티끌에 더럽혀질까 하면서도
　　　　때때로 돌 위로 드러나오네
　　　　어린 대 뿌리 몇 해를 자랐는고
　　　　곧은 마음은 오랠수록 더욱 모질다네
　　　　霜根恥染塵　　石上時時露
　　　　幾歲長兒孫　　貞心老更苦26)

　　바위가 많은 곳에서 대나무가 잘 자라지 못할 것 같지만, 대나무의

---

25)「소쇄원 48영」 중 18영 遍石蒼蘚.
26)「소쇄원 48영」 중 30영 迸石竹根.

생명력은 강인한지라 오히려 그런 돌이 있는 곳에서도 자라나는 성질
을 가지고 있다. 위 시는 그런 바위틈에 끼어 의연히 자라나는 대나무
의 모습을 형상화하였는데, 기구에서는 강인한 이미지보다는 탈속성
을 더 강조하고 있는 듯하다. 하지만, 전구와 결구에서는 대나무의 탈
속성보다는 지속성을 더 내보이려고 함을 알 수 있다. 즉, 얼마 자라
지 않은 대뿌리이지만, 그것이 지속적으로 자라게 되면 결국 튼튼한
대나무가 되어 中通外直의 곧은 마음을 가질 수 있기 때문이다.

　소쇄원은 들어가는 초입 양쪽 길에 대나무가 울창하여 담양이 과연
대나무의 고장임을 인식하게 되는데, 다음 작품은 대나무 숲에서 불
어오는 바람을 경물로 삼아 마찬가지로 자연의 지속미를 드러내 보이
려고 하였다.

> 하늘가 저 멀리 이미 사라졌다가
> 다시 고요한 곳으로 불어오는 바람
> 바람과 대 무정하다지만
> 밤낮으로 울려대는 대피리 소리
> 已向空邊滅　　還從靜處呼
> 無情風與竹　　日夕奏笙竽27)

　기구와 승구는 정처 없이 부는 바람의 존재를 확인하였고, 전구에
서는 그런 바람과 대가 만나는 순간을 느끼게 한다. 바로 바람에 의한
것이지만, 대나무가 소리를 내는 것이기에 대피리 소리라고 하였는
데, 이런 음향풍은 끊임없이 울릴 수 있음을 마지막 결구에서 알게 해
준다.

　마지막으로 김인후는 다음과 같은 두 작품을 통해 경물의 哲理性
을 드러내려고까지 하였다.

---

27) 「소쇄원 48영」 중 10영 千竿風響.

① 걸음걸음 물결보고 지나며
　옳조리며 가니 생각은 더욱 그윽해
　사람들은 진원을 찾아 거슬러 가지도 않고
　공연히 담 구멍에 흐르는 물만을 보네
　步步看波去　行吟思轉幽
　眞源人未泝　空見透墻流28)

② 지척에 물줄기 줄줄 내리는 곳
　분명 오곡의 구비 도는 흐름이라
　당년 물가에서 말씀하신 공자의 뜻
　오늘 은행나무 가에서 찾는구나
　咫尺潺湲地　分明五曲流
　當年川上意　今日杏邊求29)

　두 시 모두 흐르는 물을 보고 작품으로 형상화하였다. 첫 번째 작품
은 앞에서 이미 말하였던 오곡문을 통과하는 물을 보고서 지었고, 두
번째 작품은 오곡문을 통과한 물이 계곡으로 흐르는 모습을 보고 의
미 부여를 하였다. 모두 요산요수의 경지를 터득한 후에야 의미를 표
출할 수 있는 작품들이다. 특히, ①에서는 전·결구의 내용으로 인해
학문의 근원은 모른 채 현실에 안주해버리는 당시 학자의 자세를 꼬
집은 듯한 느낌을 갖게 한다. 그리고 ②에서는 굽이도는 물을 보고서
孔子의 말씀인 '지나가는 자는 흐르는 물과 같구나! 밤낮 없이 쉬지
않는구나!(逝者如斯夫 不舍晝夜)'30)를 다시 한번 상기하면서 끊임없
이 흐르는 물처럼 인간의 부단한 노력을 강조하였다.
　이상과 같이 김인후의 「소쇄원 48영」에 드러난 산수시의 미적인
특징을 정리하였다. 김인후는 소쇄원의 경둘을 통해 조화와 탈속, 그
리고 지속미를 추구하였고, 심지어 철리적인 내용까지 시에 담고자

---

28)「소쇄원 48영」중 14영 垣竅透流.
29)「소쇄원 48영」중 15영 杏陰曲流.
30)『論語』「子罕」

하였다. 이는 외식에 치우치는 詞章보다도 본질을 추구하는 그의 문학관을 그대로 실천한 것으로 그의 명성에 걸맞게 문학작품 속에서 도학을 내보이려고 했음을 알게 한다.

4. 시단의 한문학적 의미

지금까지 15~6세기의 무등산권 누정 시단의 형성 배경과 함께 그 시단의 주체로 활동했던 김인후의 작품 중 시단과 관련된 「소쇄원 48영」에 드러난 산수의 미적 표현의 특성을 살폈다. 그 결과 「소쇄원 48영」은 소쇄원이라는 공간을 여러 미적 표현 방법을 사용하여 형상화했음을 알 수 있었다. 그러나 이는 단지 瀟灑園詩壇에서 제작된 시문 중의 극히 한 부분으로 당시 무등산을 중심으로 형성된 시단이 지닌 한문학적 의미를 살피기 위해서는 각 시단별로 어떤 문인들이 어떤 작품을 남겼는지 정리할 필요가 있다고 생각한다. 다음은 무등산을 중심으로 형성된 시단 중 한문학적으로 중요하게 다룰 수 있는 곳과 대표 작가의 記 · 賦 · 주요 題詠詩 등을 정리하였다.

① 俛仰亭詩壇 : 기대승의 「俛仰亭記」, 임제의 「俛仰亭賦」, 고경명의 「俛仰亭 30詠」 김인후의 「면앙정 30영」 임억령의 「면앙정 30영」 박순의 「면앙정 30운」
② 息影亭詩壇 : 임억령의 「息影亭記」, 임억령의 「식영정 20영」, 金成遠의 「식영정 20영」 고경명의 「식영정 20영」 정철의 「식영정 20영」 송순의 「식영정 20운」
③ 棲霞堂詩壇 : 임억령의 「서하당 제영」, 김성원의 「서하당 제영」
④ 瀟灑園詩壇 : 김인후의 「소쇄원 48영」

물론 무등산 주변에는 이 외에도 松江亭, 環碧堂, 醉歌亭, 楓巖亭

등의 누정들이 자리잡고 있다. 그러나 송강정의 경우 정철의 국문가사인 「사미인곡」과 「속미인곡」 등이 지어진 곳으로 국문학적으로는 의미를 부여할 수 있으나 한문학적으로 내보일만한 뚜렷한 작품이 제작되지 못함은 아쉬움으로 남는다. 환벽당, 취가정, 풍암정 등에서도 작품이 제작되기는 했지만, 위의 ①~④까지 나열한 누정 시단에 비할 때 작품 수가 그리 많지 않다. 누정 시단의 모임은 누정을 무대로 하여 詩友들과 교유하던 동호인끼리의 賡歌酬唱의 인연으로부터 시작되며, 이로 인해 詩社가 이루어지고 집단으로서의 특색을 갖는 流派의 형성이 생기기 쉽다.[31] 이렇다고 할 때 시단으로 형성되기 위해서는 적어도 문인들이 집단적으로 모여 교유했던 흔적이 엿보여야 할 것이다.

면앙정은 송순이 그의 나이 41세 대 金安老 일파의 횡포를 참지 못하여 고향인 담양에 내려와 지은 누정으로 알려져 있다. 송순은 당시 이 면앙정을 중심으로 많은 문인들에게 시문을 가르쳤는데, 면앙정에 기와 부를 남긴 기대승과 임제를 비롯하여 30영의 제영시를 남긴 김인후, 고경명 등이 이에 해당된다. 즉, 이들 기대승, 임제, 김인후, 고경명을 비롯한 문인제자와 임억령, 탁순 등은 면앙정이라는 공간에서 이미 다른 문인이 제영한 작품을 이으며 역사적 동류의식을 느꼈을 것이며, 그러는 가운데 자연스럽게 시단이 형성되었을 것이다.

식영정도 담양에 위치해 있는데, 1560년(명종 15)에 김성원이 그의 장인인 임억령을 위해 지은 누정이다. '息影'이란 『莊子』의 '畏影惡迹'에서 따온 이름으로 힘든 세속의 삶을 잠시 접어두고 자연과 벗하며 쉬라는 의미를 지니고 있다. 이 식영정에는 '四仙'이라 호칭되는 대표문인 네 사람이 있었는데, 임억령, 김성원, 고경명, 정철 등이 바로 그들이다. 이 네 문인들 중 가장 연장자인 임억령이 먼저 20수의

---

31) 박준규, 앞의 책, 116쪽 참조.

제영시를 남기자 김성원, 고경명, 정철 등이 마찬가지로 임억령을 이어 각각 20수의 제영시를 남겨 식영정을 대표하는 시문으로 자리 잡았다. '사선'에는 포함되지 않으나 식영정을 드나들었던 유명한 문인들로는 송순, 김인후, 기대승, 백광훈, 宋翼弼 등이 있었으니 당대 지역을 대표할만한 시단임에는 분명하다.

서하당은 김성원이 지은 누정이다. 『昌平邑誌』에 의하면, 김성원은 자가 剛叔이고, 光山사람으로 홀어머니에게 효도를 다했던 인물로 알려져 있다. 서하당은 대체로 식영정 바로 곁에 있었던 듯한데, 건물은 사라지고 터만 있던 것을 90년 이후에 복원하여 현재에 이르고 있다. 따라서 원래는 더 많은 제영시가 지어졌을 것인데, 현재는 임억령의 「서하당 제영」과 김성원이 이어서 지은 20영, 그리고 기타 정철의 여러 수의 작품이 남아있다. 이 서하당은 앞에서 본 면앙정과 식영정에 비하면, 작품의 수는 떨어지지만 갱가수창의 의미를 두고 볼 때 주요 시단으로 인정해야 할 것이다.

소쇄원은 梁山甫가 1536년(중종 31)에 건립한 別墅로 알려져 있어 다른 시단이 대개 한 건물만 있는 누정을 중심으로 형성된 것과는 다른 모습을 보여주고 있다. 앞에서 이미 언급했듯이 소쇄원 공간은 내원과 외원으로 나뉘며, 내원은 다시 공간의 특성을 기준으로 다섯 구역으로 나뉜다. 마찬가지로 소쇄원에도 당대 이름을 날리던 시인묵객들이 끊임없이 드나들었는데, 대표 시인으로는 김인후를 비롯하여 송순, 고경명, 정철 등이 있었다. 소쇄원의 시적 공간적 이미지는 조선 후기까지 이어져 연속적으로 시문 창작이 이루어졌다. 이는 앞의 다른 누정 시단과 구분되는 소쇄원시단만의 특성으로 말할 수 있을 것이다.

이상과 같이 15~6세기 전남지역, 특히 무등산 주변 누정에는 수많은 문인들의 출입이 있었음을 확인하였다. 이들 문인들은 당시 사화의 와중에서 잠시 지방에 머무르며 시단을 형성했지만, 한문학적으로 보자면 당대를 대표할만한 인물들임은 확실하다. 그 증거로 앞에서 보았던 이수광과 허균의 언급을 들 수 있을 것이다. 이수광과 허균은 조선중·후기를 대표할만한 비평가로서도 알려져 있는데, 비평가적 안목에서 유명한 문인 10인과 16인을 각각 들며 대개 호남 인사들임을 밝혔다. 즉, 당시 문단을 주도했던 문인군단이 바로 전남지역에 있었음을 의미한다. 이런 점으로 미루어 볼 때 15~6세기 전남지역에서 형성된 시단은 단순히 지역적인 문제라기보다는 문단 전체의 문제라고 할 수 있을 것이다. 그만큼 당대 문단을 풍부하게 만들었던 원동력이 바로 전남지역 시단에 있었기 때문이다.

5. 맺음말

본 논고는 15~6세기에 무등산을 중심으르 형성된 집단적 문학 활동을 시단으로 규정한 그간의 연구를 충실히 따르면서 궁긍적으로 시단이 지닌 한문학적 의미를 정리해보고자 하였다. 이를 위해서 먼저 시단이 형성될 수 있었던 기저를 정긔하였다. 그리고 시단을 출입하였던 문인 중 한 사람인 김인후의 작품 「소쇄원 48영」에 나타난 산수의 미적 표현 특성을 논하였다.

시단이 형성될 수 있었던 기저로는 정치적인 영향과 학풍의 성격에서 찾았다. 사화기의 사림들은 중앙 정계 진출의 꿈은 잠시 접어두고 지방 향리에서 은거하며 학문을 연마하고 후진을 양성하는데 만족해야만 했으며, 뜻에 맞는 사람들끼리 집단적으로 학파를 형성하기도 하였다.

전남지역 학맥은 통상 송흠계열, 박상계열, 최부계열 등으로 나뉜다. 이들 중 문학을 소중하게 생각하고 시단을 형성한 학맥으로는 송흠과 박상계열로 귀결시켰고, 또한 송흠보다는 박상계열이 더 많은 영향을 끼쳤다고 보았다. 박상은 김종직을 종유했던 형 박정에게서 수학한 인물로 김종직의 학문이 문학과 경학으로 나뉠 때 문학을 주로 택하였으며, 그에게서 수학한 문인들이 시단을 주로 이끌고 있기 때문이다.

김인후는 「소쇄원 48영」에서 소쇄원의 경물을 통해 조화와 탈속, 그리고 지속미를 추구하였고, 심지어 철리적인 내용까지 시에 담고자 하였다. 이는 외식에 치우치는 詞章보다는 본질을 추구하는 그의 문학관을 그대로 실천한 것으로 그의 명성에 걸맞게 문학에서 도학을 내보이려고 했음을 밝혔다.

15~6세기 전남지역, 특히 무등산 주변에는 면앙정시단, 식영정시단, 서하당시단, 소쇄원시단 등이 있었다. 이곳에 드나들었던 문인들은 당시 사화의 와중에서 잠시 지방에 머무르며 시단을 형성했지만, 한문학적으로 보자면 당대를 대표할만한 인물들임은 확실하다. 이는 당시 문단을 주도했던 문인군단이 바로 전남지역에 있었음을 의미하며, 따라서 이는 단순히 지역적인 문제라기보다는 문단 전체의 문제라고 할 수 있을 것이다. 그만큼 문단을 풍부하게 만들었던 원동력이 바로 전남지역 시단에 있었던 것으로 규정하였다.

마지막으로 밝힐 것은 지금까지 논한 내용이 15~6세기 전남지역 전체를 대표한다고 할 수 있어도 전체를 말한다고 할 수 없다는 것이다. 따라서 앞으로는 시기적으로나 지역적으로 연구의 폭을 넓혀가야 할 것이라고 생각한다.

參 考 論 著

『論語』　『惺所覆瓿藁』(許筠)　『瀟灑園事實』

『芝峰類說』(李睟光)　『河西全集』(金麟厚)

박명희, 「河西 詠物詩에 나타난 物의 表象性」, 『고시가연구』 제10집, 한국고시
　　가문학회, 2002.

朴焌圭, 『湖南詩壇의 研究』, 전남대학교 출판부, 1998.

박준규 · 최한선 『시와 그림으로 수놓은 소쇄원 사십팔경』, 태학사, 2000.

李秉烋, 『朝鮮前期 畿湖士林派研究』, 일조각, 1984.

_____, 『조선전기 사림파의 현실인식과 대응』, 일조각, 1999.

李樹健, 『영남사림파의 형성』, 영남대학고 출판부, 1979.

조기영, 『하서 김인후의 시문학연구』, 아세아문화사. 1994.

洪瑀欽, 「退溪의 시문에 나타난 산수관」, 『한국한문학연구』 제8집, 한국한문학
　　회, 1995.

2장

順天 松廣寺 간행 고승문집에 관한 연구

1. 머리말

전라남도 順天에 소재한 松廣寺는 양산의 통도사, 합천의 해인사와 함께 三寶寺刹 중 하나로 알려져 있다. 즉, 삼보란 불교에서 말하는 세 가지의 값진 보물인 佛・法・僧을 가리키는데, 통도사에는 부처님의 진신사리가 모셔져 있기 때문에 佛寶寺刹이요, 해인사에는 부처님의 가르침인 팔만대장경 경판이 있기 때문에 法寶寺刹이요, 송광사는 한국불교의 승맥을 잇고 있기 때문에 僧寶寺刹로 통한다.[1)]

현재까지도 송광사 창건에 대한 정확한 기록은 알 수 없지만, 「松廣寺事蹟碑」・「普照國師碑銘」・『昇平續誌』 등의 기록에는 신라말 慧璘禪師가 창건한 것으로 되어있다. 이때 山名을 松廣이라 하고, 寺號를 吉祥이라 했기에 '吉祥寺 時代'라고 불리게 되었다. 그 후 길상사는 퇴락의 길을 걷게 되었는데, 50년이 흐른 뒤 普照國師 知訥이 定慧社를 옮겨와 사찰의 규모를 키우게 되었고, 당시 왕이었던 熙宗이 보조국사를 존경하여 산명을 曹溪山, 사호를 '修禪'이라 개칭해 주

---

1) 강건기 외 2인, 『송광사』, 대원사, 2000, 10~11쪽 ; 權相老, 『韓國寺刹辭典』 上, 이화문화출판사, 1994, 1042쪽 : "梁山之通度 陝川之海印 昇平之松廣 爲佛法僧三寶之宗家."

었다. 따라서 이때를 '修禪社 時代'라고 이른다. 지눌 이후 사찰의 규모는 더욱더 번창하여 지눌까지 모두 16명의 국사를 배출하였으니 고려시대를 지내오는 동안 수선을 가장 잘한 사찰로 기록될 수 있었다.

그러나 이런 승보사찰로서의 명성을 다시 얻기까지는 상당한 시간이 흐른 뒤였다. 조선전기 16번 째 국사에 해당하는 고봉화상이 송광사에 왔을 때 사찰은 많이 황폐화되어 있었다. 이렇게 될 수밖에 없었던 직접적 이유로 당시 행해진 排佛崇儒 정책에서 찾을 수 있을 것인데, 사찰이 황폐화된 상황에서 유능한 승려가 배출되지는 않았다. 더군다나 壬辰·丁酉 양란을 겪으면서 그나마 있던 사찰 건물까지 소실되었을 뿐 아니라 왜군의 노략질을 견디다 못한 승려는 다른 곳으로 옮기기까지 하니 거의 폐사 직전까지 이르렀다. 이를 보다 못한 스님 應善은 중창을 하게 되는데, 당시 지리산에 있던 浮休善修를 모셔와 중건에 박차를 가하였다. 부휴는 그를 따르는 제자 400명과 함께 와 약 1년 정도 머무르며 송광사를 재건하는데 온 힘을 쏟는데, 이것이 벌써 네 번째 중창이 된다. 이후 어려운 상황에서도 사찰을 보존하려는 노력이 지속적으로 이루어지는데, 이러한 노력도 헛되게 1842년(헌종 8)에 일어난 큰 화재로 인하여 대웅전을 비롯 거의 모든 건물이 燒失되기에 이르렀고, 소중하게 간직하고 있던 문화재들도 일부를 제외하고 잃어버리게 되었다. 이를 계기로 제5차 중창이 이루어지는데, 14년 동안 2,150여 칸이 재건되기에 이른다. 하지만, 1948년에 일어난 麗·順 사건과 6·25 사변동안에도 시련은 있게 되었고, 이러한 일련의 大事들이 끝난 후 제7차 중창이 이루어졌고, 그 후 1980년대 이후 또 한 차례 중창되어 현재에 이르고 있다.

이와 같은 대내외적 시련에도 불구하고 송광사가 한국 불교를 대표하는 사찰로 자리매김될 수 있었던 데에는 有·無名의 많은 고승들의 노력이 있었기에 가능했다. 또한 시련이 지속된 중에도 승보사찰

답게 머무르는 스님들을 교육하기 위한 한 방편으로 불경을 간행하거
나 실제로 송광사와 관련된 고승의 시문을 엮어 문집으로 펴내기에
이르는데, 이런 불교 관련 문헌 정리는 조선조 다른 사찰과 비교할 때
상대적으로 많았음을 알 수 있다.[2] 宋日基의 조사에 의하면, 송광사
에서 간행된 서적은 모두 81종으로 나타난다. 이는 송광사에 남아있
는 목판과 전국의 사찰 및 공공기관에 소장되어 있는 것뿐만 아니라
실물은 남아있지 않지만, 송광사에서 간행되었다는 문헌 기록이나 刊
記가 보이는 것까지 모두 망라한 것이다.[3] 그리고 이런 간행 사업은
비록 연도에 따라 많고 적음의 차이는 있었을지라도 빠르게는 15세기
부터 시작하여 19세기 초까지 지속적으로 행해졌음을 알 수 있다.[4]

송광사에서 간행된 고승문집은 모두 5가지로 조사되었는데,『浮休
堂大師集』(1619년 간행)·『翠微大師詩集』·『無用堂遺稿』(이상 1724
년 간행)·『影海大師詩集抄』·『默庵大師詩抄』(이상 1801년 간행) 등
이 그것이다. 본 논고에서는 이들 문집과 관련된 내용을 살펴서 송광
사의 고유성을 중심으로 불교문학 연구에 대한 전망을 제언해보고자
한다. 이러한 작업으로 인해 조선중·후기 동안 송광사가 지닌 정체
성을 조금 읽어낼 수 있을 뿐 아니라 조선조 西山門派와 더불어 불교
계를 대표하는 浮休門派 연구에 일조를 더할 것으로 보인다.

---

2) 朴相國,『全國寺刹所藏木板集』, 文化財管理局. 1987, 78~89쪽은 刊記가
　있는 목판본을 사찰별로 분류하였는데, 전라남도 29번째인 송광사를 간
　기로 가진 문헌이 다른 사찰에 비할 때 많음을 알 수 있다. 그러나 문헌
　에 간기가 명확히 적힌 경우는 극히 일부분일 것 같고, 현재까지 판본이
　송광사 내에 소장되어 있다면 일단 송광사에서 간행된 것으로 보아도 무
　방할 듯하다.
3) 宋日基,「順天 松廣寺 刊行 佛書考」,『書誌學硏究』 제10집, 書誌學會,
　1994, 530쪽.
4) 宋日基, 위의 논문, 540~545쪽.

2. 조선시대 고승문집의 撰述

조선조 고승문집을 살핌에 중요한 사항은 언제 어디서 어떠한 모습으로 간행되었는가를 알아보는 일이다. 현전하는 모든 고승 문집이 이러한 사항을 정확히 명기한 것은 아니어서 명백한 경우가 아니라면 단정지을 수 없는 어려움이 있다. 하지만, 1987년에 문화재관리국에서 일련의 조사를 정리한 『全國寺刹所藏木板集』과 1989년 동국대학교 출판부에서 펴낸 『韓國佛教全書』 13권을 통해 고승문집에 대한 정보를 모을 수 있는 것은 그나마 다행이라고 해야 할 것이다.

다음은 조선조 전시기에 걸쳐 간행된 고승문집을 도표로 그린 것이다. 먼저 가장 기본적인 서지 사항인 문집명, 그 문집의 내용을 지은 고승 이름, 고승의 생몰연대, 문집이 간행된 시기와 장소 등으로 세분화하였다.

연번	문집명	작자(고승명)	작자 생몰연대	간행연도	간행처	비고
1	伽山藁	月荷戒悟	1773~1849	1852년경	미상	한불전 10책
2	鏡巖集	鏡巖應允	1743~1804	1804년경	미상	한불전 10책
3	鏡虛集	鏡虛惺牛	1849~1912	1943년	中央禪院	한불전 11책
4	括虛集	括虛取如	1720~1789	1888년	金龍寺 養眞庵	한불전 10책
5	克庵集	克庵師誡	1836~1910	미상	미상	한불전 11책
6	奇巖集	奇巖法堅	?~1594	1648년	미상	한불전 8책
7	南岳集	南岳泰宇	?~1732	1753년	實相寺	한불전 9책
8	聾默集	華曇法璘	1843~1902	미상	미상	한불전 11책
9	茶松文稿	錦溟寶鼎	1861~1930	미상	미상 (필사본)	한불전 12책

연번	문집명	작자(고승명)	작자 생몰연대	간행연도	간행처	비고
10	茶松詩稿	錦溟寶鼎	1861~1930	미상	미상 (필사본)	한불전 12책
11	大覺登階集	白谷處能	?~1680	1683년	미상	한불전 8책
12	大圓集	大圓	1714~?	1741년경	미상	한불전 9책
13	東溪集	敬一	미상	1711년	靈井寺	한불전 12책
14	東茶頌	艸衣意恂	1786~1866	미상	미상	한불전 10책
15	東溟遺稿	善知	미상	미상	미상	한불전 12책
16	蒙庵大師文集	蒙庵箕穎	미상	미상	미상	한불전 10책
17	無竟集	無竟子秀	1664~1737	미상	미상	한불전 9책
18	無用堂遺稿	無用秀演	1651~1719	1724년	松廣寺	한불전 9책
19	默庵大師詩抄	默庵最訥	1717~1790	1801년	松廣寺	한불전 10책
20	栢庵集	栢庵性聰	1631~1700	미상	미상	한불전 8책
21	梵海禪師文集	梵海覺岸	1820~1896	미상	新文館發行	한불전 10책
22	梵海禪師詩集	梵海覺岸	1820~1896	미상	新文館發行	한불전 10책
23	浮休堂大師集	浮休善修	1543~1615	1619년 1920년	松廣寺 華嚴寺	한불전 8책
24	四溟堂大師集	松雲惟政	1544~1610	미상	미상	한불전 8책
25	山志錄	心如	미상	미상	미상	한불전 12책
26	三家龜鑑	清虛休靜	1520~1604	미상	미상	한불전 7책
27	三峯集	華嶽知濯	1750~1839	1869년	寶光寺	한불전 10책
28	霜月大師詩集	霜月璽篈	1687~1767	1780년	미상	한불전 9책
29	雪潭集	雪潭自優	1709~1770	1784년경	미상	한불전 9책
30	雪巖禪師亂稿	雪巖秋鵬	1651~1706	1712년	미상	한불전 9책
31	逍遙堂集	逍遙太能	1562~1649	1795년경	玉泉寺	한불전 8책
32	松桂大禪師文集	松溪懶湜	1684~1765	1822년	미상	한불전 9책
33	兒菴遺集	兒菴惠藏	1772~1811	미상	新文館發行	한불전 10책
34	野雲大禪師文集	野雲時聖	1710~1776	1827년	미상	한불전 9책
35	櫟山集	暎虛善影	1792~1880	1888년	釋王寺	한불전 10책

연번	문집명	작자(고승명)	작자 생몰연대	간행연도	간행처	비고
36	蓮潭大師林下錄	蓮潭有一	1720~1799	1799년	美黃寺	한불전 10책
37	詠月堂大師文集	詠月淸學	1570~1654	1656년	澄光寺	한불전 8책
38	影海大師詩集抄	影海若坦	1668~1754	1801년	松廣寺	한불전 9책
39	暎虛集	暎虛海日	미상	미상	미상	한불전 8책
40	鰲巖集	鰲岩毅旻	1710~1792	1792년경	미상	한불전 9책
41	龍潭集	龍潭慥冠	1700~1762	1768년	臺巖庵	한불전 9책
42	龍岳堂私藁集	龍岳慧堅	미상	1901년경	미상	한불전 11책
43	龍巖堂遺稿	龍巖體照	미상	1662년	미상	한불전 9책
44	藕堂詩稿	미상	미상	미상	미상 (필사본)	한불전 12책
45	雲谷集	雲谷冲徽	?~1613	1633년	미상	한불전 8책
46	月峯集	策憲	미상	1703년	龍湫寺	한불전 9책
47	月城集	月城費隱	1778~ ?	1798년	觀音寺 大隱菴	한불전 10책
48	月渚堂大師集	月渚道安	1638~1715	1717년	미상	한불전 9책
49	月波集	月波兌律	1695~1771	1771년	見佛庵	한불전 9책
50	義龍集	미상	미상	1896년경	미상	한불전 12책
51	仁嶽集	仁嶽義沾	1746~1796	1797년경	미상	한불전 10책
52	一枝庵文集	艸衣意恂	1786~1866	1890년	미상	한불전 12책
53	靜觀集	靜觀一禪	1533~1608	1628년	安心寺	한불전 8책
54	霽月堂大師集	霽月敬軒	1544~1633	1637년	미상	한불전 8책
55	中觀大師遺稿	中觀海眼	1567~ ?	1911년	미상	한불전 8책
56	曾谷集	徐致益	미상	1943년	大願寺	한불전 12책
57	振虛集	振虛捌關	?~1769	1786년	靑龍寺	한불전 10책
58	澄月大師詩集	澄月正訓	1751~1823	1832년	미상	한불전 10책
59	天鏡集	涵月海源	1691~1770	1821년	釋王寺	한불전 9책
60	靑梅集	靑梅印悟	1548~1623	1633년	미상	한불전 8책
61	淸珠集	幻空治兆	?~1870	1870년경	미상	한불전 11책
62	淸虛堂集	淸虛休靜	1520~1604	1666년	미상	한불전 7책
63	草堂集	草堂	미상	미상	미상	한불전 11책

연번	문집명	작자(고승명)	작자 생몰연대	간행연도	간행처	비고
64	草广遺稿	미상	미상	미상	미상	한불전 12책
65	艸衣詩藁	艸衣意恂	1786~1866	1875년경	미상	한불전 10책
66	秋波集	秋波泓宥	1718~1774	1870년경	미상	한불전 10책
67	冲虛大師遺集	冲虛旨冊	1721~1809	미상	미상	한불전 10책
68	翠微大師詩集	翠微守初	1590~1668	1724년	松廣寺	한불전 8책
69	枕肱集	枕肱懸辯	1616~1684	1695년	仙巖寺	한불전 8책
70	鞭羊堂集	鞭羊彦機	1581~1644	1647년(?)	白雲庵	한불전 8책
71	楓溪集	楓溪明察	1640~1708	미상	미상	한불전 9책
72	寒溪集	寒溪玄一	미상	미상	미상	한불전 11책
73	涵弘堂集	涵弘致能	1805~1878	1879년(?)	미상	한불전 10책
74	海鵬集	展翎	미상	미상	미상	한불전 12책
75	虛白集	虛白明照	1593~1661	1669년	普賢寺	한불전 8책
76	虛應堂集	虛應普雨	1509~1565	미상	미상	한불전 7책
77	虛靜集	虛靜法宗	1670~1733	1732년	普賢寺	한불전 9책
78	好隱集	好隱有璣	1707~1785	1785년	미상	한불전 9책
79	混元集	混元世煥	1853~1889	미상	미상	한불전 11책
80	喚惺詩集	喚惺志安	1664~1729	1751년	釋王寺	한불전 9책

* 『韓國佛敎全書』(동국대학교 출판부, 1989)와 『全國寺刹所藏木板集』(문화
재관리국, 1987) 참조. 비고의 한불전은 『한국불교전서』의 약칭임

　위 표를 통해 알 수 있는 것은 간행된 연도와 간행처를 정확히 알
수 있는 문집이 많지 않다는 사실이다. 때문에 문집의 간행연대는 작
자인 고승의 생몰 연대를 통하여 추정해 볼 수밖에 없다. 그런데 대개
어떤 개인 문집은 작자가 살아있을 당시에 간행되기도 하지만 이는
흔하지 않는 경우이고, 거의가 작자가 몰한 후 가까이는 몇 년, 멀리
는 몇 십 년 후에 세상에 출판된다는 사실을 감안해야 할 것이다. 이
렇게 하여 壬亂을 기점으로 조선전기와 후기로 나눈다고 했을 때, 조
선조 고승문집은 전기보다 후기에 주로 간행되었음을 알 수 있다.
　이런 고승문집 간행은 외형상으로 보자면, 사찰의 경제 여건과 서
로 맞물리는 것으로 조선조 불교 역사에서 중요하게 논의될 수도 있

는 사항이다. 즉, 조선조와 같이 불교를 배타시하는 경우 고승 문집은 스님들을 공부시키기 위한 佛經도 아니어서 어떤 특별한 경우가 아니라면 간행하기 힘들기 때문이다. 그런데도 불구하고 고승의 개인 문집이 간행되었다는 사실은 특별히 어떤 고승을 세상에 알리기 위한 목적도 있지만, 이것도 경제적 여건이 허락되지 않는다면 불가능하다. 하지만, 여러 정황을 통해서 볼 때 임·병진 양란 이후 사찰의 경제는 피폐할 대로 피폐해 있었기 때문에 반드시 풍부한 경제력을 갖춘 상태에서 문집이 간행되었다고는 할 수 없다. 단, 한 가지 주목되는 점은 스님들 스스로 사찰의 경제력을 키우기 위한 노력을 여러 방면에서 했다는 사실이다. 이런 사실은 사찰 내에서 수공업인 미투리와 紙物을 생산하여 사찰 재산을 조성하거나 契를 통한 補寺行爲를 했던 것에서도 알 수 있다. 이중 특히, 계는 보사행위를 위하여 개별적으로 소량의 수입을 한 곳에 모아 다량의 재화를 증식시키는 집단 행위였다.5)

또한 특징적인 부분은 사찰에서 종이를 생산해냈다는 점이다. 즉, 사찰이 제지업에 종사했다는 사실은 승려의 신분격하와 관련되는 것으로 자율적이라기 보다는 국가라는 타율에 의한 측면이 강함에도 불구하고, 사찰 경제를 풍부하게 만들기 위한 한 가지 수단이었기 때문에 어쩔 수 없이 해야만 하는 양면성을 지니고 있었다.6) 이와 같이 사찰은 어려운 경제 상황을 타개하기 위한 방법을 여러 방면에서 강구하여 그 명맥을 유지해 나갔으며, 풍부한 지물이 있었기에 문헌을 간행할 수 있는 기회가 자주 주어지게 되었다고 할 수 있다.

송광사에서의 문헌 간행은 임란 이전에 이미 있었지만, 임란 이후

---

5) 이계표, 「湖南佛敎의 歷史와 思想」 Ⅲ, 『향토문화』 제16집, 향토문화개발협의회, 1996, 108~109쪽 참조.
6) 河宗睦, 「朝鮮後期의 寺刹製紙業과 그 生產品의 流通過程」, 『역사교육논집』 제10집, 역사교육학회, 1987, 45쪽 참조.

에 더욱더 활발히 이루어졌다. 특히, 임란 직후인 17세기 동안에 모두 16차에 걸쳐 42종의 불서가 간행되는데, 이때는 제4차 중창과 맞물리는 시기로 단순히 사찰의 건물만 재건한 것이 아니라 임란시에 없어져버린 서적 간행에도 중점을 두었다고 볼 수 있다.[7] 결국 이런 중창의 노력은 어려운 상황에서도 어느 정도의 경제적 여건이 주어졌기에 가능했다고 볼 수 있다.

한 가지 더 살펴야 할 점은 조선조 전시기에 간행된 고승문집에 붙여진 명칭에 관해서이다. 위 표를 보면 알 수 있듯이 '~集'이라는 명칭이 가장 많고, 심지어 '~詩集'이니, '~詩稿'·'~文稿'라는 명칭을 붙여 문학적인 색채를 드러내려고까지 하였다. 이는 같이 고승문집이지만, 고려 때 '~語錄'이라고 명칭한 것과는 다름을 알 수 있다. 이에 대해 유가와의 관계와 평가를 중요시한 나머지 法語와 같은 불교적인 색채를 줄이는 대신 시문과 같은 문학성을 띤 양식 위주로 대신했다고도 하는데,[8] 대세를 따를 수밖에 없었던 조선조 고승들의 한 단면을 보여주는 일임에 분명하다.

3. 송광사 開板 고승문집

1) 浮休善修의 『浮休堂大師集』

『浮休堂大師集』은 浮休善修(1543~1615)의 개인 시문집이다. 白谷 處能의 문집인 『大覺登階集』 卷2, 「追加弘覺登階碑銘」에 의하면, 부휴는 호이고, 법명은 선수로 속성이 김씨이그, 전북 樊樹 태생으로 되

---

7) 宋日基, 앞의 논문, 540~545쪽 참조.
8) 李晋吾, 『韓國 佛敎文學의 硏究』, 民族社, 1997, 322쪽.

어있다. 그리고 부친의 이름은 積山으로 오래 전 신라 때에는 大姓이
었으나 점차 몰락의 길을 걸어 서민이 되었다고 하였고, 어머니 김씨
또한 심상치 않은 태몽을 꾸고 부휴를 낳게 되는데, 어려서부터 보통
아이와는 다른 행동을 보이며 성장하기 시작한다.

17세에 출가를 결심한 부휴는 두류산에 들어가 信明長老에게서 落
髮하고, 그 당시 많은 문제자를 거느리고 있었던 芙蓉靈觀에게서 도
를 깨우치게 된다. 부용은 호를 隱庵禪子 또는 蓮船道人이라고 하였
는데, 몸은 속세에 있지만 항상 서방을 생각하기 때문에 부용당이라
는 호를 갖게 된 인물로 碧松智嚴을 스승으로 모셨다. 보통 부용당의
가장 뛰어난 문제자로 西山大師로 알려진 淸虛休靜과 부휴를 꼽는데,
백곡이 지은 「任性大師行狀後序」의 다음과 같은 내용을 통해서이다.

> 영관의 문하에는 두 法眼이 뛰어났으니 하나는 청허휴정이요, 또 하
> 나는 부휴선수이다. 청허는 형으로서 도덕과 재기가 뭇 사람보다도 뛰
> 어나고, 문장과 필법이 모두 당세에 빛났었다. 그리고 부휴는 아우로서
> 法見이 매우 뛰어나 어떤 禪僧과 인연이 있으면 그 搥拂 밑에 모이는
> 사람이 칠백이나 되었는데, 모두 일대의 宗師였다고 한다.9)

부휴는 청허보다 23세 어린 처지였기에 아우로 칭하였다. 그럼에도
불구하고 부휴가 법을 깨닫는 경지가 뛰어나 칠백 명이나 되는 제자
들이 항상 함께 했음을 적고 있다. 이렇듯 많은 제자들을 거느린 부휴
였기에 불가에서는 당시 불법을 전승할 인물로 인식하였다. 때문에
서산의 제자 중 삼걸로 칭해지는 逍遙太能·雲谷沖徽·松月應祥 등
이 부휴의 법문을 들었는가 하면,10) 임진란 때 서산 못지 않은 큰공을

---

9) 『大覺登階集』 卷2, 「任性大師行狀後序」: "靈觀之門下 傑出二法眼 曰淸
   虛休靜 曰浮休善修也 淸虛兄也 道德拔萃 才氣絶倫 文章筆法 並耀當世
   浮休弟也 法見高峻 與衲子有緣 搥拂之下 衆盈七百 俱爲一代宗師云."
10) 『大覺登階集』 卷2, 「賜報恩闡敎圓照國一都大師行狀」: "松雲政大師 嘗

세운 四溟大師는 '지금의 正眼은 오직 형님 뿐 무너지는 법 다시 바로 할 자 누가 있으랴!'[11]라는 시까지 남겼다. 사명당은 서산의 제자이면서도 부휴보다는 한 살 더 어려 부휴를 형님처럼 모셨다. 즉, 이는 서산과 사명당 모두 뛰어난 고승이면서 나라의 화급한 상황을 묵과하지 않고 싸움터에 직접 뛰어들기도 했는데, 그런 와중에도 불법 전승에 힘쓴 부휴의 자세를 높이 평한 시이다.

이와 같이 부휴는 서산을 師兄으로, 그리고 사명당을 師弟와 같이 교유했다. 그러나 단지 여기에서 그친 것이 아니라 부휴는 蘇齋 盧守愼과 같은 儒家人과도 친하게 지냈는데, 법을 얻은 뒤에 노수신에게서 장서를 빌어 무려 7년 동안 모두 읽었다는 사실이 이를 말해준다.

부휴는 평생 신이한 일화들을 많이 남겼는데, 결국 73세 때 제자 벽암에게 게송을 남기고 세상을 떠나게 되니 法臘으로는 57세였다. 제자들이 靈骨을 거두어 해인사·송광사·칠불암·백장사에 부도를 세웠고, 광해군은 그의 덕을 기려 '弘覺登階'라는 칭호를 추가하였다.

「松廣寺嗣院事蹟碑」와 「松廣寺開創碑」에서는 부휴를 다음과 같이 臨濟宗風을 계승한 이로 기록하였다.

① 임제선사로부터 18대에 걸쳐 전법되어 石屋淸珙에게 전해졌고, 고려시대 太古普愚가 그 법을 전해받았고, 6대에 걸쳐 부휴에게 전해졌다.

② 고려시대 때 보우가 중국 하무산에 들어가 석옥청공 선사를 찾아뵈었는데, 석옥청공은 임제 18대 적손이다. (중략) 영관은 상족제자에게 그 법을 전하였는데, 그의 이름은 선수이고 호는 부휴이다. 이러한 부휴에게 법을 배운 제자들은 일대의 종사가 되었다.[12]

以書抵休 賀其得嗣無何 休赴頭流 師亦摳衣 有一宰官訪休 扣證禪旨 令門徒 各賦偈句 試其才否 時雲谷冲徽 逍遙太能 松月應祥 號爲三傑 同在會中."

11) 『四溟堂大師集』 卷3, 「贈浮休子」: "秖今正眼吾兄在 再整頹綱更是誰."

12) ① 「松廣寺嗣院事蹟碑」: "自臨濟十八傳 而爲石屋淸珙 麗朝太古普愚 得

위의 기록에 의하면 부휴는 임제종풍 24대 적손이 되는 것으로 당시 불가에서 차지한 그의 위치를 가늠하게 한다.

『부휴당대사집』은 1619년과 1920년 두 번 간행되었다. 이중 1920년본에는 화엄사에서 간행했다는 刊記가 들어가 있으나, 1619년본에는 간행처가 명확히 표기되어 있지 않다.[13] 그리고 1619년 간행본은 '多脫落'이라는 문구가 표지 오른쪽 상단에 새겨져 있듯이 落張이 심하여 1920년 간행본에 비해 양도 적은 편이며, 시문의 순서도 뒤바뀌어 있어 現傳 상태가 좋은 편은 아니다. 따라서 보통 연구자들은 1920년 화엄사본을 연구 대상으로 삼는다. 그러나 송광사본도 원래 화엄사본과 마찬가지로 완전한 본이었는데, 후대로 내려오면서 낙장되었다고 볼 수 있다. 시문 순서를 보면 송광사본이 낙질되어 뒤바뀌어서 그렇지 내용은 화엄사본과 동일하나 판본 형태만 다름을 알 수 있는데, 이는 곧 온전한 송광사본이 전해오다가 이를 바탕으로 화엄사에서 새로 판하본을 마련하여 중간했을 것이기 때문이다.

『부휴당대사집』은 豊城後人 盤桓子가 쓴 서문과 함께 모두 5권으로 되어있으며 문보다는 시가 더 많은 편이다. 시의 경우 일정한 편집 체제를 갖추어 배열한 듯한 인상을 주는데, 형식에 따라서 오언절

拱之傳 叉六傳 而爲浮休." ②「松廣寺開創碑」: "麗朝普愚 入中國霞霧山 參石屋淸珙禪師 淸珙卽臨濟十八代嫡孫也 (中略) 靈觀傳之上足弟子 其名 曰 善修 自號浮休 淹貫內典 爲一代宗師."

13) 『한국민족문화대백과사전』의 『부휴당집』에 대한 설명을 보면, 1619년 간행처를 태안사로 보았는데, 그 근거가 뚜렷하지 않다. 『부휴당집』 어디에도 태안사에서 간행되었다는 문구가 없기 때문이다. 그렇다고 송광사에서 간행되었다는 문구가 있는 것도 아니다. 하지만, 1987년에 문화재관리국에서 출판한 『全國寺刹所藏木板集』 송광사 소장 목판본에 『부휴당대사집』이 나와 있고, 또 필자가 조사한 바에 의하면, 현재 송광사에 실제로 그 판본이 현존하고 있어 1619년 간행처를 송광사로 단정지었다. 부휴의 일생을 통해서 보더라도 태안사와 특별한 인연이 없었던 것으로 보아 의심의 여지가 없다고 생각한다.

구·오언율시·칠언율시·칠언소시 등으로 나누어 모두 250여 수의 시가 실려져 있다.

여기에서의 시는 禪에 대한 것과 선을 닦는 방법, 그리고 임진란을 당해 어려움에 빠진 나라를 걱정하는 내용으로 이루어져 있는데, 고승과 수행승, 속가인들과 교유하는 가운데 읊었다. 교유 인물 중에서 가장 많은 시를 주고받은 고승으로는 사명당을 들 수 있다.[14] 뿐만 아니라 부휴는 우주만물의 실상은 말로 해서 되는 것이 아니라는 것을 잘 알고 있기에 자연의 모습을 그대로 보여주려고 노력하였다. 그리고 권5에 있는 「俊老師百日疏」 등 소 13편과 기타 3편의 글은 부휴의 생각을 읽어낼 수 있는 자료이기도 하다.

2) 翠微守初의 『翠微大師詩集』

『翠微大師詩集』은 翠微守初(1590~1668)의 시문집이다. 취미는 호를 이르고, 수초는 휘를 말하며, 자는 太昏 또는 太一이라고 하였다. 이외에 취미의 구체적 행적은 그의 제자 栢庵性聰이 쓴 「취미대사행장」을 통해서 알 수 있다.

취미의 속성은 成氏로 사육신 중의 한 사람인 成三問의 방후손이다. 조실부모하여 형에게서 성장하였는데, 13세 무렵에 꿈속에서 어떤 스님이 '왜 이리 더디게 오느냐?'라고 한 말을 듣고 출가할 뜻을 굳혔다고 한다. 그런데 이런 취미의 뜻을 용납 못한 형이 반대하자 밤에 몰래 집을 빠져나와 설악산에 있는 敬軒長老에게 나아가 낙발하

---

14) 부휴가 사명당에게 준 시는 11題 17首인데 다음과 같다. 「別後寄鍾峯」·「次鍾峯韻」 2수·「聞鍾峯出山回戲寄一絶」·「贈鍾峯」 2수(이상 『부휴당대사집』 권1)·「寄鍾峯」·「別鍾峯」(이상 권2)·「次鍾峯」2수·「次鍾峯韻贈淳上人」(이상   권3)·「次鍾峯」·「贈鍾峯」·「贈鍾峯」5수(이상 권4).

학하기에 이르는데, 부휴는 그의 수제자인 벽암에게 취미에 대해 말하기를 '다음 날 우리 불도를 크게 열 사람이 이 사미이다'라고 하여 극찬을 아끼지 않는다. 이렇게 하여 20세 이후부터는 많은 산을 두루 답파하며 宿匠들을 찾아다녔는데 가는 곳마다 上席으로 추대받았다.

그러나 취미는 불법만 닦은 것이 아니라 다른 方外의 학문을 접하기 위해 서울로 상경하는데, 다음은 이러한 사정을 기록한 것이다.

> 일찍이 탄식하여 말하기를 "옛날 덕을 쌓고 도를 행하는 이는 모두가 다른 종교와 다른 학문에도 섭렵하여 유가를 대하면 유가를 이야기하고 노장을 대하면 노장을 이야기하여 업신여김이나 비방함을 막아 부처님의 교화를 일으켰다. 어찌 오늘날 마음을 닫아 담에 낯을 대한 자와 같겠는가?"라고 하였다. 그리고는 곧바로 서울로 상경하여 지식층에 출입하고 搢紳 귀족들과 사귀며 고전을 토론하면서 훌륭함을 맛보아 나아가기를 그치지 아니하였다.[15]

취미는 서울에서 당시 이름을 날리던 유가인들과 사귀어 유가의 경전을 읽고 토론하기도 하며 학문 영역을 넓혔다. 그렇지만 이런 취미의 행동에 대해 그의 스승인 벽암은 '출가자는 祖道를 힘씀이 옳거늘 어찌 俗典에만 힘을 쓰는가?'라고 하며, 질책을 하기에 이른다. 이에 취미는 깨달은 바가 있어 벽암을 지성으로 모시며 선지를 깨우치기 위해 힘을 쏟는다.

40세 되던 해에는 玉川의 靈鷲寺에서 開堂하니 배우려는 자들이 운집하였고, 43세에는 관북지방의 청을 받아 悟道 · 雪峯山 등지에서 강석을 열어 선풍을 진작시켰다. 그러나 다시 海西로 가려고 했으나 병자호란을 만나 뜻을 이루지 못하고, 49세 때에는 남쪽으로 내려와

---

15) 『翠微大師詩集』, 「翠微大師行狀」: "嘗歎曰 古之抱德行道者 率皆漁獵 他宗異學 對儒談儒 逢老談老 禦其侮誚 俾昌熾佛聖之化 豈若今之蓬心墻面者哉 卽反京輦 出入翰相之門 師友貴游薦紳 討論墳典 咀嚼菁華進之無已."

마침 호란 때 의병을 일으켜 만나지 못했던 스승 벽암과 재회하게 되었다. 그 뒤에도 취미의 명성은 곳곳에서 날렸는데, 특히 李昭漢·李之蘊·申最 등과 같은 유가인들의 환대가 대단하였다. 세수 79세에 병을 얻어 입적하니 법랍은 65세였다.

『취미대사시집』은 1권 1책으로 되어있다. 권두에는 1659년 鄭斗卿이 쓴 서와 1667년 南龍翼이 쓴 또 다른 서가 있다. 본문은 오언고풍의 시 9수와 칠언고풍 2수, 오언절구 14수, 칠언절구 56수, 오언율시 48수, 칠언율시 34수 등 모두 150여 수의 시가 있고, 잡저에는 소 2, 序 2, 書 1 등이 있다. 따라서 문집 제목이 시집이기는 하지만, 순수하게 시만 수록하지 않음을 알 수 있다.

『취미대사시집』에서 가장 주목을 요하는 부분은 유가인들과 교유하면서 주고받은 시문 내용이다. 취미는 李安訥·李植·정두경·任有後·이소한·金堉·趙重呂 등 당대 문장과 학덕으로 이름을 높이던 이들과 교유했는데, 이러한 흔적은 시문에 그대로 남아있다. 그 중 이안눌에게 준 시로는 「敬次東嶽李先生安訥泛江集赤壁賦字韻」과 「敬次東嶽李先生贈送韻二」 등이 있다. 시제에서 차운했다는 것을 보면, 이안눌이 먼저 취미에게 시를 보내고 취미가 이에 답했음을 알 수 있다. 다음은 취미가 이안눌에게 준 작품 중 하나이다.

> 원래는 이름없는 촌 늙은이인데
> 선생의 언행으로 알려졌군요
> 雪齋에서 시를 배워 은혜 입었고
> 禪社에서 진리 논해 정을 이미 허락하였네
> 고향 산천 돌아보니 계절은 짧고
> 애를 끊는 석양풀에 가을은 밝다
> 알지 못하겠구나, 어디에서 서로 생각할까?
> 늦가을 三神이요, 달은 五更이로구나
> 野老生來未有名　　只因夫子贈言行
> 雪齋乞句曾蒙惠　　禪社論玄已許情

回首故山時景短   斷腸衰草夕陽明
不知何處若相憶   秋晚三神月五更16)

이안눌은 취미보다 20세 연상이다. 따라서 인생에 있어 선배이기도
하지만, 위 시에서 취미가 이안눌에게서 시를 배웠다고 했으니 둘의
관계는 스승과 제자 사이이기도 하다. 그리고 1·2행에서 보듯이 취미
가 유가인들에게 명성을 날리기까지 이안눌의 공이 컸음을 알 수 있
고, 마지막 7·8행에서는 서로 만나지 못하는 안타까움을 보여주었다.

이외에 「敬次趙修撰重呂暮春韻」·「陪李使君昭漢遊雙磎寺次韻」·「敬
次任承旨有後韻」·「謹次東溟鄭學士斗卿別白谷能上人韻二」·「敬次澤
堂李先生植韻」 등이 유가인들의 시에 차운한 작품으로 수록되어 있다.

3) 無用秀演의 『無用堂遺稿』

『無用堂遺稿』는 無用秀演(1651~1719)의 개인 시문집이다. 『무용
당유고』 하권 마지막에 실린 「無用堂大禪師行狀」에 의하면,17) 무용
의 휘는 수연이요, 무용이라는 말은 자에 해당된다. 속성은 오씨로 고
려 때부터 이어져 온 조상들은 높은 벼슬이 끊이지 않았는데, 증조 下
蒙은 통훈대부행정의 및 현감에까지 이르렀고, 조부 應鼎은 通政大夫

---

16) 『翠微大師詩集』 「敬次東嶽李先生贈送韻二」 중 첫 번째.

17) 2002년 東國譯經院에서 펴낸 한글대장경 『무용당집』에서는 「무용당대선
   사행장」을 수연이 지었다라고 한 반면, 李鍾燦이 지은 『韓國佛家詩文學
   史論』(불광출판사, 2001, 516쪽)에서는 영해약탄이 무용의 행장을 찬술했
   다고 하였다. 그런데, 「무용당대선사행장」을 보면, 지은이가 누구인지 명
   확히 밝혀져 있지 않을 뿐 아니라 행장의 말미에 '그 중에도 坦 같은 이
   가 일찍부터 대사의 閫域에 놀았다(而煩不列 若呑早遊 先師之閫域)'라는
   내용이 나오는 것으로 보아 반드시 영해가 행장을 지었다라고 볼 수는
   없다. 그리고 무용에 대한 간략한 행적은 梵海覺岸이 지은 『東師列傳』
   卷3, 「無用法師傳」에도 실어져 있다.

行順川府使贈嘉善大夫漢城左尹을 지냈으며, 부친인 暹武는 節行碧
團僉使라는 관직까지 하였다.

무용은 8세 때부터 글을 읽기 시작하였는데, 13세에 그만 조실부모
하여 형 아래에서 자라게 된다. 그리 넉넉지 못한 살림이었지만, 학문
닦는 것만은 게을리 하지 않아 제자백가서들을 두루 통섭했다고 한
다. 19세 때에 인생의 무상함을 느끼고, 집을 떠나려는 마음을 지니고
있다가 우연히 송광사에 들러 惠寬老師에게서 낙발하고, 慧空大師에
의해 具足戒를 받게 된다. 22세가 되자 禪과 敎 모두를 깨우쳐야 한
다는 인식을 하게 되어 枕肱懸辯에게 나아가 禪旨를 익히고, 다시 조
계산 은적암으로 들어가 柏庵性聰에게서 경전의 요체를 공부하기에
이른다. 이때 무용의 나이 26세였다. 그 뒤 龍門山·金華洞·新佛
庵·仙巖寺·송광사·白雲庵 등을 유력하기도 하였다. 이러는 중에
禪關을 닦기에 여념이 없었는데, 특히 백암에게서 華嚴疏鈔를 받아
연구하여 그 진수를 간파하여 백암이 입적하자 그 뒤를 이어 대중을
위해 강의하기 시작하는데, 마치 난새를 뭇새들이 따르는 듯했다고
한다. 59세 때에는 송광사 동쪽 시내 위에 水石亭이라는 정자를 지었
는데, '수석'이라 명명한 이유를 『무용당유고』 하권 「曹溪山松廣禪院
水石亭記」에서 '내가 평생에 사랑하는 것이 돌과 물이기 때문이다.
돌은 단단하면서 고요하나니 나도 마음을 안정시켜 흔들리지 않게 하
고자 함이며 물은 흐르면서 맑나니 나도 만물에 응하여 걸림이 없게
하고자 함이다'[18]라고 하였다. 이런 내용은 무용이 지닌 삶의 자세를
알게 해준다. 1719년 그의 나이 69세에 가부좌를 한 채 열반에 드니
법랍은 51세였다.

이와 같이 무용은 침굉·백암과 같은 스승 아래에서 공부하며, 교

---

18) 『無用堂遺稿』 下卷, 「曹溪山松廣禪院水石亭記」: "水石 余之平生所愛者
石堅而靜 吾以欲存心而不動 水流而淸 吾以欲應物而無滯."

와 선은 결국 둘이 아니라 하나라는 인식을 하게 되었고, 단지 선지를 홀로 깨닫는데 그친 것이 아니라 대중들을 깨우치려는 노력도 하였다. 따라서 많은 제자들이 그를 따르게 되니 부휴와 취미의 뒤를 이어 임제종풍을 드날리게 되었다.

뿐만 아니라 유가인과의 교유도 두터웠는데, 행장의 다음과 같은 기록이 이를 말해준다.

> 그 당시의 진신으로서 대사와 친하지 않은 이가 드물었지만, 그 중에서도 領相 李光俊·大司成 崔昌大·參判 李鎭儒·郊理 林象德·襄陽 崔季翁·三淵 金昌翕·順天 黃翼再 등이 가장 친하였다.[19]

이광좌·최창대·이진유·임상덕·최계옹·김창흡·황익재 등은 당시 명문거족들로 이름을 남긴 사람들이다. 무용은 이들 유가인과 교유하는 가운데 자연스럽게 사상의 교류도 함께 했을 것으로 판단된다.

『무용당유고』는 무용이 입적한 5년 후인 1724년 상하 2권으로 간행되었다. 책머리에는 「무용집서」가 있고, 하권 말미에 무용대사의 행장을 실어놓았다. 시와 문의 양식적 차이를 인식하여 상권에는 시를 모아 편집하였고, 하권에는 문을 실었다. 상에 실린 시는 모두 65수이고, 하에 실린 문은 書 10, 序 4, 募緣文 6, 上樑文 1, 記 3, 跋 5, 啓 3, 祭文 3 등으로 양을 비교하면 시에 비해 문이 더 많은 편이다.

상권에 있는 시는 자연과 사찰 주변의 경관을 읊는다든가, 선사들과의 문답, 유가인들과의 수답 내용을 통해 선적 경지를 한껏 펼쳤다. 그리고 하권 書는 유가인들에게 준 편지 내용이 거의 대부분을 차지하고 있는데, 유교와 불교가 서로 협조하여 나라의 태평과 백성의 안

---

19) 『無用堂遺稿』 下卷, 「無用堂大禪師行狀」: "當世搢紳之士 鮮不與善 唯 領相李公光佐 大司成崔公昌大 參判李公鎭儒 校理林公象德 崔襄陽季翁 金三淵昌翕 黃順天益再 最爲相厚."

락을 도모해야 한다는 것을 주로 언급하였다. 특히, 하권 중 「栢庵和尙文序」의 내용은 무용의 문에 대한 견해를 알 수 있는 자료이기도 하다.

① 옛 사람들은 글을 糟粕이라고 하였다. 그렇다면 글은 결코 귀하다고 할 수 없다. 그런데 마음은 한 몸이 주인이요 만물의 근원이다. 그러나 그곳은 온 곳이 없고, 그 체는 형상이 없는 것이다. 무릇 형상이 있는 것은 다 형상이 없는 것의 그림자이니 글도 또한 그런 것이다. 그러나 흐름을 더듬어 그 원인을 얻고 싹으로 인해 뿌리를 알게 된다면 이 우주에 없어서는 안될 것이 또한 글이다.

② 옛 사람은 문을 도의 緖餘라 하였는데, 만일 그렇다면 문을 말리고 금해도 좋을 것이다. 그러나 그렇게 하지 못하는 것은 무슨 까닭인가? 조박이 비록 酒麻의 찌꺼기이지마는 주마만 있고 조박이 없는 이치는 절대로 없는 것이다. 그렇다면 精과 糟, 內와 外, 本과 末은 어떤 물건이나 다 있는 것이다. 조에서 정으로, 외에서 내로 들어가는 것이니 이 정과 내가 있음으로 해서 조와 외가 따르는 것을 어찌 버릴 수 있겠는가?[20]

조박은 찌꺼기라는 의미로 물건에 있어 알맹이가 빠진 상태를 이른다. 그런데 무용은 ①에서 글을 조박이라고 한 고인들의 견해를 인용하며, 그렇다면 글은 삶에 있어 중요한 것이 아닐 수 있다라고 하였다. 또한 ②에서는 문이 도의 나머지라고 보았던 고인들의 입장을 들면서, 그렇다면 문 짓기를 금해야 했을 것인데 그렇게 하지 않았던 이유가 무엇이었는지를 되묻고 있다.

---

20) ① 『無用堂遺稿』 下卷, 「栢庵和尙文序」: "古人以書爲糟粕 然則書之不足貴也必矣 噫 心也 一身之主 萬類之源 而其來無始 其體沒形 凡有相者 皆無相之影 書亦相類也 不妨尋流而得源 因苗而識根 則宇宙間不可無者 亦書也." ② 같은 글: "古之人 以文言爲道之緖餘 則杜之絶之可也 而未者何哉 糟粕雖酒麻之餘 而獨有酒麻無糟粕 理之必無也 然則糟粕內外末本 物物皆然 自粗而及精 由外而之內 有此精內粗外隨之 其可舍之."

이런 무용의 문에 대한 견해는 유가인들이 언급했던 문에 대한 입장과 견줄 수 있을 것이다. 유가인들은 일찍이 문을 '載道之器' 또는 '貫道之器'라고 하며, 문과 도의 층위를 달리 하였는데, 위에서 든 무용의 언급 내용 또한 이와 크게 다르지 않음을 볼 수 있다. 즉, ②의 글에서 무용은 문을 糟·外·末로, 그리고 도를 精·內·本으로 보고 있기 때문이다. 하지만, 무용도 문을 통해 도를 드러내야 하기 때문에 문을 버릴 수는 없다라는 입장을 내보였다.

이와 같이 『무용당유고』은 무용 한 개인의 사상을 알 수 있는 내용을 담고 있기도 하지만, 18세기 불가인이 설정한 문과 도의 관계를 읽어낼 수 있는 자료이기도 하다.

4) 影海若坦의 『影海大師詩集抄』

『影海大師詩集抄』는 影海若坦(1668~1754)의 시문집이다. 묵암최눌이 쓴 「영해대사행장」에 의하면, 영해는 호이고, 약탄은 이름이며, 자는 守訥로 전남 高興에서 태어난 것으로 되어있다. 또한 속성은 光山이 관향인 김씨이며, 부친은 통정대부 벼슬을 하였으니 명문가였음이 분명하다.

8세 때부터 학문을 익히기 시작하는데, 10세에 이르러서는 楞伽寺로 출가하여 得牛長老의 제자가 된다. 17세에 무용대사를 처음 만나게 되는데, 너무나 감격스러워 눈물이 나오는지도 몰랐다고 한다. 그리고 이듬해인 18세 때에 受戒하고, 22세에 이르러 경전 강독의 가르침을 받게 되면서 배우기를 게을리 하지 않는다. 그래서 37세에 이르자 鳳山의 청을 받아 慈受庵에 입실하게 되는데, 그의 聲聞을 듣고 찾아드는 이가 한 둘이 아니었다고 한다. 52세 때에는 송광사에 있던 무용대사를 위하여 화엄대회를 여니 사방에서 모여든 法侶의 수가 수천에 이르렀다고 한다. 또한 무용대사의 문집도 영해의 손을 거쳐 간

행되었으니 스승을 널리 알리고 싶은 제자의 간절한 뜻이었다고 할
수 있다. 세수 87에 이르러 입적하였는데, 제자 중에서 楓巖世察이 의
발을 전수받았다.

영해의 유고는 원래 3권이 전하였으나 두 권은 유실되고, 시집 한
권만 남게 되었다. 그런데 1801년에 臥月敎萍이 시 내용 중 정미로운
것만을 모아『영해대사시집초』를 간행하여 현전하고 있다.

시집 권두에는 梁周翊이 쓴 서문이 있고, 권말에는 교평이 쓴 발문
이 있다. 또한 영해의 행장과 교평이 쓴 풍암의 행장이 있고, 오언절
구 15수·칠언절구 20수·오언율시 26수·칠언율시 60수 등 120여
수의 시가 수록되어 있다. 시 내용을 보면, 유가인과 지방관원에게 酬
答하거나 贈答한 작품이 많은데, 僧俗을 가리지 않고 교유했던 영해
의 모습을 떠올릴 수 있다. 이는 묵암이 행장에서 '공경 외호한 사람
이 하나가 아니었으니 풍원군 조상국은 나이 들어 망형의 교분을 쌓
았다'라고 함을 통해서도 읽어낼 수가 있다. 이러한 교유는 보다 넓은
포용력이 있을 때에만 가능했을 것인데, 자신의 호를 넣어 지은 작품
인「自題影海」에서 '수미산 가로질러 바다 나오니, 하늘 빛 묵직하게
비추이누나. 혹 이러한 이치 만난다면, 영해 늙은이임을 알 것이다'[21]
라고 함이 이를 말해주고 있다. 때문에 영해 시문에 대한 이해에서 가
장 우선해야 할 것은 승속을 초탈한 교유 내용일 것으로 생각한다.

5) 黙庵最訥의『黙庵大師詩抄』

『黙庵大師詩抄』는 黙庵最訥(1717~1790)의 개인 시문집이다. 묵암
의 제자 敎萍이 쓴「묵암대화상행장」에 의하면, 묵암은 호를 이르고,
최눌은 휘에 해당하며, 자는 耳食으로 밀양박씨의 아들로 태어났는

---

21)『影海大師詩集抄』,「自題影海」: "須彌橫出海 空色影重重 倘會如斯理
可知影海翁."

데, 어려서부터 총명한 기질이 이미 드러났다고 한다. 출생한 곳은 興陽縣 長沙村인데, 홍양현은 현재 전남 고흥군을 말한다.

4세에 부모를 따라 樂安郡 鷹鷄村으로 이거하는데, 10년 후인 14세 때에는 낙안군에 소속된 澄光寺의 得輝長老에게 출가하였고, 18세 때에는 頓淨大師께 祝髮하였으며, 萬里大師에게서 구족계를 받았다. 그리고 이듬해인 19세 때에는 송광사 은적암에 있는 楓巖大師에게서 경전을 배우기 시작하여 虎庵・晦庵・龍潭・明眞・霜月 등을 찾아 학문을 연마하고 선지를 깨달았다. 뿐만 아니라 풍암의 스승인 영해선사를 만나 玄奧를 깨우쳐 얻기까지 하니 영해에게서 풍암을 거쳐 이어진 법맥을 따랐다고 하겠다. 또한 여러 해를 거치는 동안 대가들을 뵙고 내외의 경전과 格外의 선지를 얻게되니 많은 이들이 소문을 따라 찾아들었다고 한다. 이는 어려서부터 총명한 기질을 갖춘 묵암이 이에 더하여 도를 닦고 연구하기를 게을리 하지 않았기 때문에 얻어진 성과라고 할 수 있다. 결국 풍암은 묵암의 인품을 인정하여 그에게 衣鉢을 전수하게 되며, 그런 후에도 講席을 열어 많은 후학들을 지도하였다. 1790년 조계산 보조암에서 입적하니 歲首는 73세이고, 법랍은 55세였다.

묵암이 교유한 주요 인물로는 蓮潭有一을 들 수 있다. 연담은 묵암보다 세 살 연하이지만, 깊이있는 학문적 논의로 우의를 다졌다. 즉, 둘은 똑같이 불가에 몸을 담고 있다는 점에서 동일한 사고 체계를 지녔다고 할 수도 있다. 그러나 心性에 대해서는 각각 다른 견해를 보여 한동안 논의는 계속 이루어지게 되었고, 현전하지는 않지만『心性論』3권을 남기기까지 하였다. 이런 인연으로 시문을 서로 주고받기까지 하였는데,『蓮潭大師林下錄』권2에는 묵암 시에 차운한 작품이 4수가 있는가 하면, 묵암이 세상을 떴을 때 그를 슬퍼하는 만장 4수를 지었는데, 그 중 첫 번째 작품이다.

칠십 세월에 또 4년이라
경전을 강론하다 병들어 눕기를 반복했네
평생 동안 많이 보고 총명도 겸하였으니
어떤 宗師가 감히 어깨를 견주겠나?
七十星霜又四年　講經吟病遞相連
平生博覽兼聰慧　那介宗師敢比肩[22]

묵암을 기리는 짧은 시구이지만, 묵암이 병이 들어 눕기까지 하며
학문 연구를 게을리 하지 않았음을 알게 하는 내용이다.

묵암은 평생 학문 강마하기를 게을리 하지 않은 탓에 적지 않은 저
술을 남겨 『默庵集』 3卷과 『華嚴科圖』·『諸經問答』·『盤錯會要』
각 1권씩, 그리고 『심성론』, 내·외 잡저 10권 등이 있었던 것으로 전
한다. 그러나 화재로 인해 소실되는 등 여러 문제로 인하여 많은 양이
현전하지 못하고 있는 실정이다. 따라서 문헌 손실에 대한 안타까움
을 제자인 교평은 다음과 같이 적고 있다.

　先師의 저술로서 『화엄과도』·『제경회요』·『문답』 등 3책은 우선
두고라도 내·외잡 10권 중에서 앞의 6권은 이미 다 유실되고 말았다.
단, 뒤의 4권에 있어서도 마음을 다한 浩瀚한 長書는 다 깎고, 率爾한
잔다른 단간도 대강만 새겨 마치 큰 바다의 瀛渤을 버리고 한 방울의
물거품을 취한 것 같이 하였으니 참으로 슬프고 안타까운 일이다. 그러
나 떨어지는 오동잎 하나에서도 천하의 가을을 알고, 바닷물 한 홉을 마
시고도 온 바다의 물맛을 알 수 있는 것이니, 그렇다면 이 몇 편의 글을
보고도 그 전부의 체제를 생각할 수 있다.[23]

---

22)『蓮潭大師林下錄』卷2,「默庵和尙挽章」1.
23)『默庵大師詩抄』卷後,「默庵和尙文集刊刻後跋」:"先師所述華嚴科圖諸
　經要問答等三册 姑置而內外雜十卷中前六卷已失之矣 但後四卷中 亦削盡
　精之浩瀚長書 略刊率爾之細鎖短簡 如棄大海之瀛渤 取一滴之浮漚 寔爲
　慨惜 而然落桐一葉 亦知天下之秋 吞海一勺 可盡大海之味 則觀此數徧之
　書 足想其全部之體制矣."

위는 교평이 묵암의 문집을 간행하기 위해 새기던 중 언급한 말인데, 많은 저술이 전하지 않음을 안타까워하면서 또 한편으로는 그나마 적은 양이나마 남아 있는 것을 自慰하고 있다.

『묵암집』은 梁周翊이 쓴 序와 知足居士가 쓴 跋이 붙어있다. 크게 상·중·하로 나누어 상권에는 시를, 중권에는 서간문을, 하권에는 疏와 序 등을 수록하였다.

상권에는 한가롭게 자연을 즐기며 읊은 작품과 함께 沙彌僧에게 준 시도 있고, 선적인 경지를 한껏 드러낸 경우도 있다. 특히, 「解禪吟」 8수와 「感懷」 4수 등의 작품에는 묵암이 시를 통해 말하고자 하는 궁극적 내용이 들어 있어 주목된다.

중권은 金相福·金相肅·동래군수·수천군수 金光遂·鄭源始·任進士 등의 속인과 연담·牧庵 등의 고승들과 주고받은 편지가 주 내용으로 되어있다. 그리고 하권 소를 통해서는 당시 불교계의 상황을 읽어낼 수가 있고, 상량문에서는 사찰의 역사도 알 수가 있다. 그 중 「廢紙上疏」에서는 조선후기 승려에게 부과되었던 종이 만드는 일이 잘못되었음을 13가지로 나누어 나열하기도 하였다. 이는 힘없는 승려들에게 무리하게 부여된 紙役 부담의 폐단을 지적하여 당시 정신적으로나 물질적으로 무너진 불교계를 일으켜 세우려는 하나의 작은 외침이었다고 할 수 있다.

4. 고승문집의 불교문학적 의의

1) 송광사의 불교문학적 위상

송광사의 역사가 형성된 구체적 시기는 고려 때 보조국사 지눌부터라고 할 수 있다. 그는 송광사의 改名 이전인 수선사에서 定慧結社 운동을 벌이며 부처님의 바른 가르침과 상당히 멀어진 고려 불교를 중흥시키려고 하였다. 또한 지눌은 禪의 역사 위에 독보적 의견을 내세운 한국적 禪學의 창시자라고 할 수 있다. 중국에서 신라말기 선학이 들어온 이래 중국의 선학을 답습하는데 급급하였는데, 지눌에 이르러 선을 독창적인 입장에서 해석하고 실천했기 때문이다.[24] 즉, 지눌은 당시 선과 교가 서로 명리의 도구로 전락하여 화합하지 못하는 세태를 비판하며, '선은 부처님의 마음이고, 교는 부처님의 말씀이다'라는 견해를 피력하여 선과 교를 통합하려는 자세를 취하였다. 선·교를 통합하려는 지눌의 자세는 결국 元曉의 회통 불교적 전통을 이은 것이라고 할 수 있다.

지눌을 이어 송광사의 제2세주가 된 眞覺國師 慧諶은『禪門拈頌』 30권·『狗子無佛性話揀病論』·『曹溪眞覺國師語錄』·『無衣子詩集』 등의 多作을 남긴 이로 유명하다. 이중,『선문염송』은 1,125則의 古話를 모으고 여러 선사의 염송을 이끌어 기록한 것으로 禪詩의 집대성이라고 할 수 있다. 비록 혜심 스스로가 지은 작품들은 아니지만, 선의 실천 방법으로써 시의 중요성을 인식했다는 점에서 높이 평가할 만하다. 또한『구자무불성화간병론』드 이후 한국 선사상에 큰 변화를 일으켰는데, 구자무불성화가 禪門의 제1公案으로 대두되었기 때문이

---

24) 한국불교연구원,『松廣寺』, 일지사, 1975, 31쪽 참조.

다. 뿐만 아니라『조계진각국사어록』은 선사상을 이해하기 위한 교과서와 같은 것으로 당시 제자들을 비롯한 귀족층들의 선에 대한 깨우침을 설법한 法語集으로 통하였고,『무의자시집』은 시를 선 수양의 한 방편으로 삼아 창작시를 모은 개인 시집이라고 할 수 있다. 혜심은 이처럼 많은 저술을 남겼을 뿐 아니라 사상을 문학적으로 승화시켰다는 점에서 고려조 불가문학의 대표로 손꼽힌다.

송광사는 혜심 이후 고려 말까지 淸眞夢如, 眞明混元, 圓悟天英, 圓鑑冲止, 慈靜一印, 慈覺道英, 湛堂, 慧鑑萬恒, 妙嚴慈圓, 慧覺妙軀, 覺眞復丘, 復庵淨慧, 弘眞 등 15명의 국사를 배출하며[25] 불교사상계의 중추역할을 담당한다.

이중 원감국사 충지는 원래는 사대부가의 출신이나 세상에 뜻이 없어 출가하여 원오에게서 수계하고 원오의 뒤를 이어 수선사 제6세주가 된다. 그는 文才에 남다름을 보여주었는데, 고려조 고승이 남긴 시 중에서 가장 많은 작품이『東文選』에 수록되었다는 사실은 이를 말해준다. 그리고 문집으로 전하는『圓鑑國師集』1권에 240수에 가까운 시와 56편의 문을 남겨 혜심과 함께 고려조 불가문학의 대표로 논의할 수 있다.

이와 같이 송광사는 고려조에서 조선 초까지 많은 인재를 배출하며 승보의 본산으로 자리매김하는데, 그 중심에 시문을 통해 사상을 전달하려는 고승들과 그들이 남긴 시문집이 있었다. 하지만, 고려라는 시대적 특수성 때문에 많은 문헌이 현전하지 않아 아쉬움으로 남는다.

승보사찰로서 송광사가 가장 부흥한 때가 16국사를 배출한 고려 말과 조선 초라고 한다면, 부휴선사 이후 취미 → 무용 → 영해 → 풍암

---

25) 權相老,『韓國寺刹辭典』上, 이화문화출판사, 1994, 1042쪽 : "普照沒後 傳眞覺 淸眞 眞明 晦堂 圓鑑 慈靜 慈覺 湛堂 妙明 慈圓 慧覺 覺儼 淨慧 弘眞 高峯 弘眞以上 皆爲國師而凡十六世 承法嗣院 不絶慧命 實是叢林 罕覩之勝蹟也."

→ 묵암 등이 배출된 조선중기에서 후기를 재부흥기라고 해야 할 것이다.26) 이중 풍암을 제외한 5명의 고승문집이 송광사에서 간행되었다는 사실은 송광사에서 차지하는 이들의 위상을 가늠하게 한다. 그러나 지금까지 논의된 송광사 관련 불교문학 연구는 고려조 혜심을 중심으로 한 지눌과 충지 등에 치우쳐 있었던 것이 사실이다.27) 이럴 경우 송광사의 승보사찰다운 면모를 제대로 드러내지 못할 뿐 아니라 연구의 편차로 인한 불교사상의 흐름을 읽어내지 못할 수도 있을 것이다. 따라서 앞으로 불교문학에서 차지하는 송광사의 위치를 재고함과 동시에 부휴를 중심으로 한 그 문파에 대한 지속적 연구가 뒤따라야 할 것이다.

2) 부휴문파의 불교문학적 위상

조선 중·후기 불교계의 가장 큰 특징 중 하나는 師承關係에 의해 문파를 형성했다는 점이다. 그 문파는 碧松智嚴과 부용영관으로부터 시작하여 크게 서산문파와 부휴문파로 나뉜다. 이중 서산문파는 부휴문파에 비해 흥성하여 많은 문제자들이 배출되어 조선조 불교계를 이끌었다고 해도 과언은 아니다. 이에 반하여 부휴문파는 서산문파에 비해 미약하기는 하지만, 불교의 순수성과 고유성을 지키려는 노력을 기울였다.

---

26) 權相老, 전게서, 1042쪽 : "伊後又有浮休 浮休傳之碧巖 碧巖傳之翠微 翠微傳之柏庵 柏庵傳之無用 無用傳之影海 影海傳之楓巖 楓巖傳之雲峯 (中略) 碧潭等十六公 此皆空門之名甃宗師 闡揚道場 增修院宇 實是東方之第一道場 可謂葱嶺之雙林 震旦之廬阜矣."

27) 金甲起의 순천 송광사를 중심으로 한 불교문학 연구도 주로 고려조에 치우쳐 있다는 한계를 보인다(「불교문학, 선과 시의 상관성 – 순천 송광사를 중심으로 –」, 『교육과학연구』 제9집, 청주대 교육문제연구소, 1995, 73〜97쪽).

이런 부휴문파를 간략한 표로 그리면 다음과 같다.28)

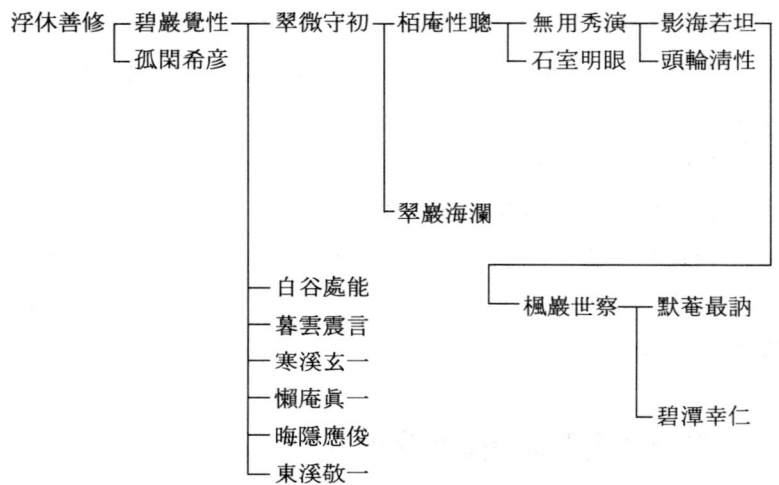

이상과 같이 부휴문파는 벽암 이후 취미에 이르러 7파로 나뉘어져 그 법맥을 유지하게 된다. 이러한 문파에는 앞에서 이미 논의한 취미·무용·영해·묵암을 비롯하여 백곡·회은과 같은 문장으로 이름을 떨친 이들이 다수 포함되어 있다. 따라서 앞으로 부휴문파에 대해서는 이들 고승이 남긴 문헌을 중심으로 개별적인 연구를 수행한 이후 문파에 드러나는 전체 특성을 정리해야 할 것이다.29) 문파의 전체

---

28) 서산문파와 부휴문파의 구체적 계보는 국사편찬위원회에서 펴낸 『한국사』 35, 1998, 134쪽 참조.
29) 지금까지 이루어진 부휴문파에 대한 연구는 주로 부휴를 중심으로 이루어졌다. 그 연구 성과물은 다음과 같다.
  金仁德, 「부휴선사의 생애와 중심사상」, 『금광』 17호 ; 「부휴선사의 사상」, 『불광』 23호 ; 「부휴선사의 선사상」, 『한국사상논문선집』(조선시대의 불교사상1), 불함문화사, 1998, 297~307쪽 ; 「부휴의 門流」, 『한국사상논문선집』(조선시대의 불교사상 1), 불함문화사, 1998, 309~331쪽 ; 朴世鳳, 「부

특성이 드러나게 되면 조선조 불교문학을 새롭게 정립할 수 있는 계기가 될 것으로 예상된다.

5. 맺음말

송광사에서 간행된 고승문집은 『浮休堂大師集』·『翠微大師詩集』·『無用堂遺稿』·『影海大師詩集抄』·『默庵大師詩抄』 등이다. 본 논고에서는 이들 문집과 관련된 내용을 살펴서 송광사의 고유성을 중심으로 불교문학 연구에 대한 전망을 제언해보고자 하였다.

송광사에서의 문헌 간행은 임란 이전에 이미 있었지만, 임란 이후에 더욱더 활발히 이루어졌다. 특히, 임란 직후인 17세기 동안에 모두 16차에 걸쳐 42종의 불서가 간행되는데, 이때는 제4차 중창과 맞물리는 시기로 단순히 사찰의 건물만 재건한 것이 아니라 임란시에 없어져버린 서적 간행에도 중점을 두었다고 보았다.

첫째, 『浮休堂大師集』은 浮休善修의 개인 시문집으로 1619년과 1920년 두 번 간행되었다. 본 논고에서는 1619년에 간행된 『부휴당대사집』을 송광사본으로 보았다. 『부휴당대사집』에 담긴 시는 禪에 대한 것과 선을 닦는 방법, 그리고 임진란을 당해 어려움에 빠진 나라를 걱정하는 내용으로 이루어져 있는데, 고승과 수행승, 속가인들과 교유하는 가운데 읊었다.

둘째, 『翠微大師詩集』은 翠微守初의 시문집으로 1권 1책으로 되어 있다. 『취미대사시집』에서 가장 주목을 요하는 부분은 유가인들과 교유하면서 주고받은 시문 내용이다. 취미는 이안눌·이식·정두경·임

휴의 선사상 연구」, 동국대 석사학위논문, 2001 ; 李珉容, 「부휴선사의 생애」, 『불광』 23호.

유후·이소한·김육·조중려 등 당대 문장과 학덕으로 이름을 높이던 이들과 교유했는데, 이러한 흔적은 시문에 그대로 남아있었다.

셋째, 『無用堂遺稿』는 無用秀演의 개인 시문집으로 상·하권으로 이루어져 있다. 상권에 있는 시는 자연과 사찰 주변의 경관을 읊는다든가, 선사들과의 문답, 유가인들과의 수답 내용을 통해 선적 경지를 한껏 펼쳤다. 그리고 하권 書는 유가인들에게 준 편지 내용이 거의 대부분을 차지하고 있는데, 유교와 불교가 서로 협조하여 나라의 태평과 백성의 안락을 도모해야 한다는 것을 주로 언급하였다.

넷째, 『影海大師詩集抄』는 影海若坦의 시문집으로 120여 수의 시가 수록되어 있다. 시 내용을 보면, 유가인과 지방관원에게 酬答하거나 贈答한 작품이 많은데, 僧俗을 가리지 않고 교유했던 영해의 모습을 떠올릴 수 있었다.

다섯째, 『默庵大師詩抄』는 默庵最訥의 개인 시문집으로 상권에서는 자연을 읊으며 선적인 경지를 드러냈고, 중권에서는 속인·고승들과 주고받은 편지가 주 내용으로 되어있으며, 하권 소를 통해서는 당시 불교계의 상황을 읽어낼 수가 있었다.

이상 송광사에서 간행된 문집은 송광사의 불교문학적 위치를 재고할 수 있고, 浮休文派의 불교문학적 위치를 정립할 수 있다는 점에서 그 의미를 부여하였다.

參 考 論 著

『大覺登階集』 『無用堂遺稿』 『默庵大師詩抄』 『浮休堂大師集』
『四溟堂大師集』 『蓮潭大師林下錄』 『影海大師詩集抄』 『翠微大師詩集』

강건기 외 2인, 『송광사』, 대원사, 2000.

국사편찬위원회, 『한국사』 35, 1998.

權相老, 『韓國寺刹辭典』 上, 이화문화출판사, 1994

김갑기, 「불교문학, 선과 시의 상관성 ─순천 송광사를 중심으로─」, 『교육과학
　　　연구』 제9집, 청주대 교육문제연구소, 1995.

金仁德, 「부휴선사의 사상」, 『불광』 23호.

_____, 「부휴선사의 생애와 중심사상」, 『금광』 17호.

_____, 「부휴선사의 선사상」, 『한국사상논문선집』(조선시대의 불교사상1), 불함
　　　문화사, 1998.

_____, 「부휴의 門流」, 『한국사상논문선집』(조선시대의 불교사상1), 불함문화사,
　　　1998.

朴相國, 『全國寺刹所藏木板集』, 文化財管理局, 1987.

朴世鳳, 「부휴의 선사상 연구」, 동국대 석사학위논문, 2001.

宋日基, 「順天 松廣寺 刊行 佛書考」, 『書誌學硏究』 제10집, 書誌學會, 1994.

이계표, 「湖南佛敎의 歷史와 思想Ⅲ」, 『향토문화』 제16집, 향토문화개발협의회,
　　　1996.

李珉容, 「부휴선사의 생애」, 『불광』 23호.

李晋吾, 『韓國 佛敎文學의 硏究』, 民族社, 1997.

林錫珍 원저, 『曹溪山 松廣寺誌』, 도서출판 라인, 2001.

河宗睦, 「朝鮮後期의 寺刹製紙業과 그 生産品의 流通過程」, 『역사교육논집』 제
　　　10집, 역사교육학회, 1987.

한국불교연구원, 『송광사』, 일지사, 1975.

3장

順天 松廣寺의 불가문학 전개와 의미

1. 머리말

　전라남도 順天 曹溪山에 소재한 松廣寺는 우리나라의 三寶 사찰 중 하나로 손꼽힌다. 불교에서의 삼보란 佛寶, 法寶, 僧寶를 가리키는데, 세 가지의 값진 보물이라는 의미를 담고 있다. 송광사가 승보사찰로서의 명성을 얻었을 수 있었던 연유는 다른 어떤 사찰에 비할 바가 되지 않을 정도의 유능한 고승들을 배출해서이다. 송광사도 초기 '吉祥寺 시대'에는 그리 발전된 모습을 보이지 않았었다. 발전된 모습은 커녕 심지어 거의 퇴락의 길을 걷고 있었는데, 몇 백 년이라는 시간이 흐른 뒤 普照 知訥이 이곳에서 定慧結社를 이루었고, 이것이 계기가 되어 당시의 고승들이 운집하였다. 너무도 많은 고승들이 있었기에 손으로 꼽을 수는 없지만, 지눌을 포함하여 그 후 조선 초기 고봉 법장까지 모두 16명의 國師를 배출하였으니 이때 이미 승보사찰로서의 면모를 갖추었다고 할 수 있다. 여기에 또 즈선 중·후기에 불교계에는 西山門派와 浮休門派라는 두 줄기의 큰 산맥이 있었는데, 송광사는 명실공히 부휴문파를 형성하여 서산문파와는 달리 최소한 불교의 고유성과 자존심을 지키려고 힘을 다하였다. 이처럼 송광사가 승보사찰로서의 명성을 얻을 수 있었던 것은 적어도 통시성이라는 조건을 충분히 갖춘 연후에야 가능하였다.

　이러한 승보사찰로서의 면모를 드러내기 위해서는 여러 가지의 연구 방법이 있을 수 있겠는데, 그중 현재 남아 있는 고승문집에 담긴 시문을 연구할 수도 있을 것이다.[1] 禪師들이 원래 以心傳心, 不立文字라는 기치를 내걸기는 했지만, 또한 문자 체계를 완전히 무시한 것은 아니어서 시라는 양식을 빌어 무엇인가를 전해주고 있기 때문이다.

　따라서 본 논고는 송광사가 우리나라의 대표적인 승보사찰이라는 점을 전제하고, 우선 무엇보다도 불가인 자체에 대한 연구에 논의의 초점을 맞추려고 한다. 송광사가 건립된 이후 송광사와 직·간접 인연을 맺은 불가인은 부지기수이다. 그러나 그중 문인으로 논의할 수 있는 고승으로는 고려 중·후기와 조선 중·후기에 집중되어 있다. 고려 중·후기에는 지눌을 이은 국사들이 있었고, 조선 중·후기에는 부휴를 이은 고승들이 있었기 때문이다. 따라서 앞으로 이들에 한정하여 논의할 것이다.

　연구의 초점을 불가인 자체에 둔다고 함은 작품에 대한 구체적인 논의를 일단 유보한다는 의미이다. 즉, 본 글은 송광사를 승보사찰로서 인식해온 기존의 틀을 확립함을 목적으로 하며, 이러한 인식을 통시적으로 정리하여 논의된 불가인이 불가문학사에서 차지하는 의미를 되짚어보고, 앞으로의 연구 전망을 예측하는데 그친다는 말이다.

　이런 연구가 자칫 있는 사실을 그대로 나열하는 것밖에 되지 않을 수도 있겠지만, 송광사라는 사찰이 차지하는 불교문학적 위상을 정립했다는 점에 자족하고자 한다. 따라서 각 불가인 문학에 대한 심도있는 논의는 차후로 미룬다.

---

1) 송광사 관련 고승의 시문 연구는 金甲起(「禪과 詩의 상관성－順天 松廣寺를 중심으로」, 『교육과학연구』 제9집, 청주대학교 교육문제연구소, 1995)에 의해 이루어졌다. 그러나 김갑기의 이 논문은 고려시대 고승에만 머물러 있어 시대적인 한계를 드러내었다.

2. 불가문학의 전개

1) 고려 중·후기의 불가문학

신라 말에 건립된 송광사는 고려 중기에 이르자 거의 폐사 직전에
까지 이르렀다. 이러한 폐사 상태에 이른 사찰을 보조 지눌(1158~
1210)은 중흥하여 정혜결사를 실천하는 장소로 활용한다. 당시 지눌
이 살았던 시대는 무신인 鄭仲夫가 난을 일으켜 정치적으로는 혼란이
가중되고 있었고, 불교계에서는 禪·敎간의 다툼이 심화되어 있었
다. 뿐만 아니라 당시 왕권의 보호 아래 있었던 승려들도 수도보다는
정권의 추이에 더 많은 관심을 기울이며, 크고 작은 정치 일에 관여하
고 있었다. 지눌은 이러한 승려들의 태도에 점차 회의를 느끼게 되어
더욱더 수도에 정진할 것을 다짐하고, 선과 교뿐 아니라 많은 이들이
서로 융합하려면 어떻게 해야 하는가를 고심하기에 이른다. 이를 실
천에 옮긴 것이 바로 정혜결사라고 하겠다. 다음 글은 지눌이 정혜결
사를 하게 된 직접적 계기를 알게 하는 내용이다.

> 그러나 우리들이 날마다 하는 소행을 돌이켜 보면 어떠한가? 佛法을
> 빙자하여 장식하고 나와 남을 利養의 길에서 허덕이게 하며, 風塵 속의
> 일에 골몰하여 도덕은 닦지 않고 의식만 허비하니 비록 출가하였다 하
> 나 무슨 덕이 있겠는가? (중략) 나는 이것을 크게 탄식해 온 것이 오래되
> 었다. 마침 壬寅年 정월에 서울 普濟寺의 談禪法會에 이르러 하루는 同
> 學 十餘人과 약속하기를 "이 모임을 파하거든 마땅히 명예와 이익을 버
> 리고 산 속에 들어가 결사를 만들어 항상 선정을 익히고 지혜 닦기를
> 힘쓰며, 예불하고 경 읽기와 나아가서는 노동으로 運力하는 데까지 각
> 각 제가 맡은 일을 다하여 인연 따라 심성을 수양하여 한 평생을 구속
> 없이 지내어 達士와 眞人의 높은 수행을 따르면 어찌 쾌하지 않겠는
> 가?"라고 하였다.[2]

이 글을 통해서 보면, 지눌은 당시 승려들이 불법에 의지하여 나와
남을 구분하고, 이익을 좇는 행위를 못마땅하게 생각하고 있었는데,
마침 임인년의 담선법회를 계기로 십 여인의 뜻을 같이 하는 이들에
게 習定均慧하고 심신을 수양할 것을 기약하고 있다. 임인년은 1182
년으로 지눌의 나이 24세 때이다. 담선법회는 태조 왕건 당시부터 정
치적 집권화와 사원세력의 정비를 추진하는 과정에서 제도화된 선사
들의 모임으로 각지의 선사들을 중앙으로 유도하여 그를 통한 중앙집
권적 사원 통제의 효과를 얻기 위한 장치였다.[3] 즉, 청년 지눌은 이러
한 담선법회를 계기로 만연된 불교계의 부정적 이미지를 쇄신하려고
했음을 알 수 있다.

그러나 이러한 기약은 잠시 접어두어야 했는데, 그후 8년 동안 국
가에서 행한 僧科에 합격하는가 하면, 昌平의 淸源寺와 下柯山의 普
門寺, 八公山의 居祖寺 등의 여러 사찰을 거쳐 다니며『六祖壇經』과
李通玄 장자의『華嚴論』등을 통해 홀로 깨달음을 얻었기 때문이다.
지눌은 8년이라는 시간 동안 마음 속으로 결사를 행할 수 있는 기회
가 만들어지기를 고대했을 것으로 생각된다. 그런데 마침 거조사의
주지인 得材 스님이 결사를 하자고 제안하였고, 지눌은 득재의 이러
한 청을 흔쾌히 받아들여 드디어 정혜결사를 조직하게 되었다. 결사
문의 마지막에 결사에 참여할 수 있는 자에 대하여 다음과 같이 적고
있는데, 지눌이 결사를 통하여 무엇을 추구했는지를 알게 한다.

---

2)『普照國師法語』,「勸修定慧結社文」: "然返觀我輩朝暮所行之迹 則依憑
佛法裝飾 我人區區於利養之途 汨沒於風塵之際 道德未修 衣食斯費 雖復
出家 何德之有 (中略) 知訥以是 長歎其來久矣 歲在壬寅正月 赴上都普濟
寺談禪法會 一日同學十餘人 約曰 罷會後 當捨名利 隱遁山林 結爲同社
常以習定均慧爲務 禮佛轉經 以至於執勞運力 各隨所任而經勞之 隨緣養
性 放隨平生遠追 追達士眞人之高行 則豈不快哉."

3) 金晗東,「高麗 武臣政權時代 僧侶知識人 知訥・慧諶의 現實對應」,『민
족문화논총』제13집, 영남대 민족문화연구소, 1992, 2쪽 참조.

원하노니 禪教·儒道人이나 세상을 싫어하는 高人으로서 티끌 세상
을 벗어나 물외에 높이 노닐면서 마음 닦는 도를 오로지 하고자 하여
이 뜻에 부합하는 이는 비록 지난날 서로 모였던 인연이 없더라도 결사
의 끝에 그 이름을 허락한다.4)

즉, 지눌은 결사를 조직하여 단순히 불교계의 선과 교의 갈등을 해
소시키려했던 것은 아니고, 그보다 훨씬 원대하게 비록 유도에 몸담
고 있더라도 세속에서 벗어나 물외에 노닐고자 한다면 결사에 참여할
수 있다라고 한다. 이는 사회적인 신분과 이념을 초월해 보고자 하는
지눌의 뜻을 그대로 담았다고 할 수 있다.

결사를 조직한 2년 후 송광사(당시는 修禪社)로 자리를 옮기자 불
도와 유도의 구분 없이 각처에서 많은 이들이 운집하기에 이른다. 당
시는 무인이 지배하던 시대였고, 사회적으로 혼란이 가중되던 때여서
지눌의 결사를 새로운 뜻으로 받아들이고 호응하는 무리가 적지 않았
음을 알게 한다. 특히, 수선사가 이루어지기까지 지방의 토호층과 일
반 백성들의 힘이 절대적이었는데, 지눌 자신의 호처럼 '牧牛子'가 되
어 중생을 구제하리라는 믿음도 어느 정도 있었다고 할 수 있다.

지눌은 송광사에서 53세로 생을 마감하기까지 저술에 전념하여 많
은 글을 남겼는데, 후학들을 가르칠 대는 惺寂等持門, 圓頓信解門, 徑
截門 등 세 문을 세워 자신의 논리를 체계적으로 전달하였다. 즉, 지
눌은 외래의 불경을 그대로 따르기보다는 이를 바탕삼아 나름대로의
불교 논리를 펼쳤는데, 이를 보통 頓悟漸修와 定慧雙修라고 일컫는
다. 이는 선종의 깨침을 중요시하면서도 거기에서 머물지 말고 부단
한 수양도 함께 겸해야함을 강조한 것으로 선의 입장에서 교를 아울

---

4)『普照國師法語』,「勸修定慧結社文」: "伏望禪教儒道 厭世高人 脫略塵寰
高遊物外 而專精內行之道 符於此意 則雖無往日結契之因 許題名字於結
文之後."

렀다고 하겠다. 사상적으로는 이렇듯 독보적인 위치에 있으면서도 불행히 문학 작품을 통해 이를 드러내지는 않았다. 선의 다양한 문학적 실천은 다음 수선사의 2대 主法인 眞覺 慧諶(1178~1234)에 의해 이루어졌다.

혜심은 전남 화순 태생으로 자호는 無衣子요, 진각은 그의 시호이다. 원래 유가 집안으로 일찍이 부친을 사별하고 편모슬하에서 자라났다. 어려서부터 출가할 뜻이 있었으나 모친의 만류로 그 뜻을 이루지는 못하고 유학에 힘써 과거에 응시하여 24세 때에는 사마시에 합격하기에 이른다. 그러나 1년 후 모친이 세상을 뜨자 수선사에서 한참 대중들에게 설법을 행하고 있던 지눌을 찾아가 고인이 된 모친의 영혼을 달래줄 것을 요청하니 이것이 지눌과 혜심의 첫 만남이 된 것이다. 혜심은 모친의 영혼을 달랠 뿐 아니라 지눌에게 스님이 되겠노라고 요청하였고, 지눌은 그 뜻을 흔쾌히 받아들였다고 한다. 그러나 바로 지눌의 제자가 되었던 것은 아니고, 수 년 동안 자취를 감추어 지눌의 뜻에 부응하지를 못했다. 지눌이 입적하자 많은 이들의 요청에 의하여 수선사의 2세가 되어 開堂하고 講說하니 마찬가지로 사부대중이 구름처럼 모여들었다.

혜심의 사상은 일면 지눌의 것을 그대로 이어받았으면서도 한편으로는 독창적인 면이 뚜렷하다. 그래서 후대 평가자들도 각기 엇갈린 평을 하고 있는데, 지눌 사상을 후퇴시켰다라는 견해도 있고,[5] 나름의 독창성을 발휘하여 스승보다도 더 나은 사상 체계를 이루었다[6]고도 하였다. 혜심이 지눌을 이어 수선사의 2세가 되었으나 사상에 있어서만은 지눌의 것에서 그대로 머물지 않았음을 의미한다. 그중 혜심의 看話禪 강조와 현실주의적 禪觀의 고수 등은 특히 눈여겨볼 수

---

5) 李箕永, 『한국의 불교사상』, 삼성출판사, 1977, 23쪽 참조.
6) 高亨坤, 『선의 세계』, 삼영사, 1981, 381쪽 참조.

있는 부분이다.

또한 혜심은 저술 활동도 활발히 하여 현재까지 『禪門拈頌集』·『無衣子詩集』·『金剛經贊』외에 『心要』·『狗子無佛性揀病論』등이 전하고 있다. 『선문염송집』은 선의 백과사전이라고 할 수 있을 정도로 1226년에 그의 제자 眞訓 등과 함께 그금의 禪書 公案을 총망라하여 체계화시킨 것으로 총 1125則의 話寶를 연대순으로 분류하여 수록하였다. 이는 비록 편찬서이기는 하지만, 간화선 사상의 교재적 성격을 지녔을 뿐 아니라 자주 의식까지 담고 있다는 점에서 그 의의를 찾을 수 있다. 그리고 『조계진각국사어록』은 혜심이 입적한 후 그의 제자들이 편찬한 것으로 내용은 上堂法語, 書狀, 示人, 山參, 室中對機, 垂代, 下火 등으로 이루어져 있는데 대부분의 글에 선시가 포함되어 있는 점이 특징이다. 『무의자시집』은 우리나라 선가의 시집 중에서 가장 오래된 것으로 평가받고 있으며, 총 250여 수의 시가 수록되어 있어 고려중기 불승의 문학적 취향을 엿볼 수 있는 귀중한 자료로 인식된다. 물론, 250여 수는 시문 창작을 생활화하는 유가인들에게는 그리 많은 작품이 아니지만, 불립문자를 강조하는 불가인에게는 적지 않은 양이다. 이를 통해서 보더라도 혜심이 시문을 어느 정도 중요하게 인식하고 있었는지를 알 수 있다.

혜심도 여느 선승과 마찬가지로 시문을 통하여 선사상을 표출하였다. 다음의 시는 불교의 평등성을 강조한 작품으로 禪家의 전형성을 내용으로 하였다.

> 어룡이 물속에 있으되 물인 줄 알지 못하고
> 물결을 따라 자유롭게 노니네
> 본래 스스로 떠나지 않았는데 누가 얻고 잃겠나!
> 미혹된 것 없는데, 깨달음 말하는 것 무슨 연유인가?
> 魚龍在水不知水　任運隨波逐浪遊
> 本自不離誰得失　無迷說悟是何由[7]

'깨달음을 시로써 올린다'라는 시제를 통해서 작자가 무엇을 깨달 았는지를 비유적 수법을 사용하여 표출하였다. 전·결구를 통해서 보 자면, 본래 모든 중생의 마음은 본래의 성을 모두 갖추고 있어 잃은 것도 얻은 것도 없다라고 하였으며, 그러한 것을 아는 자신은 깨달음 에 대해 다른 무엇을 말할 수 없음을 반어적으로 되묻고 있다. 즉, 모 든 중생은 본래부터 마음의 본체성을 지니고 있는데, 그것을 단지 깨 닫지 못하고 있을 뿐이라는 의미를 담고 있다.

그런데, 승려이지만 현실적 사회 문제를 간과하지 않았음을 보여주 는 시문도 창작하였다. 이와 관련하여 많은 수의 작품을 남기지는 않 았지만, 다음 시문은 당시 혜심이 사회를 어떤 시각으로 바라보았는 지를 알게 하는 작품이다.

> 한층 보고 나서 또 한층 보니
> 걸음걸음 올라갈수록 점점 더 넓게 바라보이네
> 땅바닥은 깎아놓은 듯 평평한데
> 피폐한 백성, 부서진 집 감히 볼 수가 없구나
> 一層看了一層看　步步登高望漸寬
> 地面坦然平似削　殘民破戶不堪觀[8]

시제에 의하면, 경주에 있는 황룡사 9층탑에 올라 지은 작품으로 되어있다. 『삼국유사』 권3의 내용에 의하면, 황룡사 9층탑은 신라 선 덕왕 때 자장법사가 중국에서 유학할 당시 神人으로부터 계시를 받아 신라에 돌아와 지은 것으로 신라인의 불국토 사상을 그대로 투영했다 고 한다. 즉, 황룡사에 9층탑을 세우면 國泰民安할 것이라는 계시가 있었던 것이다. 그러나 지금 혜심이 9층탑에서 바라본 백성들의 삶은 피폐하기 그지없다. 이는 혜심이 스님의 위치에 있으면서도 결코 세

---

7) 『無衣子詩集』, 「以詩呈悟處依韻答之」.
8) 『無衣子詩集』, 「登黃龍塔」.

속의 참혹함을 그냥 지나치지 않았다는 증거가 된다. 당시는 최씨 무
신집권기로 전국 곳곳에서 민란이 빈번하게 일어났었다. 특히 경주
주변 백성들의 저항이 거셌는데, 위의 시는 민란의 와중에서 백성들
이 어떤 생활을 했는지를 여과없이 담았다.

　일찍이 이규보는 혜심을 찬한 비문에서 '만일 조금만 더 참았더라
면 곧 급제하여 앞으로 더욱 나아가 이름난 사대부가 되었을 것이
다'⁹⁾라는 말을 남겼다고 한다. 이는 혜심이 진사과에 합격하고 국자
감에서 공부하다가 출가한 선승이기 때문에 이른 말이다. 이규보의
이 말은 결국 혜심이 세속에 남아 있었더라면, 학문적으로 높은 경지
에까지 오를 수 있었다는 것이다. 하지만, 혜심은 그러한 세속적인 명
예를 좇기보다는 불법의 도를 시문을 통해 손수 실천함으로서 후세
불가인들의 좋은 귀감이 되었다.

　冲止(1226~1292)의 자호는 宓庵이요, 시호는 圓鑑으로 圓悟 天英
을 이어 송광사 6세가 되었다. 9세 때부터 공부를 시작하였는데, 그
총명함이 남달라 17세에는 이미 司院試를 마쳤고, 19세에는 春闈에
나아가 장원을 하였다. 뿐만 아니라 永嘉書記에 부임해서는 사신으로
일본을 다녀오기도 했으며, 문장으로 이름을 떨쳤다. 그러나 29세 이
르자 그동안 하려고 했지만, 부모님이 만류하여 그만두었던 선가 입
문을 결행하여 당시 유명한 고승인 원오에게 나아가 탁발한다. 41세
때에는 원오의 敎諭로 인하여 경남 김해군 감로사의 주지가 되자 승
속을 초월하여 충지를 親見하려고 하는 무리가 많았다고 한다. 감로
사의 주지가 된 3년 후인 44세에 三重大師가 되었고, 드디어 47에는
송광사와 인연을 맺게 된다. 송광사와 인연을 맺고 난 뒤에도 송광사
에 그대로 머무르지 않고, 청주의 華井寺, 玄巖寺, 眞覺寺와 충남의

---

9) 李奎報 撰,「曹溪山第二世故斷俗寺住持修禪社主贈諡眞覺國師碑銘」:"若
　小忍 須臾便登桂籍長 驅前途 不失爲名士大夫."

開泰寺, 지리산 上無住庵 등지에서 安居하거나 禪定을 닦았다. 61세에 이르자 원오의 추천으로 수선사의 社主가 되니, 원오를 이어 송광사의 6세가 된 것이다.

현재 충지의 개인 문집으로는 『圓鑑國師語錄』이 전하는데, 크게는 「海東曹溪第六世圓鑑國師歌頌」, 「圓鑑詩補遺」, 「文篇」, 「疏篇」, 「表篇」 등으로 이루어져 있다. 이중 시가는 「해동조계제육세원감국사가송」과 「원감시보유」에 전한다. 충지는 승려이기도 했지만, 시인으로서의 기질도 뛰어나 생활하는 가운데 우러나오는 정서를 시로써 표출하였다.

다음 시문은 한가한 가운데 지어진 작품으로 자연의 현상적인 모습에서 느껴지는 감회를 주로 읊었다.

> 절이 겹겹의 봉우리에 쌓였나니
> 깊고 그윽하기 말하기 어려워라
> 창을 열면 문득 산빛을 드리우니
> 문을 닫아도 또한 시냇물 소리 들리네
> 골짝이 깊어 맑은 날에도 오히려 어둑하고
> 누각이 높아 밤인데도 훤하네
> 대나무 숲 바람은 안석 옆에서 생기는데
> 소나무의 이슬은 추녀 끝에 떨어지네
> 경계가 고요하매 놀며 살기 편안하고
> 몸이 한가하니 모든 행동 가뿐하다
> 피곤하면 때때로 비스듬히 누워 쉬고
> 한 잠 푹 자고 나면 거닐기도 해보네
> 번뇌가 다했거니 기쁨과 슬픔이 없고
> 찾는 손 드물어 배웅과 마중이 적네
> 배고프면 산나물의 쏙잎이 부드럽고
> 목마르면 돌 사이의 샘물이 맑네
> 늙고 병든 몸을 부지하려는 것 뿐이지
> 원래 도의 뜻을 기름이 아니네
> 그 가운데 무한한 뜻을

부디 남들은 평하지 마라
寺在千峰裏　幽深未易名
開窓便山色　閉戶亦溪聲
谷密晴猶暗　樓高夜自明
竹風生几席　松露滴檐楹
境靜棲遲穩　身閑擧止輕
困來時偃息　睡足或經行
累盡無欣感　賓稀少送迎
飢餘林薪軟　渴有石泉淸
秖是安衰疾　元非養道情
箇中何限意　切忌與人評10)

보통 사람처럼 산사에서 보고 느낄 수 있는 내용을 서술하듯이 적
었다. 산사에서 볼 수 있는 풍광으로는 산빛과 골짜기를 타고 흐르는
시냇물 등 탈속적인 것뿐이다. 세속의 분주함과는 먼 곳인지라 몸은
한가롭고, 행동 또한 가벼울 수밖에 없다. 깊은 곳에 있는 산사인지라
오고 가는 이가 없어 마중하고 배웅할 일도 없기에 세속적인 기쁨과
슬픔을 느낄 여유도 없는 것이다. 이렇게 산사에서 사는 자신을 두고
혹 남들은 도를 닦기 위함이라고 할런지 모르나 사실은 그렇지 않으
며, 이러한 한없는 뜻에 대해 옳고 그름을 평하지 말 것을 부탁하며
마무리지었다. 산사에서 살아가는 모습을 반복적으로 서술하여 구체
성을 한층 더하였다.

또한 충지의 시에는 대사회적인 의식을 강하게 담은 작품이 있다.
다음은 이와 관련된 대표적인 작품으로 모두 24운 48행으로 이루어진
장시인데, 일부분만 인용한다.

영남 지방의 가난과 괴로운 모습
말하려 하니 눈물이 먼저 앞선다

---

10) 『圓鑑國師語錄』, 「閑中偶書」.

좌우 양도에서 군사 물량 공급하고
삼남의 산에서 군함을 건조한다
징병과 세금은 백 배로 늘었고
用力으로 동원되기 3년을 계속한다
징집과 색출은 星火처럼 급하고
내리는 호령은 우뢰처럼 전달한다
(중략)
부딪히는 일 모두 아픔을 참아야하니
삶이란 참으로 가련하구나
형편이 견디기 어려움 알고 있건만
하소연하려 해도 할 곳 없구려
푸른 하늘 황제의 덕처럼 덮었고
황제의 명명함은 높이 달린 저 해이니
어리석은 백성 그래도 기대하노니
성인의 은택이여 반드시 베푸시겠지
三韓 이 땅 안에
집집마다 베개 높이 편히 자도록

嶺南艱苦狀　　說欲涕將先
兩道供軍料　　三山造戰船
征徭曾百倍　　力役亘三年
星火徵求急　　雷霆號令傳
(中略)
觸事悉堪慟　　爲生誠可憐
雖知勢難保　　爭奈訴無緣
帝德靑天覆　　皇明白日懸
愚民姑且待　　聖澤必當宜
行見三韓內　　家家奠枕眠[11]

　충지가 살았던 시대는 오랫동안 버티어오다 元에 복속당하여 백성들의 삶이 무기력해진 상태로 원의 요구를 모두 들어주어야 하는 상황이었고, 거기에다 흉년까지 겹쳐 양식조차도 구하기 힘들었다. 또

---

11)『圓鑑國師集』, 「嶺南艱苦狀二十四韻」.

한 원의 세조가 탐라에 達魯花赤(長官의 의미)의 총관부를 두고 우리
나라의 田地公案과 別庫奴婢踐籍을 관장하게 하면서 수선사에서 군
량미 면목의 田稅를 걷우어갔다. 충지가 수선사에 온지 1년 후의 일
이다. 이를 보다못한 충지는 원 세조에게 표문을 하나 지어 보내는데,
이 글이 바로「上大元皇帝表」이다. 이 글에서 충지는 흉년이 들어 어
려운 백성들의 삶을 낱낱이 들어보이며 간곡하게 호소하였고, 그 표
문을 받아본 원 세조는 전답을 되돌려주었다. 뿐만 아니라 원 세조는
충지를 한 번 만나뵙기를 요청하였고, 후에 마지못해 원나라까지 다
녀온 충지에게 후한 대접을 했다고 한다.

이렇듯 충지는 산승의 입장에 있으건서도 나라가 어려운 처지에 놓
여있음을 알고 거기에 동참하여 백성들과 아픔을 함께 했는데, 위의
시도 바로 그런 연결선에서 나온 것이라고 할 수 있다. 시제에 의하
면, 영남 지방 백성들의 아픔을 읊은 것인데, 부제로 '庚辰年造東征戰
艦時作'이라고 했으니, 경신년에 동정하기 위해 전함을 만들 때 지은
작품임을 헤아릴 수 있다. 당시 역사적 사실에 의하면, 동정은 원의
요구에 의한 것으로 그 뜻에 부응하기 위해 백성들의 고충이 얼마나
심했는지를 시 내용은 잘 전해주고 있다. 예술성보다는 사실을 전달
하기 위해 지어진 작품이기 때문에 더욱더 현실감을 느끼게 한다. 그
래도 마지막에 어려운 가운데에서도 백성들은 성인의 은택이 베풀어
지기를 고대하며, 편히 자는 그 날이 올 것임을 버리지 않음을 보면
절망 속에서도 희망을 버리지 않으려는 작자의 의지가 숨어있다.

충지는 원래 유가 집안에서 태어나 10년 정도 관직 생활도 하였다.
때문에 선승이기는 하지만, 시문을 통해서 보자면 시인으로서의 기질
이 여전히 남아있다. 또 다른 선승들에 비할 때 예리한 시각으로 현실
을 바라보고 있어 탈세속적인 삶을 살았지간, 현실에 충실한 고승으
로 깊이 각인될 수 있었다.

2) 조선 중·후기의 불가문학

고려를 뒤이은 조선은 排佛崇儒를 정책으로 채택하여 불교를 의도적으로 탄압하였다. 따라서 불가인들은 화를 피해야만 했기에 될 수 있으면 세속과의 거리를 더 멀리 하려고 하였으니, 이른바 산승불교 시대가 개막된 것이다.

송광사도 나라의 정책에 예외는 아니었다. 그런데다가 임진란과 같은 외침으로 사찰은 시시때때로 외적의 표적이 되어 화재가 나는 등 수난을 당하였다. 따라서 燒失된 부분을 복구해야만 했는데, 4차 중창은 이런 뜻에서 이루어진 것이었다. 즉, 정유재란으로 침입한 왜군이 도량에 불을 질러 많은 부분이 없어져 당시 應禪和尙이 주축이 되어 중창 사업을 하게 되었던 것이다. 그러나 응선화상 단독으로 할 수 있는 일이 아니어서 그때 마침 지리산에 있었던 浮休善修(1543~1615)에게 도움을 요청한다. 부휴는 이러한 응선의 뜻을 기꺼이 받아들이고, 제자 400명과 함께 송광사에 머무르며 몇 개월 동안 조력한다. 이렇게 하여 부휴가 송광사와 인연을 맺게 된 것이다.

부휴는 전북 樊樹 태생으로 17세에 출가를 결심하고 信明長老에게서 落髮하였으며, 淸虛休靜의 스승이기도 한 芙蓉靈觀에게서 도를 깨우친다. 이와 관련하여 白谷處能은 「任性大師行狀後序」에서 '청허는 형으로서 도덕과 재기가 뭇 사람보다도 뛰어나고, 문장과 필법이 모두 당세에 빛났었다. 그리고 부휴는 아우로서 法見이 매우 뛰어나 어떤 禪僧과 인연이 있으면 그 搥拂 밑에 모이는 사람이 칠백이나 되었는데, 모두 일대의 宗師였다'[12]라고 하였다.

부휴의 시는 현실 참여적이라기보다는 산속의 한적한 정경을 읊어

---

12) 『大覺登階集』 卷2, 「任性大師行狀後序」: "淸虛兄也 道德拔萃 才氣絶倫 文章筆法 並耀當世 浮休弟也 法見高峻 與衲子有緣 搥拂之下 衆盈七百 俱爲一代宗師云."

내부 지향적이라고 할 수 있다. 이는 같은 시대를 살았던 청허나 사명당이 위기에 처한 국가에 적극 참여하고 현실에 바탕을 둔 시문을 더러 많이 남긴 것과는 대조를 이루는 부분이다.

다음 시문은 부휴의 그러한 면을 엿볼 수 있는 작품이다.

> 내 평생의 심사를 林泉에 붙여두어
> 하루 종일 機心없이 학과 짝해 조은다
> 갑자기 어떤 나그네 와서 만일 도를 물으면
> 선악을 모두 생각 않는 것 내 善이라 하리라
> 平生心事付林泉　　盡日無機伴鶴眠
> 忽有客來如問道　　不思善惡是吾善[13]

기·승구는 부휴가 불가인으로서 자연과 벗하며 살아가는 모습을 담았다. 機心은 巧詐한 마음을 이르는데, 산 속 자연과 함께 하다보면 그러한 마음이 사라져서 자연물과 서로 동화됨을 이르렀다. 그렇게 살아가는 자신에게 만약 어떤 이가 도가 무엇인가? 라고 묻게 된다면, 일의 선과 악을 구분하지 않는 것이 바로 내가 생각하는 도요 善이라고 할 것임을 밝혔다. 여기서의 善은 바로 禪이 될 수도 있다.

부휴는 사명당과 가장 많은 시문을 주고받았다. 다음 작품은 사명당에게 준 시문 중 하나이다.

> 나라 형세는 위태롭게 기울었는데 평정치 못한지 오래이고
> 법문은 폐쇄한데 밝히기도 또한 어려워라
> 그대를 만나 지금에 당한 일을 모두 다 갈하나니
> 하루 밤 푸른 등불 앞에 백발이 생기는구나
> 國勢傾危久不平　　法門衰廢又難明
> 逢君說盡當今事　　一夜靑燈白髮生[14]

---

13) 『浮休大師文集』 卷4, 「次松溪韻」 2.
14) 『浮休大師文集』 卷4, 「贈鍾峯」.

이미 언급한대로 부휴의 시대는 외침으로 인해 혼란이 가중되던 때였다. 이러한 시기에 불가인들도 외면할 수만은 없어 승병장이 되어 외침을 막는데 안간힘을 다하였다. 그러나 기울었던 전세가 하루 아침에 나아질 수는 없었는데, 기구의 내용도 이를 말하고 있다. 또한 나라 일에 관여하지 않는다고 하여 법문을 밝힌 것도 아니라고 하며, 자신이 하고 있는 일에 겸손을 더하였다. 이러한 상황을 밤을 세워가며 사명당과 이야기한다라는 것에서 둘의 친분과 화급함의 정도를 읽어낼 수 있다.

다음은 翠微守初(1590~1668)이다. 그의 제자 栢庵性聰은 「취미대사행장」에서 취미의 속성은 成氏로 사육신 중의 한 사람인 成三問의 방후손이다라고 하였다. 집안의 반대에도 불구하고 13세에 출가하여 설악산에 있는 敬軒長老에게 나아가 낙발하였으며, 16세에 때에는 당시 두류산에 있던 부휴에게서 수학하는데, 이때 부휴는 취미에 대해 말하기를 '다음 날 우리 불도를 크게 열 사람이 이 사미이다'라고 하며 극찬했다고 한다. 이렇게 하여 20세 이후부터는 많은 산을 두루 답파하며 宿匠들을 찾아다녔는데, 가는 곳마다 上席으로 추대하였다. 취미는 李安訥·李植·鄭斗卿·任有後·李昭漢·金堉·趙重呂 등 당대 문장과 학덕으로 이름을 높이던 이들과 교유했는데, 이러한 흔적은 시문에 그대로 남아있다. 그 중 이안눌에게 준 시로는 「敬次 東嶽李先生安訥泛江集赤壁賦字韻」과 「敬次東嶽李先生贈送韻二」 등이 있다. 시제에서 차운했다는 것을 보면, 이안눌이 먼저 취미에게 시를 보내고 취미가 이에 답했음을 알 수 있다.

다음은 취미가 이안눌에게 준 작품 중 하나이다.

> 원래는 이름없는 촌 늙은이인데
> 선생의 언행으로 알려졌군요
> 雪齋에서 시를 배워 은혜 입었고

禪社에서 진리 논해 정을 이미 허락하였네
고향 산천 돌아보니 계절은 짧고
애를 끊는 석양풀에 가을은 밝다
알지 못하겠구나, 어디에서 서로 생각할까?
늦가을 三神이요, 달은 五更이로구나

野老生來未有名　　只因夫子贈言行
雪齋乞句曾蒙惠　　禪社論玄已許情
回首故山時景短　　斷腸衰草夕陽明
不知何處若相憶　　秋晚三神月五夏[15]

　이안눌은 취미보다 20세 연상이다. 따라서 인생에 있어 선배이기도 하지만, 위 시에서 취미가 이안눌에거서 시를 배웠다고 했으니 둘의 관계는 스승과 제자 사이이기도 하다. 그리고 1·2행에서 보듯이 취미가 유가인들에게 명성을 날리기까지 이안눌의 공이 컸음을 알 수 있고, 마지막 7·8행에서는 서로 만나지 못하는 안타까움을 보여주었다.

　이외에 「敬次趙修撰重呂暮春韻」·「陪李使君昭漢遊雙磎寺次韻」·「敬次任承旨有後韻」·「謹次東溟鄭學士斗卿別白谷能上人韻二」·「敬次澤堂李先生植韻」 등이 유가인들의 시에 차운한 작품으로 수록되어 있다.

　다음은 無用 秀演(1651~1719)이다. 무용이 불가에 입문한 시기는 19세로 우연히 송광사에 들러 惠寬老師에게서 낙발하고, 慧空大師에게서 具足戒를 받는다. 22세가 되자 禪과 敎 모두 중요하다라는 사실을 깨닫고 당시 선암사에 있던 枕肱懸辯에게 나아가 禪旨를 익히는가 하면, 다시 조계산 은적암으로 들어가 백암 성총에게서 경전의 요체를 공부하기에 이른다.

　이와 같이 무용은 침굉, 백암과 같은 스승 아래에서 공부하며, 교와 선은 결국 둘이 아니라 하나라는 인식을 하게 되었고, 단지 선지를 홀

---

15)『翠微大師詩集』,「次東嶽李先生贈送韻二」1.

로 깨닫는데 그친 것이 아니라 대중들을 깨우치려는 노력도 하였다.
따라서 많은 제자들이 그를 따르게 되니 부휴와 취미의 뒤를 이어 臨
濟宗風을 드날리게 되었다.

무용은 불가인 뿐 아니라 당대 이름을 드날리던 유가인과도 친분을
두텁게 쌓았는데, 그의 행장에는 '領相 李光俊·大司成 崔昌大·參
判 李眞儒·郊理 林象德·襄陽 崔季翁·三淵 金昌翕·順天 黃翼再
등과 가장 친하였다'라고 하였다.16) 이광좌·최창대·이진유·임상
덕·최계옹·김창흡·황익재 등은 당시 명문거족들로 이름을 남긴
사람들이다. 무용은 이들 유가인과 교유하는 가운데 자연스럽게 사상
의 교류도 함께 했을 것으로 판단된다. 이중에서 김창흡과는 각별했
던 것으로 나타나는데, 다음은 그와 관련된 시문이다.

> 지금에 있어서 그 누가 가장 으뜸 되는가?
> 儒雅를 대대로 전하는 집에 거기 절로 眞이 있네
> 天懸 이미 풀려 天遊가 활달하니
> 紫陌이고 청산이고 아무 걸림이 없네
> 當今第一更何人　儒雅傳家自有眞
> 天懸已解天遊濶　紫陌靑山任運身17)

승구의 儒雅는 훌륭한 유학자를 지칭한다. 김창흡의 가문이 안동김
씨가로 증조부로 金尙憲을 두었고, 부친인 김수항은 당시의 최고 벼
슬인 영의정까지 올랐으니 그렇게 지칭한 것이다. 개방적이고 상대적
인 시각을 견지하지 않았다면, 불가인의 입장에서 유가인을 칭송하기
가 어려울 것으로 생각되는데, 그러한 것에 얽매이지 않고 김창흡 가

---

16)『無用堂遺稿』下,「無用堂大禪師行狀」; "唯領相李公光佐 大司成崔公昌
　大 參判李公眞儒 校理林公象德 崔襄陽季翁 金三淵昌翕 黃順天益再 最
　爲相厚."
17)『無用堂遺稿』上,「三淸閣謹次金上舍三淵 又次」.

문에 대해 칭찬을 아끼지 않았다. 그리고 전구에서는 김창흡의 특징적인 성격을 적었는데, 천지사이의 현격함이 풀려 사물에 얽매이지 않고 자연에 합하여 활달하다라고 하였다. 김창흡은 어느 한 곳에 구속되기를 싫어하는 성격의 소유자로 알려져 있는데, 무용도 그런 모습이 가장 인상적이었던 것으로 생각된다. 다지막 紫陌은 벼슬길을 의미하는데, 김창흡 자신이 벼슬 생활을 하든지 산천을 周遊하든지 간에 수용할 수 있는 능력이 출중함을 언급하였다. 무용은 이렇듯 김창흡의 성격까지 간파하여 그러한 내용을 시문으로 옮겼던 것이다. 그리고 김창흡이 송광사에 들러 수석정에서 함께 노닐다가 떠나려할 때의 아쉬움을 『무용당유고』 상권의 「敬次三淵先生高韻」이라는 시문에 그대로 드러내기도 하였는데,[18] 둘의 친분이 어느 정도 두터웠는지 알 수 있는 대목이다.

다음은 影海若坦(1668~1754)이다. 제자 문암최눌이 쓴 「영해대사행장」에 의하면, 영해는 광산 김씨로 부친이 통정대부 벼슬을 하였으니 명문가였을 것으로 추측된다.

8세 때부터 학문을 익히기 시작하는데, 10세에 이르러서는 楞伽寺로 출가하여 得牛長老의 제자가 된다. 17세에 무용대사를 처음 만나게 되는데, 너무나 감격스러워 눈물이 나오는지도 몰랐다고 한다. 그리고 이듬해인 18세 때에 受戒하고, 22세에 이르러 경전 강독의 가르침을 받게 되면서 배우기를 게을리 하지 않는다. 그래서 37세에 이르자 鳳山의 청을 받아 慈受庵에 입실하게 도는데, 그의 聲聞을 듣고 찾아드는 이가 한 둘이 아니었다고 한다. 52세 때에는 송광사에 있던 무용대사를 위하여 화엄대회를 여니 사방에서 모여든 法侶의 수가 수천에 이르렀다.

---

18) 『無用堂遺稿』 上, 「敬次三淵先生高韻」: "自愧非賢主 嘉賓悵此亭 溪山斯可友 魚鳥亦含靈 白月步庭樹 淸風倚檻楹 龐公今欲去 誰與共惺惺."

『영해대사시집초』에는 오언절구 15수·칠언절구 20수·오언율시 26수·칠언율시 60수 등 120여 수의 시가 수록되어 있다. 시 내용을 보면, 유가인과 지방관원에게 酬答하거나 贈答한 작품이 많은데, 僧俗을 가리지 않고 교유했던 영해의 모습을 떠올릴 수 있다. 이는 묵암이 행장에서 '공경 외호한 사람이 하나가 아니었으니 豊原君 趙相國은 나이 들어 망형의 교분을 쌓았다'라고 함을 통해서도 읽어낼 수가 있다. 풍원군 조상국은 바로 당대 문장가로 알려진 趙顯命을 이른다. 이러한 교유는 보다 넓은 포용력이 있을 때에만 가능했을 것인데, 자신의 호를 넣어 지은 작품인「自題影海」에서 '수미산 가로질러 바다 나오니, 하늘 빛 묵직하게 비추이누나. 혹 이러한 이치 만난다면, 영해 늙은이임을 알 것이다'[19]라고 함이 이를 말해주고 있다. 때문에 영해 시문에 대한 이해에서 가장 우선해야 할 것은 승속을 초탈한 교유 내용일 것으로 생각한다.

마지막으로 默庵最訥(1717~1790)이 있다. 묵암의 제자 敎萍이 쓴「묵암대화상행장」에 의하면, 묵암은 밀양박씨의 아들로 태어나 어려서부터 총명한 기질이 이미 드러났다고 한다. 14세 때에 낙안군에 소속된 澄光寺의 得輝長老에게 출가하였고, 18세 때에는 頓淨大師께 祝髮하였으며, 萬里大師에게서 구족계를 받는다. 그리고 이듬해인 19세 때에는 송광사 은적암에 있는 楓巖大師에게서 경전을 배우기 시작하여 虎庵·晦庵·龍潭·明眞·霜月 등을 찾아 학문을 연마하고 선지를 깨닫는다. 뿐만 아니라 풍암의 스승인 영해를 만나 오묘한 이치를 깨우치니 영해에게서 풍암을 거쳐 이어진 법맥을 따랐다고 하겠다. 또한 여러 해를 거치는 동안 대가들을 뵙고 내외의 경전과 格外의 선지를 얻으니 많은 이들이 소문을 따라 찾아들었다고 한다. 결국 묵암

---

19)『影海大師詩集抄』,「自題影海」: "須彌橫出海 空色影重重 倘會如斯理 可知影海翁."

은 풍암에게서 의발을 전수받는데, 그런 후에도 후학을 위해 강석하고 지도하는 일을 게을리하지 않는다.

묵암은 여러 불가인들과 친분을 쌓았을 것으로 추측되는데, 그중에서 蓮潭有一과의 교분은 주목을 요한다. 연담은 묵암보다 세 살 연하인데, 둘 다 불가에 몸을 담고 있는 처지여서 통하는 면이 가장 많았을 것으로 생각된다. 그러나 心性에 대해서는 각각 다른 견해를 보여 한동안 논의는 계속 이루어지게 되었고, 현전하지는 않지만 『心性論』 3권을 남기기까지 하였다.

다음은 연담에게 준 시이다.

> 비 갠 뒤에 누더기 빨려 맑은 시내를 찾아서
> 앉은 채 하루 종일 푸른 숲을 바라보네
> 문장을 공부하려면 구태여 시율에 빠져야만 하는가?
> 법을 연구하려면 다만 定心을 닦아야만 하네
> 洗衲淸溪雨後尋   坐來終日對蒼林
> 攻文豈合淫詩律   硏法端宜做定心[20]

이 시의 주된 내용은 전・결구에 있다. 따라서 기・승구의 내용은 불필요한 것일 수도 있다. 하지만, 전・결구의 내용이 정리될 수 있었던 것은 바로 기・승구에서 충분히 선관을 닦았기에 가능했다고 할 수 있다. 따라서 일면 연결되지 않을 수도 있지만, 전체 시문은 직・간접 연결되어 있는 것이다. 숲에 앉아 있어도 아무런 사념이 없을 수는 없다. 자연물 자체에서 이미 도를 터득하고 있기 때문이다. 연담이 평소 문장, 특히 시율에 대해 자주 언급을 했던 것 같은데, 묵암은 이러한 연담의 태도에 대해 그리 달가워하지 않으며 법을 공부하려면 마음을 닦고 정하는 일이 가장 중요함을 강조하였다. 묵암과 연담의 사

---

20) 『默庵大師詩集抄』 卷初, 「贈蓮翁」 1.

고 차이를 느끼게 한다.

묵암은 평생 학문 강마하기를 게을리 하지 않은 탓에 적지 않은 저술을 남겨『默庵集』 3卷과『華嚴科圖』・『諸經問答』・『盤錯會要』각 1권씩, 그리고『심성론』, 내・외 잡저 10권 등이 있었던 것으로 전한다. 그러나 제자인 교평의 '先師의 저술로서『화엄과도』・『제경회요』・『문답』 등 3책은 우선 두고라도 내・외잡서 10권 중에서 앞의 6권은 이미 다 유실되었다'[21]라는 언급을 통해서 보더라도 현전하는 것은 많지 않다.

묵암의 개인문집인『묵암집』은 크게 상・중・하로 나뉘어져 있는데, 상권에는 시를, 중권에는 서간문을, 하권에는 疏와 序 등을 수록하였다. 상권에는 한가롭게 자연을 즐기며 읊은 작품과 함께 沙彌僧에게 준 시도 있고, 선적인 경지를 한껏 드러낸 경우도 있다.

중권은 金相福・金相肅・동래군수・수천군수 金光遂・鄭源始・任進士 등의 속인과 연담・牧庵 등의 고승들과 주고받은 편지가 주 내용으로 되어있다. 그리고 하권 소를 통해서는 당시 불교계의 상황을 읽어낼 수가 있고, 상량문에서는 사찰의 역사도 알 수가 있다.

3. 불가문학적 의미와 전망

선에서는 '不立文字 敎外別傳 直指人心 見性成不'을 중요하게 생각한다. 즉, 우주의 원리를 파악하기 위해서는 문자의 체계도 결국 불필요하며, 초논리적인 직관으로도 충분히 심오한 경지에 이를 수 있음을 말한 것이다. 그러나 말 그대로 불립문자하고 교외별전에만 머

---

21)『默庵大師詩抄』卷後,「默庵和尙文集刊刻後跋」: "先師所述 華嚴科圖諸經要問答等三册姑置 而內外雜十卷中前六卷 已失之矣."

문다면 생각하고 있는 것을 도대체 어떻게 알 수 있다는 말인가? 침 묵하고 있는 그 자체에 머물러야만 하는가? 등등의 의문이 생긴다. 그 러나 말로써 표현할 수 없다라면, 결국은 일상적 언어를 뛰어넘어 수 사의 기교를 더한 언어로 표현될 수밖에 없다 이것이 선과 시가 만날 수밖에 없는 논리이다.

삼국시대에 들어온 불교가 고려에 접어들어 國敎로까지 나아갈 수 있었던 것은 전적으로 불법을 전하려는 고승들의 노력이 있었기에 가 능하였다. 그리고 그 불법을 전하는 방법도 여러 가지 있었을 것인데, 특히 선종 계열에서는 선과 시의 상통성을 인정하며 시문을 통해 전 달하는 경우가 많았다. 혜심이 결국 도를 이야기할 때도 시문을 빌어 전달한 것도 같은 맥락으로 볼 수 있다. 先師 지눌이 세운 어려운 사 상 체계를 간단한 문자 체계에 담아 전달할 필요성을 느꼈을 것이고, 시 양식의 함축성을 극대화하여 최대로 활용하였다. 혜심의 선시가 단순히 사상의 전달 체계로만 머무르지 않고 문학성을 확보할 수 있 었던 이유도 여기에서 찾을 수 있다.

그러나 충지는 조금 달랐다. 혜심과 같은 사상이 결여되어서가 아 니라 시라는 문학 양식이 사상이 아닌 현실과 연결될 수 있음을 그대 로 보여주었기 때문이다. 당시의 시대적인 상황이 급박한지라 선승이 지만, 현실을 전혀 외면할 수만은 없었기 때문이었다. 그래서 충지의 시에서는 혜심의 것에서 볼 수 없는 현실에 대한 강한 고뇌가 담겨져 있다.

이러한 혜심과 충지는 고려시대 송광사를 대표하는 선승이자 시인 이었다. 그리고 이들이 시문을 통해 자유자재한 생각을 펼칠 수 있었 던 것은 불교를 국교로 정한 정책적 배려가 있었기에 가능하였다. 특 히, 송광사가 16국사를 배출했다고 함은 나라의 불교 정책의 중심에 놓여 있음을 의미하고, 이러한 가운데에서 배출된 불가 시인인 혜심과 충지는 엄연히 당대를 대표했다고 할 수 있다. 뿐만 아니라 뒤에 이어지는 景閑, 懶翁 등의 불가 문인들이 나올 수 있는 한 터전을 형성하여 고려시대 불교문학의 한 축을 형성하였다.

고려에서 정책적으로 불교를 신봉한 것과 달리 조선은 정치적으로 불교를 억압하였다. 이러한 억압은 현실적으로 이루어져 강압에 의해 선·교 양종이 서로 통합되는가 하면, 僧科의 폐지 등과 같은 극한 상황까지 이르게 되었으니, 불가인이 설 자리는 점점 줄어들기만 하였다. 그러나 임진란 등과 같은 외침을 계기로 불가인들이 승병을 조직하여 어지러운 나라를 지켜내는데 一助한 공이 인정되어 불교 정책은 조금 완화되는 듯 하였지만, 그것도 잠시일 뿐 불교에 대한 강압정책은 여전하였다. 이러한 여건에서 불교의 고유성을 지켜낸다는 것은 힘든 일이었을 것이다. 부휴의 공은 이리하여 빛을 더 발할 수 있었다. 현실적으로 나라가 어지러운 지경에서 현실은 등한시한 채 도닦는 것에만 치중하는 것도 한편으로는 다시 생각해야 하는 부분이지만, 당시에 누군가가 불교를 고집하며 지켜내야 하는 상황이라면, 그것을 해낸 부휴의 공을 결코 간과해서는 안 된다.

부휴가 송광사와 인연을 맺은 기간은 그리 오래되지 않지만, 후에 그를 잇는 불가의 한 맥이 송광사를 중심으로 형성되었는데, 이를 부휴문파라고 칭한다. 즉, 부휴를 이은 碧巖覺性이 취미에게 취미는 백암에게 백암은 무용에게 무용은 영해에게 영해는 풍암에게 풍암은 묵암에게 불가의 한 맥을 전승했던 것이다. 그리고 송광사는 불서를 간행할 때 이러한 고승들의 문집도 함께 간행하여 명실공히 불교의 한 맥을 잇고 있음을 은연중 드러내기도 하였다. 다시 말해 『浮休堂大師集』(1619)·『翠微大師詩集』·『無用堂遺稿』(1724)·『影海大師詩集抄』·『默庵大師詩抄』(1801)가 송광사에서 직접 간행되었음은 시사하는 바가 크다고 하겠다. 따라서 조선 중·후기 송광사 불가문학이 가진 의미는 바

로 부휴문파와 연결될 수밖에 없다. 당대 거대한 불가의 맥인 서산문
파에 비하면, 수적으로 소략함을 면치 못하지만 나름대로 불교의 고
유성을 유지하려는 노력이 있었기 때문이다.

지금까지 이루어진 송광사 관련 불가문학 연구는 혜심과 충지, 그
리고 부휴를 중심으로 이루어졌다.22) 그러나 앞으로는 연구 범위를
확대해야 할 것이다. 벽암, 취미, 백암, 무용, 영해, 풍암, 묵암 등등은
조선중기 이후 불교계에서 주목을 받았던 선승일 뿐 아니라 각기 남
긴 시문집의 문학적 성취도를 간과할 수 없기 때문이다.

---

22) 지금까지 이루어진 송광사 관련 고승들의 문학 관련 주요 연구는 다음과
같다.
김석태, 「부휴선수의 시에 나타난 선사상과 현실인식」, 『고시가연구』 제
12집, 한국고시가문학회, 2003 ; 「진각국사 혜심의 선시 연구」, 전남대 석
사학위논문, 2000 ; 김순미, 「示法詩의 장르론적 특성 ; 慧諶의 詩를 중심
으로」, 『牛岩語文論集』 제10호, 우암어문학회, 2000 ; 「혜심의 시법시 연
구」, 부산외대 석사학위논문, 1999 ; 김홍규, 「원감국사 충지의 시정신 고
찰」, 경희대 교육대학원 석사학위논문, 1995 ; 박재금, 「선법・자연・인
간, 그리고 선시 ; 무의자 혜심을 통해서 본 선과 시의 세계」, 『유심』 통
권8호, 만해사상실천선양회, 2002 봄 ; 『한국선시연구-무의자 혜심의 시
세계』, 국학자료원, 1998 ; 배규범, 「무의자 혜심 문학 연구」, 경희대 석사
학위논문, 1994 ; 「無衣子 慧諶 詩의 形式的 考察」, 『고봉논집』 제13집,
경희대 대학원, 1993 ; 소영애, 「無衣子의 詩世界 硏究」, 『畿甸語文學』
제6집, 수원대 국어국문학회, 1991 ; 우영봉, 「無衣子 慧諶이 남긴 禪詩의
世界 ; 禪詩의 領域 問題를 겸하여」, 『대동한문학』 제15집, 대동한문학
회, 2001 ; 이상미, 『무의자 혜심의 선시 연구』, 성신여대 박사학위논문,
2002 ; 이종찬, 『고려선시 연구』, 한양대 박사학위논문, 1985 ; 「혜심의 시
세계 ; 韓國漢詩硏究」, 『현대문학』 제437호, 현대문학, 1991 ; 이진오, 「원
감국사 충지의 시세계」, 한국정신문화연구원 석사학위논문, 1984 ; 일관,
「진각국사 혜심의 시 세계」, 『釋林』 제35집, 동국대학교석림회, 2000 ; 천
병식, 「眞覺國師 慧諶의 詩文學觀」, 『인문논총』 제6집, 아주대 인문과학
연구소, 1995 ; 최귀묵, 「충지시에 나타난 민족의식에 대한 비교문학적 연
구」, 서울대 석사학위논문, 1994.

4. 맺음말

본 논고는 전라남도 순천 송광사가 우리나라의 대표적인 승보사찰이라 점을 전제하고, 불가인의 문학을 통시적으로 개괄함과 동시에 송광사의 불교문학적 의미와 앞으로의 연구 전망을 간략하게 정리하였다.

신라 말에 건립된 송광사는 고려 중엽 지눌이 정혜결사의 장소로 본격 사용하면서 번창하기 시작하여 이후 조선 초기까지 지눌을 포함하여 모두 16국사를 배출하였다. 이를 계기로 승보사찰로서의 입지를 굳히게 된다. 지눌을 이어 송광사(당시는 수선사)의 2세가 된 혜심은 선과 시의 상통성을 잘 이해하여 시를 통해 그의 사상을 담게 되고, 6세인 충지는 혜심과 같은 정교한 사상보다는 당시의 비참한 현실을 주로 시에 표출하여 서로 색다른 모습을 보여주었다. 즉, 고려시대는 불교를 국교로 하고 있었기 때문에 승려들이 개방적인 분위기에서 나름대로의 시세계를 펼칠 수 있었다고 본다.

그러나 조선의 사정은 달랐는데, 유교를 국교로 내걸며 고의적으로 억불 정책을 펼쳤기 때문이다. 따라서 승려들의 행보는 좁혀질 수밖에 없었다. 이후 임란을 계기로 승려들에 대한 대우가 좋아지기는 했지만, 조선후기로 갈수록 또다시 불교에 대한 편견은 점점 심해져만 갔다.

이러는 와중에서 승려들의 불교를 재건하려는 움직임은 지속적으로 이루어졌는데, 특히 송광사는 부휴문파를 형성하며 한줄기 불교의 맥을 이어나갔다. 부휴 → 벽암 → 취미 → 백암 → 무용 → 영해 → 풍암 → 묵암으로 이어가며 불교의 고유성을 지키려고 노력하였다. 이들 고승들은 대개 개인 시문집을 남겼는데, 시대적인 추이에 따라

각기 색다른 시문을 남기고 있다. 그런데 아직까지 개별적인 연구를
수행함으로서 각기 색다른 시문의 특성을 드러내질 않았다. 따라서
앞으로는 각 개별 고승들의 문학 연구를 통해 부휴문파 전체를 아우
르는 연구가 이루어져야 할 것이다.

參 考 論 著

『普照國師法語』 『無衣子詩集』 『圓鑑國師語錄』 『大覺登階集』
『四溟堂大師集』 『浮休大師文集』 『翠微大師詩㝵』 『無用堂遺稿』
『影海大師詩集抄』 『默庵大師詩集抄』

高亨坤, 『선의 세계』, 삼영사, 1981.
金甲起, 「禪과 詩의 상관성」－「順天 松廣寺를 중심으로」, 『교육과학연구』 제9
    집, 청주대학교 교육문제연구소, 1995.
金晧東, 「高麗 武臣政權時代 僧侶知識人 知訥·慧諶의 現實對應」, 『민족문화
    논총』 제13집, 영남대 민족문화연구소, 1992.
박재금, 『한국선시연구－무의자 혜심의 시세계』, 국학자료원, 1998.
李箕永, 『한국의 불교사상』, 삼성출판사, 1977.

2부
호남 한시의 형상

●
●
●

1장

河西 金麟厚의 「瀟灑園 48詠」考

1. 머리말

16세기 조선 사회는 신진 사림과 勳舊戚臣간의 갈등이 극에 달했던 시기로 기록되어 있는데, 그간 있었던 네 번의 士禍는 이를 증명하고도 남는다. 그럼에도 불구하고 사림들의 道學에 대한 열의만은 대단했던 것으로 나타나는데, 이들은 보편적으로 至治主義에 입각한 治世濟民의 의지를 강하게 표출하였다.

河西 金麟厚(1510～1560)도 이들 사림 중 한 사람으로 당시 도학에 입각한 철저한 수양론을 강조했을 뿐 아니라 배우고 익힌 것을 몸소 실천했던 이로 알려져 있다.[1] 이럴 수 있었던 것은 물론 당시 도학을

---

1) 김인후에 대한 연구는 다각도로 이루어져 많이 축적된 상태이다. 본 논고는 그 동안의 연구 중 문학과 관련된 주요 논저만을 제시한다.

광주광역시,『하서 김인후의 도학과 문학사상』, 1995 ; 구사회,「하서 김인후의 문학사상」,『한국문학연구』제12집, 동국대 한국문학연구소, 1989 ; 김균태,「하서 김인후의 문학관과 강호시 연구」,『서의필선생회갑기념논문집』, 1988 ; 박준규,「하서 김인후와 그의 시문학」,『어문논총』제9집, 전남대 어문학연구소, 1989 ; 정익섭,「김인후 문학의 기조와 정철문학」,『어문연구』제21집, 대전 어문연구회, 1991 ; 조기영,『하서 김인후의 시문학연구』, 아세아문화사, 1994 ; 조기영,『하서시학과 호남시단』, 국학자료원, 1995 ; 조종업,「하서 김인후 시에 나타난 자연의식의 양상」,『우리

강조하던 학문적 분위기에서 연유한 것이지만, 개인적으로 만나 수학
을 받았던 奇遵, 金安國, 崔山斗 등의 영향이 무엇보다 지대했다고 하
겠다. 또한 김인후는 24세 때 성균관에서 李滉과 만나 도학에 대하여
강론하며 사림의 학풍을 조장하고 풍속을 바로 잡을 뜻을 피력하기도
하는데, 이러한 주변 상황은 도학자가 될 수 있는 길을 자연스럽게 만
들어 주었다고 할 수 있다.

　뿐만 아니라 도학을 배우고 익히는 데에서 그치지 않고 實踐躬行하
여 不事二君의 절의를 지키고, 문장을 짓는 근거로 삼으니 후에 宋時
烈과 正祖의 극찬이 있을 수밖에 없었다. 심지어 정조는 김인후의 본
래 시호인 '文靖'을 '文正'²⁾으로 고치게 했다고 하니, 사후 많은 시간이
흘렀음에도 불구하고 다시 평가하여 자리매김 했음을 알 수 있다.

　그러나 김인후 생존 당시는 훈구척신의 강력한 반대에 부딪혀 도덕
과 질서가 갈수록 문란해져만 가니 稱病과 奉母를 이유로 조정을 떠
나 외직에 머무르거나 관직을 그만둔 사림들이 늘어만 갔다. 김인후
도 마찬가지로 자신의 뜻이 온전히 실행되기 어려운 것을 미리 알고

문학연구』제9집, 1992 ; 하서기념회, 『하서 김인후의 사상과 문학』제1·2
집, 1994.
　　특히, 「소쇄원 48영」,에 대한 연구로는 이종건(「소쇄원사십팔영고」, 『마
산대학논문집』제6권 1호, 1984)과 이계송(「김인후의 소쇄원사십팔영고」,
『국어국문학논문요지집』제2집, 동국대학원 국문학과 학생회, 1985) 등의
논문이 있다. 이 두 논문은 본 논고의 전개에 많은 도움이 되었지만, 작품
제작의 배경에 대한 설명 및 소쇄원 경물에 대한 인식 태도 등을 구체적
으로 다루지 않았다는 점이 아쉬움으로 남는다.
 2) 김인후의 연보에 의하면, '文靖'이라는 시호는 현종 10년에 내려졌는데,
'道德博聞의 文이요, 寬樂令終의 靖이다'라고 되어있다. 또한 '文正' 시호
는 정조 20년에 내려지는데, '도덕박문의 문이요, 以正服人의 正이다'라
고 하였다. 평소 文班에 속했던 이라면, '文正' 시호 받는 것을 가장 큰
光榮으로 생각하였는데, 정조의 김인후에 대한 평이 어떠했는지 가늠해
볼 수 있다.

부모님을 모신다는 핑계로 외직인 玉果현감(지금의 전남 谷城)으로
자리를 옮긴다. 외직에 있었지만, 중종의 뒤를 이어 왕위에 오른 인종
을 생각하는 마음만은 늘 간직하고 있었는데, 갑작스런 인종의 승하
소식으로 거의 실신하는 지경까지 이른다.[3] 이때가 김인후의 나이
36세였다. 그후 성균관 전적 등에 제수되나 나아가지 않고 순창 鮎巖
村에서 우거하며 후진을 양성하는가 하면, 고향인 전남 장성으로 내
려가 은거하며 산수를 즐기고 강호를 읊조리는가 하면 성리학에 침잠
하여 학문의 깊이를 더한다. 때문에 그의 전집에 실려있는 누정 시문
등은 거의 이때 지어졌다고 할 수 있다.

「瀟灑園 48詠」도 이러한 자연을 遊賞하는 가운데 지어진 것으로
보이는데, 단순히 풍경을 묘사하는데 그치지 않고 자신이 평소 지녔
던 도학적 학문 태도를 시문에 옮겼다는 데에 의의가 있다. 때문에 본
논고는 이러한 사실에 초점을 맞추어 궁극적으로 김인후가 소쇄원의
景物을 어떠한 태도로 인식했는지를 구체화시키고자 한다. 이는 경물
에 대한 문학의 형상화 문제와 관련되기도 하는데, 도학자의 경물 인
식 태도를 미리 결정짓지 않고 연역해 드러내고자 한다. 이러한 구체
적인 전개에 앞서 작품 제작의 배경론 성격을 지닌 김인후의 산수를
향한 마음을 먼저 짚어보고, 그런 후에「소쇄원 48영」에는 전체 소쇄
원의 모습이 어떠한 형태로 표상화되었는지 등을 살필 것이다.

---

3) 김인후는 이때의 슬픈 심경을 『河西全集』 卷3,「有所思」와 같은 책 卷6,
「乙巳冬作」등의 시에서 읊었는데,「을사동작」에서 '非爲嬰兒徒灑淚 眼
看堯舜一年崩'이라고 한 것으로 보아 인종이 요순과 같은 왕이 될 것으
로 기대했음을 알 수 있다. 또한 김인후는 인종이 승하한 7월 1일이 되면,
고향인 장성의 맥동 마을 앞 卵山에 올라 望哭壇을 쌓고 통곡하였다고
하는데, 이런 상황을 鄭澈은「悔河西」시에서 '年年七月日 痛哭萬山中'이
라고 읊었다.

2. 山水心과 48영 제작

16세기 사림파 문인은 산수를 보고 즐기는 데에서 그치지 않고, 그곳에 내재된 의미를 탐색하여 작품 창작이라는 실천에 옮겼다. 이런 현상은 어느 한 개인에서 그치는 것이 아니라 조직적이고 체계적이라는 특징을 지니고 있다. 때문에 이를 문학의 한 현상으로 인정하고 양식화시켜 '산수문학'이라고 지칭하기도 한다.4) 이런 문학의 한 양식이 형성될 수 있었던 것은 전통적인 유가 관념인 '현자는 처세하는데 천하에 도가 없으면 숨고, 도가 있으면 나아간다'는 것을 사림 문인들이 그대로 실천한 결과 때문이라고 할 수 있다. 물론 산수문학의 의미를 규정함에 있어 순수 사림 문인들의 작품으로만 한정할 수는 없는데, 이는 16세기 산수문학을 정립했다고 평가받는5) 이황의 다음과 같은 언급을 통해서도 알 수 있다.

---

4) 산수문학과 관련된 주요 논문은 다음과 같다.

서준섭, 「조선조 자연시가의 이념적 기반」, 『강원대학교 논문집』 제15집, 1981 ; 손오규, 「산수문학에서의 因物起興」, 『한국고전문학 이해』, 사암 윤철중 교수 퇴임기념논집, 2000 ; 「시조의 산수미와 산수문학」, 『조선조 시가의 존재양상과 미의식』, 보고사, 1999 ; 이민홍, 『조선중기 시가의 이념과 미의식』, 성대출판부, 1993 ; 조동일, 「산수시의 경치, 홍취, 주제」, 『충격과 조화』, 국학자료원, 1992 ; 홍학희, 「李珥 산수기행시의 주기적 전망」, 『우리 한문학사의 새로운 조명』, 집문당, 1999.

'산수'와 비견되는 용어로 '자연'이라는 말이 있다. '산수'와 '자연' 모두 인간들이 사는 세계와 동떨어지기는 했지만, '산수'에 비해 '자연'의 범위가 더 넓은 것은 사실이다. 본 논고에서는 소쇄원 공간에 대한 의미 부여를 함에 '자연'보다는 '산수'라는 말이 적당할 것으로 판단하여 '山水心'이라는 용어를 사용하였다.

5) 이민홍, 앞의 책, 171~177쪽.

　　옛 산림을 즐긴 자는 돌아보건대 둘이 있다. 玄虛를 그리워하고 高尙
을 일삼아 즐기는 자가 있고, 道義를 기뻐하고 심성을 길러서 즐기는 자
가 있다.6)

　　이황은 그리고 위 말을 이어서 전자에 빠진다면, 潔身亂倫에 흐를
것이라고 하였고, 후자를 좇게 된다면 좋아하는 것이 糟粕뿐일 것이
라고 한다. 이황의 입장에서는 둘 다 부정조으로 보고 있는 듯한데,
그래도 둘 중에서 하나를 선택한다면 후자를 위해 힘쓰겠다고 말한
다.7) 둘을 이념에 의하여 분류한다면, 전자는 도가가 될 것이고 후자
는 유가의 또다른 모습으로 전형적인 유가주의 사상을 간직한 이황으
로서 위와 같은 언급을 함은 당연하다.

　　김인후도 을사사화 이후 벼슬을 그만두고 고향에 은거하며, 줄곧
산수를 벗삼아 유유자적한 삶을 살아간다. 심지어 陶淵明류의 은일까
지 예찬하는데,8) 이런 사실은 그의 문인인 吳希吉의 다음과 같은 언
급을 통해서 읽어낼 수 있다.

　　　불행한 때를 만나 산림에 물러난 후 유유자적하게 즐기면서 병을 핑
　　계삼아 문을 닫아걸었다. 매양 春秋花月의 良辰이나 美景을 만나면 오
　　륙 명의 冠童을 데리고 숲속을 노닐며 시를 짓고 노래 부르며 談論을
　　펴니 知命樂天의 뜻이 있었다. 沂水에서 목욕하고 舞雩에 바람을 쐬다
　　가 시를 읊조리며 돌아오는 취향이 있었다.9)

---

6) 李滉, 『退溪集』 卷3, 「陶山雜詠記」: "觀古之有樂於山林者 亦有二焉 有
　慕玄虛事高尙而樂者 有悅道義頤心性而樂者."
7) 李滉, 『退溪集』 卷3, 「陶山雜詠記」: "由前之說 則恐或流潔身亂倫 而其
　甚則與鳥獸同群 不以爲非矣 由後之說 則所嗜者糟粕耳 至其不可傳之妙
　則愈求而愈不得於樂何有 雖然寧爲此而自勉 不爲彼而自誣矣."
8) 『河西全集』 卷5, 「贈內 其三」: "大醉新豊酒 長吟彭澤詩 風霜搖落處 隱
　逸我相知."
9) 『河西全集』 下, 附錄, 卷2, 「敍述」: "遭時不幸 退遁山林 一退之後 若得
　其所油然自樂 稱以病廢杜門 每於春秋花月良辰美景 輒携五六童冠 徜徉

이는 마치 『論語』에 나오는 曾點의 '浴沂'와 흡사한 내용을 이루고 있다. 증점이 '욕기'를 말함은 단순히 산수를 遊樂의 공간으로만 생각한 것이 아니라 性情을 함양하겠다는 의지 표출로 유가들의 자연을 대하는 태도에 지대한 영향을 미치게 된다. 따라서 김인후의 산수 편력의 의미도 증점의 '욕기'류로 분류할 수 있음은 당연하다.[10] 이 曾點之樂은 산수 공간이 먼데 이르지 않아도 얻을 수 있는 것으로 인식되어 왔는데, 보통 공자의 樂山樂水와도 맞닿아 있으며, 일상생활과 가까운 곳에도 道가 존재한다는 인식에서부터 출발한다.

> 일상생활 사이에 도는 들어 있는지라
> 성현의 만든 법에 진실은 볼 수 있네
> 참 옳음과 참 그름은 진실로 알아야만
> 나가는 길 정하는데 어려움을 보지 않아
> 道在尋常日用間　　聖賢成法儘堪看
> 眞知眞是眞非處　　立定前行不見難[11]

도는 멀리 있는 것이 아니라 살아가는 가까운 곳에 편재되어 있음을 강조한 시로 여기서 중요한 것은 시비를 올바르게 판단할 줄 아는 능력의 소재이다. 만약 시비를 판단할 줄 모른다면 앞으로 나아가는 데 어려움이 뒤따를 것이라고 한다.

이런 '일상생활의 도'를 강조한 김인후는 妄想은 바로 높고 먼 데에 생긴다는 언급을 다음 시문을 통해 제시한다.

疎林之下 嘯詠歌詩 尙談古昔 有知命樂天之志 浴乎沂風乎舞雩 詠而歸之趣 及其歸也."
10) 김인후의 산수시가 증점의 '욕기'류라고 하는 언급은 조기영, 앞의 책, 49쪽 참조. 김인후는 증점의 '욕기'를 재제삼아 「욕기」라는 시문을 『전집』 권2에 남겼다.
11) 『河西全集』 卷6. 「吟示景范仲明 其十一」.

금강산 봉우리는 들쑥날쑥 팔만인데
석장을 왜 옮기어 鷄龍으로 가는건가
알지어다! 망상이란 높고 먼데서 생기는 법
평지에서 마땅히 날로 공부해야지
楓岳高低八萬峯   今何移錫向鷄龍
應知妄想生高遠   平地宜加日用工[12]

이를 보면, 김인후는 산수의 도를 구하려고 반드시 깊숙하고 현묘한 경지까지 이르지 않았음을 알 수 있다. 이는 이황이 도산에서 도를 구하려고 했던 것과 서로 유사한 부분이 있다. 이황의 심경에 비친 도산은 雄壯崎崛하지 아니하고 蘊藉端雅하며, 玄妙虛誕하지 아니하고 親近質實하며, 豪放剛健하지 아니하고 溫柔敦厚하며, 幽邃深遠하지 아니하고 平夷淡泊하며, 纖麗華靡하지 아니하고 典重素樸하며, 衝突葛藤하지 아니하고 和諧柜合하는 산수였다.[13] 따라서 가까운 도산을 배경으로 시문을 짓고, 성정을 함양하려고 하였지 멀고 높은 곳에 이르지는 않았다.

이렇듯 일상생활 가까운 곳에 도가 내재되어 있다고 생각한 김인후는 월출산에 이르러서도 실지 답사는 하지 않았음을 다음 시문을 말해준다.

멀리서 바라보고도 월출산 있음을 아나니
어지러운 봉우리 깎아질러 구름 끝에 드러났네
바다 땅이 뿌리 서려 仙島를 이웃하고
이마는 天垣 뚫어 帝闥을 접했구나
瘴煙을 마구 헤쳐 빠른 말이 달아나고
좋은 기운 사뭇 엉켜 나는 새 모여드네

---

12) 『河西全集』卷6,「鷄龍山人道遙性修智雲自靈川所持軸過 其三」.
13) 洪瑀欽,「退溪의 시문에 나타난 산수관」,『한국한문학연구』제8집, 한국한문학회, 1995, 133~138쪽.

후일에 조용히 올라서
青螺라 十二鬟을 낱낱이 찾을 것 생각하네
遠望猶知月出山　　亂峯巉削露雲端
根盤海國隣仙島　　頂憂天垣接帝關
央決瘴煙奔陣馬　　鬱凝佳氣集翔鸞
從容後日思登陟　　歷訪青螺十二鬟[14]

　　月出山은 소백산맥의 남쪽 끝에 자리하여 康津郡과 靈巖郡의 경계를 이룬다. 동쪽으로는 長興, 서쪽으로는 海南, 남쪽으로는 강진만을 가로막고 있는 莞島를 비롯한 호남다도해를 바라보고 있으며, 신라 때는 月奈岳, 고려 때는 月生山이라고 불리웠다. 또한 높이 809m의 天皇峰을 최고봉으로 하여 九井峰, 獅子峰, 道岬峰, 朱芝峰 따위의 기암절벽이 봉우리를 이루고 있다.[15] 게다가 주변의 자연 경관이 아름다워 '小金剛山'이라는 다른 명칭도 지니고 있으며[16] 천 년 이상의 역사를 간직한 道岬寺・無爲寺와 같은 유명한 사찰 등이 있다. 김인후는 이러한 월출산의 모습을 수련에서부터 시작하여 함련, 그리고 경련까지 寫景化하여 보여주고 있다. 그리고 마지막 미련에서는 나중에 한번 틈을 내어 올라서 멀리 보이는 푸른 산의 열두 산색을 찾겠노라는 다짐을 해본다. 내용을 보면, 김인후는 실제로 월출산 등반을 한 후 시를 지은 것이 아니라 곁에서 보이는 웅장한 산의 자태만을 두고 형상화했음이 분명하다.
　　이와 같이 김인후는 '일상생활의 도'를 강조하며, 깊은 골짜기나 웅장한 기암 괴석이 있는 높은 산에서는 도리어 망상의 지경으로까지

---

14) 『河西全集』 卷10, 「見月出山」.
15) 『月出山』, 靈巖文化院/靈巖郡, 1988, 27쪽.
16) 『東國輿地勝覽』靈巖郡 山川條를 보면, 월출산의 異名으로 月奈岳・月生山・華盖山・小金剛山・曹溪山 등이 거론되고 있다(『東國輿地勝覽』靈巖 山川, 月出山 在郡南五里 新羅稱月奈岳 高麗稱月生山 諺稱本國外華盖山 又云小金剛山 又名曹溪山).

몰고 간다고 주장하였다. 본 논고에서 다루려고 하는 「소쇄원 48영」
작품 제작도 이런 그의 산수를 보는 시각과 맞물려 있다.

'瀟灑'는 한자 그대로 풀이하자면, '맑고 깨끗하다'는 의미를 지니
고 있다. 원래 출전은 孔德璋의 「北山移文」에 나오는 말로 梁山甫
(1503~1557)가 자신의 정원 이름으로 삼았을 뿐 아니라 호로도 사용
하였다. 즉, 속세에서 멀리 떨어진 공간임을 암시한 동시에 원림의 주
인인 양산보의 자연과 벗하며 살고 싶다는 평소 소신이 담겨져 있는
용어라고 할 수 있다.『瀟灑園事實』에는 소쇄원의 위치와 양산보와의
인연 등을 다음과 같이 적고 있다.

> 瑞石 북쪽에 한 마을이 있었는데, 支石이라 했다. 蒼巖公(양산보의 부
> 친인 泗源의 호)이 매부 曹億을 따라 이곳에 거하면서 터전을 잡기 시작
> 하였다. 우거진 숲과 긴 대들이 빽빽이 들어서 있어 사람들이 알 수 없
> 는 곳에 瀟灑園이 있었다. 處士公이 어릴 때 나와 놀다가 들오리가 물길
> 을 따라 흘러 내려가는 것을 보고 공이 그 窮源을 따라 올라가다가 한
> 곳에 이르니 골짜기가 그윽하고 폭포수가 시원스레 내뿜는 것을 보고
> 공은 헤엄을 치며 놀다가 그 승경을 보고 즐겼다. 자못 여기에 집을 짓
> 고 싶은 생각이 들었는데, 같은 당인 趙光祖의 사화 이후 마침내 이곳에
> 집을 지었다.17)

위 기록을 통해서 보면, 양산보가 소쇄원과 인연을 맺은 시기는 부
친 때부터라는 것을 알 수 있다. 부친의 호가 蒼巖인데, 소쇄원이 위
치한 지석의 옛 이름을 딴 것이라고 한다. 梁泗源은 아들 양산보가 어
려서부터 영민할 뿐 아니라 원대한 뜻을 가지고 있음을 보고, 나이
15세기 되자 멀리 서울에 있는 靜巖 趙光祖을 찾아가 글공부를 할 수

---

17)『瀟灑園事實』卷2,「實記」: "瑞石之北 有一洞曰支石 蒼巖公從其姉夫曹
師傳億 挱居于此基始也 茂林脩竹 交相蔽虧人不知 有瀟灑境界也 處士公
幼時出遊 偶見野鴨沿流而下 公逐流窮源而上至一處 巖壑幽絶瀑流噴灑公
游泳徘廻 樂其勝 頗有卜築之志 一自黨禍後 遂結屋于此."

있도록 해달라고 요청한다. 조광조는 양산보를 기특하게 여기고, 『소학』을 먼저 가르친다. 당시 조광조는 도학사상에 입각한 왕도정치를 주장하였는데, 훈구 대신들의 강력한 반발에 부딪쳐 그만 실현되지 못하고 좌절된다. 뿐만 아니라 사림 무리의 魁首라는 죄목까지 뒤집어 써 和順 능주로 귀양을 가게 되고, 한 달 후 그만 사사되고 만다. 이것이 사대사화 중 하나인 己卯士禍이다. 조광조를 스승으로 모시고 원대한 포부를 펼쳐보려고 한 어린 양산보로서는 감당하기 어려운 사건이었다. 따라서 모든 것을 포기하고 산수 빼어난 소쇄원 터를 닦고 두문불출하며 평생 은거의 삶을 살아가게 된다.

이런 양산보와 김인후는 같은 사림의 무리로 뜻을 함께 했던 것으로 나타나는데, 다음의 기록이 이를 말해주고 있다.

> 선생(양산보)은 하서와 더불어 뜻을 같이 하고 서로 좋아하여 아들딸로 시집 장가를 들게 하니 오가며 강설하되 늙어서도 그만 두지 않았다. 항상 서로 보면 기뻐하고, 의리를 토론하기를 매우 깊게 하며 고금의 사실을 뚜렷이 하였다. 어떤 날은 술을 마시며 시부를 짓되 밤낮을 다해도 싫어하지 않았다. 하서가 소쇄원에 오면 여러 달을 돌아갈 것도 잊었다. 같은 때에 함께 노닌 이로는 林石川·宋圭庵·柳眉巖·李靑蓮 등인데 서로 사모하고 좋아했으나 석천을 가장 좋아했다.18)

둘의 본격적인 만남은 김인후의 나이 대략 18세 때부터이다. 김인후는 그의 나이 18세 때 기묘사화로 화순에 유배와 있던 최산두를 찾아가 『楚辭』와 程·朱子의 학설 등을 공부하였는데, 장성 집으로 오기 전에 창평(담양의 옛 이름)에 소재한 소쇄원에 들러 달이 넘도록

---

18) 『瀟灑園事實』卷3 : "先生與河西 同志相友善 且嫁娶子女 往還講說 至老不廢 每相見欣然謹 甚討論義理 的確古今 或命觴賦詩 窮日夜不厭 河西至瀟灑園 輒數月忘歸 同時名勝 如林石川 宋圭庵 柳眉巖 李靑蓮諸人 慕悅相好 而石川最善."

돌아가지 않았다고 한다. 위의 기록은 바로 이런 사실들을 적은 것이다. 김인후와 양산보는 약 7년 정도의 나이 차가 나는데, 이들은 서로 뜻이 맞은지라 나이의 선후에 게의치 않고 친분을 쌓아갔다. 심지어 양산보의 아들인 子澂을 김인후는 사위로 맞이하는데, 친한 정도가 査家로까지 이어졌음을 알 수 있다. 이런 친분으로 김인후는 소쇄원과 관련해서 시문 78수와 양산보의 만사 4편 6수 등을 짓는다. 그 78수 중에는 물론 「소쇄원 48영」이 포함되어 있다.

이상 「소쇄원 48영」의 제작 배경을 살폈다. 김인후는 '일상생활의 도'를 강조하며, 평소 부딪치는 物象에서도 도를 충분히 찾을 수 있다고 보아 詠物에 寓興을 붙였다. 따라서 소쇄원에 들러서 마주 대했던 보잘 것 없는 초목 군상들조차도 시문의 대상이 될 수 있었다. 소쇄원의 조경을 평하기를 보통 '자연과 인공이 조화를 이루었다'고 한다. 때문에 아름다운 승경에 감복한 시인묵객들의 발길이 끊이지 않았을 뿐 아니라 많은 시문이 창작되었는데, 霽峯 高敬命은 「遊瑞石錄」에서 소쇄원에 대해 기록하기를 '一區의 보는 바가 수려하지 않은 곳이 없으니 하서의 48영이 이를 다했다'고 하였다. 당대 유명 문인들의 입에서 자연스럽게 오르내렸다는 것은 시사하는 바가 크다고 하겠다. 1731년에 나온 『소쇄원사실』과 1755년에 판각된 「瀟灑園圖」가 모두 「소쇄원 48영」을 근간으로 했다고 하니 소쇄원 공간에서의 48영시의 중요성을 다시 한번 확인할 수 있다.

3. 48영에 표상된 소쇄원

소쇄원의 주인인 양산보가 평소 존경의 대상으로 삼았던 인물은 은인의 대명사인 陶淵明과 송대 성리학자인 周茂叔이었다. 도연명의 경우, 모든 세상살이에 초연하며 안빈낙도하는 모습이 마치 자신과 같아서이고, 주무숙은 이미 고인이 된 스승 조광조가 흠모했던 인물이었기 때문이다. 그래서 그의 곁에는 항상 이들의 작품인 「歸去來辭」와 「五柳先生傳」 그리고 「愛蓮說」 등이 놓여져 있었다고 한다. 소쇄원 정내에는 '光風閣'과 '霽月堂'이라 이름한 누각이 있다. 이는 중국 북송 때 黃庭堅이 주무숙의 인물됨을 두고 '春陵의 주무숙은 가슴속이 쇄락하여 맑은 광풍이나 비 갠 뒤에 떠오는 산뜻한 달과 같다(胸中灑落如光風霽月)'고 한 데에서 온 말로 평소 존경하는 마음을 표출한 것이라고 하겠다.

뿐만 아니라 양산보의 이런 모습은 전체 소쇄원 구도에도 영향을 미쳐 인공적인 요소를 무질서하게 배치한 것이 아니고, 주변의 자연과 서로 조화를 이루는 造營을 하기에 이른다. 즉, 건축학적으로 보자면 자연에 인공을 가미했으면서도 균형이 잡혀있고, 풀 한 포기 나무 한 그루를 심을 때에도 자신의 뜻에 맞추어 조경하여 평소 지녔던 의지를 드러내보였던 것이다. 이런 이유로 소쇄원에 대한 연구는 문학을 비롯하여 미술과 건축학, 조경학 등에서 주로 이루어졌다.19)

특히, 소쇄원 정내의 전체 구도는 개인적인 편차가 있기는 하지만, 보통 그 기능과 공간의 특성에 따라 愛陽壇 구역, 五曲門 구역, 霽月堂 구역, 光風閣 구역 등으로 나뉜다.

애양단 구역은 원림의 입구로 빽빽이 늘어선 대숲을 지나 오솔길을

---

19) 문학 외의 소쇄원에 대한 주요 논문은 다음과 같다.
    兪在殷, 「소쇄원의 조경식물에 대한 고찰」, 『자연과학』 제18집, 명지대 논문집, 1999 ; 이재근, 『조선시대 별서 정원에 관한 연구』, 성균관대 박사학위논문, 1991 ; 장수영, 「별서 소쇄원에서의 공간구성상의 조직체계에 관한 연구」, 서울대 석사학위논문, 1995 ; 정동오, 「소쇄원의 조경식물」, 『호남문화연구』 제9집, 1977 ; 『전남의 조경문화』, 전남대학교 출판부, 1988 ; 천득염, 『한국의 명원 소쇄원』, 발원, 1999.

따라 올라가면 왼편으로 계류가 흐르고 초가지붕의 待鳳臺라고 쓰여진 조그마한 쉼터를 만날 수 있다. 그 이름에서도 알 수 있듯이 상상의 새인 봉황을 기다린다는 곳으로 현재 그 옆에는 그리 오래되지 않은 듯한 오동나무가 있다. 「소쇄원도」에 의하면, 원래 이곳은 '瀟灑亭'이라는 작은 정자가 있었던 것으로 나타나는데, 따라서 대봉대라고 이름 붙임은 오류라는 의견도 있다.[20] 대봉대를 지나 안으로 들어가는 오른편에 '애양단'이라고 새겨진 담이 있다. 애양은 '愛日'의 다른 말로『孝經』의 부모 공경하는 마음을 마치 볕이 드는 듯이 하라는 말에서 유래했다.

　오곡문 구역은 애양단이 끝나는 곳에서부터 시작한다. 오곡문은 멀리 옹정봉이라는 산자락을 타고 내려온 물줄기가 정내로 들어오는 입구를 이르는데, 도학적인 의미에서 붙여진 이름임을 알 수 있다. 이는 주자의 '武夷九曲'과 연관짓기도 하는데, 주변 암반 위의 계류가 갈지자형 모양으로 다섯 번 돌아 흘러 내려간다는 의미에서 명명되었다. 굽이치는 계곡 옆에는 반반한 넓은 암반이 있어 사람들이 앉아서 쉬기에 적당한데, 평상의 모양을 하고 있다 하여 '榻巖'이라고 한다.

　제월당 구역도 마찬가지로 오곡문 구역과 서로 연이어 있는데, '梅臺'라고 하는 곳이 그 연결 고리를 만들어주고 있다. 이름에서도 알 수 있듯이 매대에는 매화나무가 심어져 있고, 사람들은 활짝 핀 매화와 하늘에 떠 오른 달의 조화를 완상하기 위해 매대에 앉아 달이 뜨기만을 기다렸다고 한다. 매대 뒤의 담에는 '瀟灑處士梁公之廬'라는 宋時烈의 글씨가 새겨져 있는데, 마치 문패 역할을 하고 있어 집의 안이 시작되는 공간임을 암시한다. 제월당 구역은 정원의 주인인 양산

---

20) 이에 대한 설명은 박준규·최한선,『시와 그림으로 수놓은 소쇄원 사십팔경』, 태학사, 2000, 17쪽 참조. 김인후는 소쇄정과 관련해서 모두 세 수의 시문을 남겼는데, 「瀟灑亭卽事」(『하서전집』卷6), 「瀟灑亭韻」(卷8), 「瀟灑亭韻」(卷9) 등이 그것이다.

보가 주로 기거했던 곳으로 때문에 보통 私的 공간으로 불리운다. 정원의 입구 역할을 하는 애양단 구역이나 오곡문 구역보다 훨씬 높은 곳에 위치해 소쇄원 내를 모두 조망할 수 있는 위치로 정내에는 김인후의 「48영」시가 상징적으로 걸려져 있다. 「소쇄원도」를 보면, 제월당 옆에 양산보의 아들인 자징이 기거했다고 전해지는 '鼓巖精舍'가 있고, 그 옆에는 '負喧堂'이 있었던 것으로 나타나는데 현재는 없다.

　제월당 구역이 주로 양산보 자신의 사적 공간으로 유용되었다면, 광풍각 주변은 손님을 맞이하는 밖과 바로 통하는 곳이다. 제월당에서 담을 타고 층층이 놓인 돌계단을 내려오면 왼편으로 광풍각이 눈에 들어온다. 고경명은 「유서석록」에서 이곳을 '小齋'라고 하여 마치 '그림배'와 같다고 하였다. 그 놓인 위치가 흐르는 계곡물 위에 지어진 듯하여 '그림배'와 같다고 한 것이다. 광풍각에서 아래를 내려다보면, 웅덩이가 깊숙이 파여져 있는데, 그 모양이 마치 말의 구유통과 같다고 하여 '槽潭'이라고 한다.

　광풍각은 주로 손님을 맞을 용도로 지었기 때문에 문의 구조를 개방형 열개식으로 만들었다. 그리고 현재 존재하지는 않지만, 「소쇄원도」에 의하면 광풍각 동쪽에 '石假山'이 있었다. 석가산은 정원 등에 돌을 모아 인위적으로 만든 산을 이른다. 또 광풍각 뒤쪽에 있는 동산을 '복사동산'이라고 했는데, 桃花園의 이상향을 꿈꾸던 도연명을 사모한 정이 표출되었다고 하겠다. 광풍각을 달리 '溪堂'·'枕溪文房'이라고도 하였는데, 시냇가를 베고 누워있는 듯한 형상을 하고 있어서 붙여진 이름이다.

　이상 소쇄원의 구도와 아울러 구역별 특성과 기능, 성격 등을 살폈다. 이들 네 구역은 편의상 나눈 것이고, 구역별로 연결해서 보면 '순환 질서'를 담고 있다고 할 수 있다. 공간이 서로 분절된 것 같지만, 사실은 보이지 않은 연결 고리에 의해 연속성을 띠고 있기 때문이다.

그러면 김인후의 「48영」시에 표상된 소쇄원 구도는 어떠한가? 「48영」의 첫 번째 작품은 '小亭憑欄(작은 정자 난간에 의지해)'이다. '소정'은 바로 이미 언급했던 '소쇄정'의 이칭으로 소쇄원의 초입인 대숲을 지나 처음 원내에 들어서 마주치게 되는 공간이기도 하다. 또한 앞의 구역 중 애양단 구역에 해당한다. 한편, 「48영」의 마지막 작품은 '長垣題詠(긴 담에 써 붙인 소쇄원 제영)'으로 마찬가지로 애양단 구역에 해당한다. 이렇듯 첫 번째와 마지막 작품 모두 같은 구역 안에 있다는 것은 시사하는 바가 자못 크다고 하겠다. 이는 바로 김인후의 소쇄원을 보는 눈이요, 더 나아가 자연을 바라다보는 관점이 되기 때문이다. 이는 김인후가 소쇄원을 춘·하·추·동 네 계절이 있고, 음과 양 등 자연의 순환원리가 내재된 공간으로 파악했다는 것을 알 수 있다.

4. 시 형상화와 미학적 의미

김인후의 「소쇄원 48영」은 크게 두 가지 양상으로 형상화되었다고 할 수 있다. 첫째는 行爲 형상화요, 들째는 景物 형상화이다. 전자는 주로 시적 화자가 산수를 유유자적하게 완상하거나 답사하는 모습을 그렸고, 후자는 소쇄원 내에 있는 자연과 인공 경물을 작품으로 형상화한 경우이다. 또한 경물의 경우 주로 자연물을 대상으로 했는데, 김인후 자신이 경물을 두고 의미를 표출하고자 한 경우와 소쇄원 원림을 사실적으로 표현함으로서 가지고 있는 정원의 이미지를 표출하고자 한 경우로 대별할 수 있다. 이러한 내용을 작품과 함께 나열하면 다음과 같다.

형상화 양상	詩 題		
행위 형상화	제 1영 小亭憑欄	제 5영 石逕攀危	제11영 池臺納涼
	제12영 梅臺邀月	제13영 廣石臥月	제19영 榻巖靜坐
	제20영 玉湫橫琴	제21영 洑流傳盃	제22영 床巖對棋
	제23영 脩階散步	제24영 倚睡槐石	제25영 槽潭放浴
	제39영 柳汀迎客	제47영 陽壇冬午	제48영 長垣題詠
경물 형상화	제 2영 枕溪文房	제 3영 危巖展流	제 4영 負山鼇巖
	제 6영 小塘魚泳	제 7영 刳木通流	제 8영 春雲水碓
	제 9영 透竹危橋	제10영 千竿風響	제14영 垣竅透流
	제15영 杏陰曲流	제16영 假山草樹	제17영 松石天成
	제18영 遍石蒼蘇	제26영 斷橋雙松	제27영 散崖松菊
	제28영 石趺孤梅	제29영 夾路脩篁	제30영 迸石竹根
	제31영 絶崖巢禽	제32영 叢筠暮鳥	제33영 壑渚眠鴨
	제34영 激湍菖蒲	제35영 斜簷四季	제36영 桃塢春曉
	제37영 桐臺夏陰	제38영 梧陰瀉瀑	제40영 隔澗芙渠
	제41영 散池蓴芽	제42영 襯澗紫薇	제43영 滴雨芭蕉
	제44영 暎壑丹楓	제45영 平園鋪雪	제46영 帶雪紅梔

위의 도표는 행위, 즉 산수 답사보다는 경물을 형상화하는데 치중
했음을 보여준다. 소쇄원이 산줄기의 계류와 그것을 타고 흐르는 시
원한 물줄기, 그리고 크고 작은 바위와 수목 등으로 조영되어 자연을
대상으로 한 경물 형상화가 양적인 면에서 우위를 차지했다고 생각한
다. 그리고 행위 형상화의 작품은 주로 賞自然 하던 중에 창작된 경우
가 많은데, 다음 작품이 이를 말해준다.

> 하나의 돌길에도 三益友가 연이었고
> 한가로이 오르니 위험은 없어
> 속세의 발걸음 스스로 끊고 나니
> 이끼 빛깔은 밟을수록 도리어 풍성해
> 一逕連三益　　攀閒不見危
> 塵蹤元自絶　　苔色踐還滋[21]

시제에 나온 '石逕'으로 인해 지금 작중 화자가 가고 있는 길이 평
탄치 않음을 알 수 있다. '三益友'는 '益者三友'에서 온 말로 인간에
게 대비하자면 사귀어서 자기에게 도움이 되는 세 가지 벗을 이르는
데, 곧은 벗, 믿음직한 벗, 문견이 많은 벗 등이 그것이다. 그러나 위
시에 나오는 삼익우는 이런 속세 인간들이 보통 말하는 세 가지 벗을
지칭하지는 않는다. 즉, 畵題에서 주로 쓰이는 梅·竹·石을 말한다.
기구에서는 비록 가고 있는 길이 돌길이지만, 그래도 벗으로 삼을 수
있는 세 가지가 있어 그나마 다행이라는 의미가 담겨져 있다. 또한 석
경을 가는데도 별 어려움이 없음을 승구에서 보여주어 한 두 번 올랐
던 길이 아니고 익숙해져 있음을 알게 한다. 이는 작중 화자를 김인후
자신으로 생각하자면, 소쇄원을 자주 방문했음을 말해주는 대목이기
도 하다. 전·결구는 작중 화자의 심리 상태에 따라 자연을 보는 시
야의 폭이 달라질 수 있음을 암시한다. 만일 시의 내용과 달리 작중
화자가 세속에 계속 미련을 둔다면, 자연은 그에게 합일되는 모습을
보일 수는 없는 것이다. 그러나 세속의 인연을 끊고 나니 자연의 진정
한 모습이 보일 수 있었다.

> 차분히도 속세를 벗어난 마음으로
> 소요하며 섬돌 위를 걷네
> 노래할 땐 갖가지 생각들 한가로움을 이루고
> 읊고 나면 또 속정 잊혀지네
> 澹蕩出塵想　　逍遙階上行
> 吟成閒箇意　　吟了亦忘情[22]

마찬가지로 상자연과 연관지을 수 있는 작품이다. '석경반위' 작품
이 험한 길을 가는 모습을 보여주었다면, 위의 시는 섬돌을 걷는다고

---

21) 「48영」 중 제5영 石逕攀危.
22) 「48영」 중 제23영 脩階散步.

하니 어느 정도 여유가 있는 유유자적한 모습을 보이고 있다. 즉, 유
유히 자연의 승경을 음미하면서 자신의 한가로운 회포를 술회하고 혼
란한 세속의 정을 잊어버리는 초월적인 합자연의 양상을 보였다[23]고
하겠다. 강호인이 상자연을 요구하는 것은 그것으로써 서정의 醇正을
기할 수 있기 때문[24]이라고도 하는데, 결구에서 '속정 잊혀졌다'고 했
으니, 소기의 목적은 달성된 것이다.

위 두 시는 모두 자연 사물로 인하여 흥이 일어 작품으로 형상화하
였다. 즉, '因物起興'의 전형적인 모습을 보여주고 있는 것이다. 산수
문학에서 '인물'의 물은 객관적 사물로서 천지인을 포함하는 대자연
으로서의 산수를 의미하며 '기흥'의 흥은 산수라는 시적 대상으로부
터 느끼는 작가의 시적 감정으로서의 정감을 의미한다.[25] 그러나 김
인후의 「48영」 시 중 이렇듯 외물로 인하여 흥으로까지 이어지는 경
우는 그리 많지는 않다. 이는 뒤에 언급될 그의 도학적 사유와 깊이
관련이 있다고 해야 할 것이다.

또한 위 두 시에서 보듯이 김인후는 소쇄원 공간을 속세와 멀리 떨
어진 仙界 정도로 인식했음을 알 수 있다. 그러나 여기서의 선계는 道
家에서 말하는 玄妙한 것과는 거리가 멀고, 오히려 속세의 때를 깨끗
이 씻어주는 유가적인 관념과 관련지어야 할 것이다.

다음 시는 행위를 형상화했지만, 앞의 두 시와 다른 느낌을 준다.

> 소리내는 거문고 타기 쉽지 않은 건
> 세상에 鍾子期와 같은 친구 없어서라네
> 맑고 깊은 물에 한 곡조 울리고 나면
> 마음과 귀만은 서로 안다네

---

23) 조기영, 앞의 책, 1994, 87쪽.
24) 崔珍源, 『國文學과 自然』, 성대출판부, 1986.
25) 孫五圭, 「山水文學에서의 因物起興」, 『한국고전문학 이해』, 사암 윤철중
   교수 퇴임 기념 논집, 2000, 73쪽.

瑤琴不易彈　　舉世無鍾子
一曲響泓澄　　相知心與耳[26]

　작품에 나오는 작중 화자가 이동하는 모습을 보이기보다는 한 곳에 고정되어 어떤 행위를 하고 있음을 알 수 있다. 기·승구에서 거문고와 종자기를 연결짓는 것은 상투적 수법이라고 할 수 있다. 거문고의 명수인 伯牙는 자신의 거문고 소리를 알아주던 단 한 명의 친구인 종자기가 세상을 뜨자 그만 거문고 줄을 끊고 더 이상 연주를 하지 않았다는 '伯牙絶絃'과 '知音' 고사는 주지하는 바이다. 작중 화자는 거문고를 타지 못해서가 아니라 타지 않고 있는데, 곧 자신을 진정으로 알아주는 친구가 없기 때문이라고 한다. 하지만, '泓澄'을 만나 한 곡을 켜면, 이제야 자신이 켜는 거문고 소리를 알아주는 이가 있을 것이라고 하였다.

　이 작품이 앞의 두 시와 함께 지닌 공통점은 작중 화자의 주관이 외물에 개입되어 있다는 사실이다. 하지만, '인물기흥'으로 보기보다는 맑은 물가에서 자연을 '吟詠'하고 '性情'을 함양하는데 치중했다고 함이 옳을 것이다. 이 '음영성정'은 달리 '托物寓意'라고도 하는데, 외물과 접촉하여 발생한 성정을 어떻게 시로 형상화시켜야 하는가에 대한 미학견해이다.[27] 결국 자연물을 '음영'하고 '성정'을 함양함으로써 합자연의 경지에까지 이르렀지만, 화자의 주관이 개입되어 있어 경물 묘사에 치중한 도학적 시라고는 볼 수 없을 것이다.

　김인후의 「48영」시 중 경물 형상화 작품은 의미를 표출하고자 한 경우와 소쇄원 원림의 사실적 이미지를 표출하고자 한 경우로 대별할 수 있음은 앞에서 이미 언급하였다.

　다음은 소쇄원을 사실적으로 형상화하여 탈세속적 이미지로 표출

---

26) 「48영」 중 제20영 玉湫橫琴.
27) 이민홍, 앞의 책, 1993, 111쪽 참조.

한 작품이다.

> 골짜기에 걸쳐서 죽림으로 뚫렸는데
> 높기도 하여 하늘에 떠 있는 듯
> 숲 속의 연못 원래 빼어난 승경이지만
> 다리가 놓이니 속세와는 더욱 멀어졌네
> 架壑穿脩竹　　臨危似欲浮
> 林塘元自勝　　得此更淸幽[28]

소쇄원에는 두 개의 다리가 있다. 하나는 애양단 구역과 제월당 구역을 연결해주는 곳에 있고, 또 다른 하나는 정원의 초입에서 광풍각으로 건너는 곳에 위치해 있다. 위 시제의 '透竹危橋'는 후자를 두고한 말이다. '통나무대로 걸쳐놓은 높은 다리'라고 했으니, 위험마저느껴지지만 현재 소쇄원에 있는 다리 모양은 시제와는 상당히 동떨어져 있다. 중간에 개보수하는 과정에서 그 원래 모습이 많이 변형되었다고 할 수 있다.

위 시의 다리는 세속과 탈세속 공간을 단절시켜주는 역할을 담당하고 있다. 즉, 다리를 사이에 두고 소쇄원 정원은 청정무구한 공간적 이미지를 갖추게 된 것이다. 김인후의 다른 소쇄원 관련 시문인 「訪彦鎭兄林亭」에서도 정원의 이미지를 세속과 멀리 떨어진 곳으로 설정하였는데,[29] 위시와 연결지어 이야기할 수 있을 것이다. 전구에서 작중 화자의 의지가 약간 개입되긴 했지만, 대체로 소쇄원의 사실적 경물 묘사에 치중하고 있으며, 탈세속적 이미지로 그려내었다고 하겠다.

다음 두 작품도 같은 맥락에서 감상해 볼 수 있다.

---

28)「48영」중 제9영 透竹危橋.
29)『河西全集』卷10,「訪彦鎭兄林亭」: "淸境由來卜得難 吾兄所宅罕人間 凌寒粉馥梅三樹 度雪蒨蒨竹數竿 群鴨有情還泛泛 長溪無任自潺潺 逍遙亭上堪乘興 嫌却當時俗士看."

① 콸콸 소리내 섬돌따라 흐르는 물
　　다리 너머에 두 그루 소나무 서 있네
　　옥이 나는 남전은 오히려 일이 있어
　　그 다툼은 조용한 여기에도 미치리라
　　瀁瀁循除水　　橋邊樹二松
　　藍田猶有事　　爭及此從容[30]

② 복사꽃 언덕에 봄철이 찾아드니
　　만발한 꽃들 새벽 안개에 드리워 있네
　　바윗골 동리 안이라 어렴풋하여
　　무릉계곡을 건너는 듯 하구나
　　春入桃花塢　　繁紅曉霧低
　　依迷巖洞裡　　如涉武陵溪[31]

　두 작품 모두 사실적 경물을 형상화하려고 했을 뿐 아니라 고사성
어를 用事하였다. ①은 중국 당 때 韓愈가 지은 「藍田縣丞廳壁記」에
나오는 崔斯立의 '哦松藍田'과 또 다른 내용을 담고 있는 '藍田出玉'
고사를 인용하였고, ②는 陶潛의 「桃花園記」에 나오는 '武陵桃源' 고
사를 원용하였다.
　①의 기·승구는 소쇄원 승경을 ·어떠한 가감도 없이 묘사하였다.
소쇄원은 사시사철 물이 있는 곳이다. 혹 여름철 장마라도 진다면, 질
펀히 흐르는 물이 콸콸 소리를 내며 계곡을 흠뻑 적시니 위 시 기구
에서 말하는 그대로이다. 그리고 승구에서 말하는 다리는 앞에서 이
미 언급했던 애양단 구역과 제월당 구역을 연결하는 곳에 있는 것을
이르고 다리를 건너면, 소나무 두 그루가 서있으니 모두 사실적 형상
화라고 하겠다. 그리고 마지막 부분에서 옥이 나는 남전과 소쇄원을
동일시할 뿐 아니라 '從容'이라는 어구를 사용하여 조용한 정원의 이

---

30)「48영」중 제26영 斷橋雙松.
31)「48영」중 제36영 桃塢春曉.

미지를 한층 부각시켰다.

②는 소쇄원을 복사꽃이 만발한 仙境의 이미지로 그렸다. 소쇄원에는 매화를 비롯하여 연꽃·국화·복숭아꽃 등 수많은 초목들이 있다. 위 시는 이중 복숭아꽃을 들어 무릉도원과 연결시키는 관습적 수법을 사용하였다. 그리고 전구에서는 '巖洞'이라는 어구를 사용하여 현상적인 소쇄원 승경을 그대로 보여주려고 하였다. 따라서 위 두 시 모두 작중 화자의 개입이 거의 없는 순수 경물시로 보아야 함은 당연하다고 하겠다.

그러나 김인후는 지금까지 언급했던 시와는 다른 차원의 것을 가장 이상적인 것으로 생각하였다. 다음 인용한 시는 김인후의 평소 시 창작에 대한 지론을 알게 해준다.

> 시의 도는 다름 아닌 성정이 근본이라
> 읊어보면 선과 악이 각기 다 분명커든
> 조용히 바로 곧장 화평한 데 이르면
> 사물이 앞에 올 때 이치 절로 드러나네
> 詩道非他本性情　　吟來善惡各分明
> 從容直到和平處　　事物當前理自呈[32]

시는 성정을 근본으로 하면서 화평한 곳에 처한다면, 어떤 외물이 와도 내면에 담긴 이치가 저절로 드러나게 될 것이라고 하였다. 김인후의 도학적 분위기를 익히 알 수 있게 해주는 내용이다. 따라서 「48영」에서도 이런 그의 생각이 다수의 작품에서 감지된다.

> 네모진 연못 한 이랑도 못되나
> 맑은 물받이 하기엔 넉넉하구나
> 주인의 그림자에 고기떼 헤엄쳐 노니

---

32) 『河西全集』卷6, 「吟示景范仲明 其十五」.

낚싯줄 내던질 마음 전혀 없어라
　　方塘未一畝　　聊足貯淸漪
　　魚戲主人影　　無心垂釣絲[33]

　　작은 方塘에 고기떼들이 遊泳하는 모습을 형상화하였다. 기·승구
는 사실 그대로를 바탕으로 私念을 조금 포함시켜 시의 중심부라고
할 수 있는 전구를 이끌어 내는 역할을 하였다. 보통 연못에 노니는
물고기라면, 사람의 인기척만 들려도 다른 태도를 취할터인데, 지금
유영하는 물고기는 다른 모습을 보여 인간인 주인과 합일되는 모습을
보여주고 있다. 즉, 자연 세계의 아름다운 경물을 통하여 자신의 성정
을 함양하려는 자세가 주목을 요한다[34]고 하겠다.

　　① 걸음걸음 물결 보고 지나며
　　　읊조리며 가니 생각은 더욱 그윽해
　　　사람들은 진원을 찾아 거슬러 가지도 않고
　　　공연히 담 구멍에 흐르는 물만을 보네
　　　步步看波去　　行吟思轉幽
　　　眞源人未泝　　空見透墻流[35]

　　② 지척에 물줄기 줄줄 내리는 곳
　　　분명 오곡의 구비 도는 흐름이라
　　　당년 물가에서 말씀하신 공자의 뜻
　　　오늘 은행나무 가에서 찾는구나
　　　咫尺潺湲地　　分明五曲流
　　　當年川上意　　今日杏邊求[36]

　　두 시 모두 흐르는 물을 보고 작품으로 형상화하였다. 소쇄원에는

---

33)「48영」중 제6영 小塘魚泳.
34) 조기영, 앞의 책, 1994, 65~66쪽.
35)「48영」중 제14영 垣竅透流.
36)「48영」중 제15영 杏陰曲流.

오곡문이라 하여 산줄기를 타고 내려오는 물을 맞이하는 담에 구멍이
뚫린 곳이 있다. 첫 번째 작품은 바로 그 오곡문을 통과하는 물을 보
고서 지었고, 두 번째 작품은 오곡문을 통과한 물이 계곡으로 흐르는
모습을 보고 의미 부여를 하였다. 모두 樂山樂水의 경지를 터득한 후
에야 의미를 표출할 수 있는 작품들이다. 특히, ①에서는 전·결구의
내용으로 인해 학문의 근원은 모른 채 현실에 안주해버리는 당시 학
자의 자세를 꼬집은 듯한 느낌을 갖게 한다. 그리고 ②에서는 굽이도
는 물을 보고서 孔子의 말씀인 '逝者如斯夫 不舍晝夜(지나가는 자는
흐르는 물과 같구나! 밤낮없이 쉬지 않는구나!)'37)를 다시 한번 상기
하면서 끊임없이 흐르는 물처럼 인간의 부단한 노력을 강조하였다.
①과 ② 모두 성정을 음영했다고 하겠다.

   이상 「48영」의 형상화 양상을 살폈다. 「48영」시는 작중 화자의 행
위를 형상화한 경우와 경물을 주로 형상화한 경우로 나눌 수 있었다.
다시 행위를 형상화한 경우는 인물기흥의 방법을 주로 한 경우와 음
영성정한 경우로 나눌 수 있었다. 한편, 경물을 주로 형상화한 작품은
소쇄원을 사실적으로 그려 이미지를 최대 부각시키려는 경우와 성정
을 바탕에 두고 자연물을 음영하는 경우가 있음을 알 수 있었다. 소쇄
원의 이미지 표출에 치중한 시들은 자아와 외물이 서로 분리된 상태
에 놓여 있음을 알 수 있었다. 반면, 성정에 바탕에 둔 작품은 인간과
자연이 일체가 되는 합자연의 모습을 보여주었다.

5. 맺음말

   본 논고는 김인후의 작품인 「소쇄원 48영」의 형상화 기법과 그 의

---

37) 『論語』, 「子罕」.

미를 도출해내고자 하였다.

김인후는 '일상생활의 도'를 강조하며, 평소 부딪치는 物象에서도 도를 충분히 찾을 수 있다고 보아 詠物에 寓興을 붙였다. 따라서 소쇄원에 들러서 마주 대했던 보잘 것 없는 초목 군상들조차도 시문의 대상이 될 수 있었다.

「48영」시에 표상된 소쇄원 구도에는 순환질서가 반영되어 있었다. 「48영」의 첫 번째 작품은 '小亭憑欄(작은 정자 난간에 의지해)'이다. '소정'은 '소쇄정'의 이칭으로 소쇄원의 초입인 대숲을 지나 처음 원내에 들어서 마주치게 되는 공간이기도 하다. 또한 앞의 구역 중 애양단 구역에 해당한다. 한편, 「48영」의 마지막 작품은 '長垣題詠(긴 담에 써붙인 소쇄원 제영)'으로 마찬가지로 애양단 구역에 해당한다. 이렇듯 첫 번째와 마지막 작품 모두 같은 구역 안에 있다는 것은 시사하는 바가 자못 크다고 하겠다. 이는 바로 김인후의 소쇄원을 보는 눈이요, 더 나아가 자연을 바라다보는 관점이 되기 때문이다. 이는 김인후가 소쇄원을 춘·하·추·동 네 계절이 있고, 음과 양 등 자연의 순환원리가 내재된 공간으로 파악했다는 것을 알 수 있다.

「48영」의 형상화 양상은 크게 행위와 경물 형상화로 나눌 수 있었다. 다시 행위를 형상화한 경우는 인굴기흥의 방법을 주로 한 경우와 음영성정한 경우로 나눌 수 있었다. 한편, 경물을 주로 형상화한 작품은 소쇄원을 사실적으로 그려 이미지를 최대 부각시키려는 경우와 성정을 바탕에 두고 자연물을 음영하는 경우가 있음을 알 수 있었다. 소쇄원의 이미지 표출에 치중한 시들은 자아와 외물이 서로 분리된 상태에 놓여 있음을 알 수 있었다. 반면, 성정에 바탕에 둔 작품은 인간과 자연이 일체가 되는 합자연의 모습을 토여주었다.

參考論著

『河西全集』(國譯) 『論語』 『東國輿地勝覽』 『瀟灑園事實』
『小學』 『退溪集』 『河西全集』 『孝經』

광주광역시, 『하서 김인후의 도학과 문학사상』, 1995.
구사회, 「하서 김인후의 문학사상」, 『한국문학연구』 제12집, 동국대 한국문학
        연구소, 1989.
김균태, 「하서 김인후의 문학관과 강호시 연구」, 『서의필선생회갑기념논문집』,
        1988.
박준규, 「하서 김인후와 그의 시문학」, 『어문논총』 제9집, 전남대 어문학연구
        소, 1989.
서준섭, 「조선조 자연시가의 이념적 기반」, 『강원대학교논문집』 제15집, 1981.
손오규, 「산수문학에서의 因物起興」, 『한국고전문학의 이해』, 사암 윤철중교
        수 퇴임기념논집, 2000.
_____, 「시조의 산수미와 산수문학」, 『조선조 시가의 존재양상과 미의식』, 보
        고사, 1999.
영암문화원·영암군, 『월출산』, 1988.
이계송, 「김인후의 소쇄원사십팔영고」, 『국어국문학논문요집』 제2집, 동국대
        학원 국문학과 학생회, 1985.
이민홍, 『조선중기 시가의 이념과 미의식』, 성대출판부, 1993.
이종건, 「소쇄원사십팔영고」, 『마산대학논문집』 6권1호, 1984.
정익섭, 「김인후 문학의 기조와 정철문학」, 『어문연구』 제21집, 대전어문학회,
        1991.
조기영, 『하서 김인후의 시문학연구』, 아세아문화사, 1994.
_____, 『하서시학과 호남시단』, 국학자료원, 1995.
조동일, 「산수시의 경치, 흥취, 주제」, 『충격과 조화』, 국학자료원, 1992.
조종업, 「하서 김인후의 시에 나타난 자연의식의 양상」, 『우리어문연구』 제9
        집, 1992.

최진원, 『국문학과 자연』, 성대출판부, 1986.

최한선·박준규, 『시와 그림으로 수놓은 소쇄원 사십팔경』, 태학사, 2000.

하서기념회, 『하서 김인후의 사상과 문학』 1·2집, 1994.

홍우흠, 「퇴계의 시문에 나타난 산수관」, 『한국한문학연구』 제8집, 한국한문학
　　회, 1995.

홍학희, 「李珥 산수기행시의 주기적 전망」, 『우리 한문학사의 새로운 조명』,
　　집문당, 1999.

2장

河西 金麟厚의 詠物詩에 나타난 物의 表象性

1. 머리말

한 편의 시작품이 자아와 대상, 그리고 내용과 형식 등 구조적 틀에 의해 생성된다고 할 때 詠物詩는 '어떤 제재인 物을 대상화하여 읊은 시'를 이른다고 할 수 있다.[1] 중국에서는 『詩經』에서 물을 제재삼아 작품으로 만든 이후 발전을 거듭하였는데, 六朝 때 가장 번성했던 것으로 나타난다. 그 후 唐·宋代를 거치며 무수한 영물시들이 생성되기에 이르는데, 淸代 康熙帝 때는 明代까지의 영물시를 총망라한 『佩文齋詠物詩選』 64책을 편찬하기에 이른다.

우리나라의 경우도 예외는 아니어서 시의 출현이 있은 이후 무수한 영물시가 산출되었는데, 그 대표적인 작가로 고려말의 李奎報, 李崇仁과 조선조의 鄭道傳, 徐巨正, 金時習, 金宗直, 曺偉, 金麟厚, 李滉 등등을 들 수 있다.[2] 이런 영물시 창작의 정리는 1861년 柳在建이 편

---

1) 영물시의 개념을 정의함에 '어떤 제재인 물을 대상화하여 읊었다'고 한다면 막연함이 지나쳐 논란의 여지를 남길 수도 있다. 이런 문제를 다소 없애기 위해서는 먼저 물의 개념 정의와 범위 설정이 우선되어야 할 것이고, 이의 기준에 맞추어 영물시의 개념 정의가 확정되어야 할 것이다. 이에 대한 구체적인 논의는 金萬源, 「中國詠物詩試論－六朝를 중심으로－」, 『중국문학』 제16집, 한국중국어문학회, 1988, 3～10쪽 참조.

찬한 『古今詠物近體詩』와 1920년 權純九가 편집한 『中東詠物律選』
등에서 이루어지는데, 그동안 영물시가 끊임없이 창작되었음을 알 수
있는 중요한 참고자료가 된다. 특히, 『고금영물근체시』에서는 물의
종류를 구체적으로 들고 있는데, 動物・植物・山水・飮食・器
物・天象・人事 등으로 대별하고서 각 항을 다시 세분하여 '영물'의
범주를 설정하였다.

河西 金麟厚(1510~1560)는 일생 중 많은 시간을 出世間에서 보내
는데, 이런 결과 결국은 산수 경물을 읊은 다수의 시문을 창작할 수
있었다. 영물시도 한편으로는 산수 경물에서 느낀 감회의 일부분으로
이와 같은 맥락에서 제작되었다고 할 수 있다. 본 논고는 김인후가 영
물시를 통해 드러내 보이고자한 물의 表象은 무엇이었는지를 구명해
보고자 한다.

조선조 儒家的 의식에 젖은 많은 이들은 世間의 삶이 암울할 때 산
수를 통해서 그 정신적 위안을 찾았다. 때문에 때로는 산수 경물의 하
찮은 풀 한 포기, 나무 한 그루가 마음의 안식처가 되어 이를 예술적

---

2) 지금까지 이루어진 우리나라 문인의 영물시에 대한 연구는 다음과 같다.
姜在哲, 「목은 이색의 사군자시 연구」, 『한문학논집』 제5집, 근역한문학
회, 1987, 75~99쪽 ; 고연희, 「정약용의 화훼에 대한 관심과 화훼시 고찰」,
『동방학』 제7집, 한서대 동양고전연구소, 2001, 39~57쪽 ; 金準玉, 「詠物
詩의 성격 고찰」, 『한국언어문학』 제29집, 한국언어문학회, 1991, 259~
281쪽 ; 金泰鷹, 「퇴계의 매화시 고찰-理想主義의 形象-」, 『안동문화』 제
6집, 안동문화연구소, 1985, 23~38쪽 ; 朴性奎, 「이규보의 영물시 연구」, 『진
단학보』 83, 진단학회, 1997, 339~356쪽 ; 박혜숙, 「조선의 매화시」, 『한국
한문학연구』 제26집, 한국한문학회, 2000, 419~449쪽 ; 손오규, 「퇴계 매
화시의 意象」, 『반교어문학』 제10집, 반교어문학회, 1999, 141~172쪽 ;
유재일, 「이규보의 영물시에 나타난 즉물적 개방성에 대하여」, 『연세어문
학』 제13집, 연세대 국문학과, 1980, 129~144쪽 ; 李鍾建, 「영물시고」, 『사
림어문연구』 1, 사림어문학회, 1984, 77~99쪽 ; 洪瑀欽, 「퇴계의 ≪梅花
詩帖≫에 대한 연구」, 『漢詩論』, 영남대학교 출판부, 1991, 97~135쪽.

양식을 빌어 형상화하기도 하였다. 이런 이유로 영물시를 통해 정과 경의 융합 과정을 비롯하여 경물의 이디지(意象) 양상, 경물에 드러난 작가의 자연 표상 등 여러 부분에 대한 연구가 가능하리라고 본다. 그런데 본 논문에서는 김인후의 영물시에 나타난 자연 표상을 연구 영역으로 설정하고 다른 측면의 연구는 후일을 기약하기로 한다. 일반적으로 영물시는 자연물을 사실 그대로 形似化하여 그려내기도 하지만, 김인후는 영물시를 통해 자연물을 객관적으로 형상화하기 보다는 寫意化하여 상징적으로 무엇인가를 드러내려는 의도가 다분하였다. 따라서 자연물을 어떻게 사의화하여 표상했는지 살펴봄으로서 자연에 대한 작가 의식을 읽어낼 수 있을 것이다

2. 詠物詩의 기저

영물시 제작은 물에 대한 관심과 관찰이 필수적인데, 김인후는 대략 71題 74首의 영물시를 남겼다. 김인후의 물에 대한 관심과 관찰 정도는 5세라는 어린 나이에 이미 싹트고 있었는데, 어떤 이와 聯句를 주고받는 과정 중에 '넓고 아득한 우주에 큰 사람이 산다(宇宙淇荒大人居)'라고 했음은 이를 암시한다. 또한 같은 나이에 있었던 생파 속심에 대한 지나친 관심3) 등은 결국 김인후의 물에 대한 관심과 관찰 정도를 읽어낼 수 있는 단적인 증거이기도 하다. 이런 물에 대한 관심은 이듬해 지었다고 하는「詠天」이라는 작품에서도 뚜렷이 드러나는데,4) 비록 나이는 어리지만 깊이 있는 物觀이 형성되고 있었음을 추

---

3)『河西年譜』5歲條 : "嘗手持生葱 自外皮次第劈破 至其心而後已 參奉公
以爲雜戲而呵之 對曰 欲觀其所以生生之理."
4)『河西全集』卷6,「詠天」: "形圓至大又窮玄 治浩空空繞地邊 覆幬中間容

측해볼 수 있다.

　김인후는 평소 일상생활과 가까운 곳에 道가 있다고 하였다. 다음
시는 이런 그의 생각을 알 수 있는 내용을 담고 있다.

> 일상생활 사이에 도는 들어 있는지라
> 성현의 만든 법에 진실은 볼 수 있네
> 참 옳음과 참 그름은 진실로 알아야만
> 나가는 길 정하는데 어려움 겪어 보지 않아
> 道在尋常日用間　　聖賢成法儘堪看
> 眞知眞是眞非處　　立定前行不見難5)

　이런 '일상적 도'에 대한 주장은 성리학적인 측면에서 평소 부딪치
는 자연을 소중하게 생각하는 소양의 결과로 김인후가 微物까지도 詩
題로 삼은 기본적인 이유는 바로 이런 데에 있었다.6) 특히, 김인후는
梅・蘭・菊・竹의 四君子는 물론이거니와 회나무, 오동나무, 사계화,
해당화, 고목, 물, 연꽃, 석죽화, 사향화와 같은 식물 등도 영물시의 제
재로 삼았는데, 이는 산수를 탐방하고 화초를 기르는 가운데 자연을
玩味하고자 하는 성리학적 소양의 또 다른 표출로 볼 수 있다. 성리학
자에게 조그마한 꽃은 자연의 축소판과도 같다. 때문에 자연의 법칙
을 따르는 것이 최고의 미덕이요, 인간이 할 수 있는 최상의 것으로
생각하여 자연 가운데에서 어떤 정신적인 가치까지도 발견하려고 하
였다. 이런 이유로 작은 화분이라도 만들어 그곳에서 우주의 원리를
깨우치는가 하면, 도의 원리까지도 간파하고자 하였다. 따라서 김인

萬物 杞人何爲恐頹連."
　5)『河西全集』卷6,「吟示景范仲明 其十一」.
　6)『河西全集』卷2,「外舅家有鶖鷺飛出其復遠擧剪翅羽見而感之有作」・卷
　　6,「籬傍開竹邐有一竹適當開邐之處常所最撫玩者不得已落其長枝」・卷9,
　　「螢火」・卷10,「寒蟬」・卷10,「憎蠅」.

후의 다음과 같은 행동들은 바로 그의 성리학적 소양이 자연스럽게
발현된 것으로 간주할 수 있다.

① 병오년 여름에 나는 이미 병이 들어 하는 일이 없고 다만 種植에
마음을 쏟을 뿐이었는데, 졸지에 盆具를 모두 얻지 못하여 마침내 대나무
를 물긷는 동이에 옮겨심기를 두 번이나 했다. 심을 때마다 심는 법에
따랐으나 오히려 살지 못하고 모두 마디가 꺾이어 죽고 말았다. 겨울에
는 나무하는 아이가 어린 소나무 한 포기를 가져왔는데, 그 그루가 서른
둘이나 되어 사발에 심었더니 역시 죽고 말았다. 또 전부터 溪蓀 두 포
기를 가지고 있어 하나는 소라껍질에 붙여놓아 항상 구경품으로 삼고,
하나는 그대로 돌 위에 두었다. ② 雪山(玉果, 지금의 전남 谷城)의 교대
가 있자 마침 와서 보고 工人을 시켜 대략 솥과 화로의 모양을 본떠 만
들어 보내고 돌 위에 있는 것은 그 곁에 다른 奇石을 벌려 놓은 동시에
아래는 흰모래를 깔고 고기새끼를 넣어 뜰에 두었는데 극한 추위로 얼
어터져 고기 역시 살아남지 못하였다. 집 남쪽에 남새밭이 있어 샘줄기
가 울타리 밖으로부터 흘러 뒤안으로 들어오므로 조그마한 연못을 파서
돌을 포개 쌓아 물로 채우고 고기를 길러 먼저 것과 뒤의 것을 합쳐 약
간 마리가 되었는데 혹은 고양이에게 할퀴고, 혹은 쥐에게 먹히고, 혹은
아이들이 삶아먹곤 하여 한 마리도 남은 것이 없다. ③ 申彦沃씨가 柚子
盆을 보냈는데 길이가 한 자 남짓하여 더욱 愛玩하였는데 겨울철에 이
르러 영양을 잃고 또 아이들이 흔들어대곤 하여 필경에 말라죽었다.
④ 그리고 매화는 병오년 봄에 長城집에 있을 때에 작은아들 從虎가 깨
진 그릇에 옮겨놓은 것이 세 그루였는데 남산 집으로 오자 여름에 하나
는 죽었고 하나는 許應瑞가 분갈이했는데 정미년 겨울 봄 사이에 죽었
고, 남아있는 한 그루는 두 번이나 생원 아저씨의 염소에게 뜯어 먹혀
가지와 잎이 아직도 돋아나지 않고 있다. ⑤ 陳惟善의 집에 괴석이 있어
지금 담장 밑에 옮겼으니 때는 사월 임진일이다.[7] [번호는 필자가 함]

---

7) 『河西全集』卷9, "丙午夏 余旣病無所事 惟致意於種蒔 而盆具顧未可卒得
乃移竹於汲罌至再 皆用種法 猶不活 各節解而死 冬有樵童 得稚松一叢
其株三十有二 栽之碗中 亦死 又嘗有溪蓀二叢 一傅之蠔背 以爲常玩 一
仍在石上 雪山交代 適來見 爲敎工人 略倣鼎爐爲制以送之 石上者 傍列
他奇石 下鋪以白沙 而放以小魚寘之庭 極寒凍裂魚亦不能存 舍南有荣畦
泉流自籬外入圃 鑿一掬地 累石而瀦之 所畜魚 先後凡若干尾 或殘於猫

위는 모두 다섯 가지 내용을 담고 있다. ①에서는 김인후 자신이 병이 들어 식물을 심고 가꾸는데 온정신을 쏟았는데, 화분을 얻지 못하여 결국 대나무를 물긷는 양동이에 옮겨심기를 두 번이나 했다고 한다. 그리고 옮겨 심을 때마다 심는 법칙을 따랐으나 모두 죽게 되었다고 술회하였다. 또 같은 해 겨울에 樵童이 소나무 한 포기를 가져와 사발에 심었는데 죽게 되었고, 그나마 그 전부터 가지고 있던 계손 두 포기 중 하나를 소라껍질에 붙여놓아 항상 구경품으로 삼았다고 한다.

②는 어항과 인공 연못을 만들어 물고기를 직접 길렀던 일을 적었다. 특히, 주목을 요하는 것은 그 상황을 매우 자세히 적었다는 점이다. 어항은 솥과 화로의 모양을 본떠 거기에 기이한 돌맹이들을 벌려놓았는가 하면 하얀 모래를 깔아 비록 인공이지만 자연의 모습을 닮으려한 흔적을 볼 수 있다. 그런데도 불구하고 겨울 추위를 이기지 못하여 모두 죽게 되자 집 뒤 밭에 샘줄기가 이어져 오므로 거기에 조그마한 연못을 파서 물을 채우고 고기를 기르려고 했는데, 이번에도 마찬가지로 좋지 못한 여러 상황이 겹쳐 결국 물고기들이 모두 죽게 되었다고 한다.

③은 申彦沃씨가 보내준 유자 화분의 길이가 마치 감상하기에 알맞아 애완하였는데, 겨울철이 되자 영양도 없어지고 게다가 아이들이 자꾸 흔들어 죽게 되었음을 적었다. 그리고 ④에서는 장성 집에 있을 때 작은아들 從虎가 매화 세 그루를 깨진 그릇에 옮겨놓았는데, 남산 집으로 오자 하나는 죽었고, 하나는 許應瑞라는 사람이 분갈이했는데 또한 죽게 되었고, 남은 하나의 매화는 생원의 염소에게 뜯기었다고

或蝕於蟲 又或爲兒輩之烹食焉 無子遺者 申彦沃氏 致盆柚 長可尺餘 益所撫玩 至冬而失其養 且爲兒童所振搖 遂以槁死梅 則丙午春 在長城家 少子從虎 所移上破器者三 而自來南山家 夏死其一 一死於丁未冬春之交 而盆改於許應瑞 所存一株 再爲生員叔之羔所齧 枝葉尙未能更萌焉 陳惟善家 有怪石 今致之墻下 時四月壬辰也."

하며 못내 그 아쉬움을 드러내보이고 있다. 마지막 ⑤에서는 陳惟善의 집에 있는 괴석을 집의 담장 아래에 옮기어 놓았음을 말하였다.

지금까지의 내용을 통해서 김인후의 자연물에 대한 애착이 어느 정도였는지 알 수 있다. 식물을 심을 만한 적당한 것이 없으면 심지어 물긷는 동이나 사발, 깨진 그릇 등을 이용했는가 하면, 처음 대나무가 죽자 소나무에 관심을 가졌고, 소나무가 죽자 또 다시 유자와 매화나무에 관심을 보여 자연물을 손수 길러보고자 하는 태도를 항상 견지하고 있었다. 또한 식물뿐만이 아니라 물고기와 괴석에까지 관심이 있었던 것으로 나타나는데, 이것도 자연물에 대한 애착이 깊었기 때문이라고 할 수 있다. 즉, 김인후는 그의 글 「平泉莊記」에서 '이에 다시 여러 곳을 탐문하여 꽃 한 포기 돌 한 덩이라도 아름다운 것을 가꾼 사람이 있다면 金帛을 싸가지고 가서 사들여 戲玩의 資로 삼고 심지어 珍禽奇獸로 아무리 먼 나라에서 胎生 卵生한 것이라도 또한 반드시 힘을 다해 구하였다'[8]라고 했는데, 자연물 애착의 깊이를 알 수 있게 하는 대목이다.

김인후는 또한 자연물을 단순히 애착하는데 그치지 않고 자연물을 소재삼아 영물시를 제작하기에 이르는데, 그러한 모습을 본 제자들의 다음과 같은 대화는 시사하는 바가 자못 크다.

> 일찍이 밤에 趙希文과 梁子澂이 개화 가지를 꺾어 들고서 하서 선생을 모시고 술을 마시는데, 자징이 "선생님은 풀 한 포기 나무 한 가지라도 窮理 格物하여 吟咏하지 않은 것이 없으니 玩物이 아니겠는가?"라고 말하자 희문이 "그대는 선생님을 얻지 못하고 있다"라고 하며 즉시 입으로 불렀다. '물을 완하는 것은 천성이 아니요, 술 마심은 회포를 붙일 뿐이다.' 해서 선생은 "조군이 나를 아는구나!"하고는 글귀를 이었다.

---

8) 『河西全集』 卷11, 「平泉莊記」: "乃復旁求遠索聞 人之有一花一石之美者 莫不齎金帛 而往買之 聊以爲戲玩之資 以及禽珍獸奇 雖出於遠邦之所 胎卵者 亦必爲悉力以求之 …."

'매화 등불 아래에서 술을 마시노라니, 취한 사람 같기도 하고 광대도 같네.' 선생이 詩酒에 정을 붙인 것은 참으로 완물이 아니었으니 그 숨은 뜻을 볼 수 있겠다.9)

　제자 양자징은 평소 스승 김인후가 조그마한 식물을 음영함은 혹시 완물하기 위한 것이 아닌가? 하고 의심을 가졌던 모양이다. 때문에 이를 물었는데, 또 다른 제자 조희문은 스승은 물을 玩弄하기 위해 시문으로 음영한 것이 아닐 것이라고 한다. 이런 제자들의 대화를 들은 김인후는 조희문이 바로 자신의 생각을 알았다고 하며 흡족해한다. 즉, 김인후는 일상적으로 대하는 미물이나마 시적 표현 대상으로 삼게 되면, 그 사물의 외적인 것에 치우쳐 華美한 수식에 치우치기보다는 그것의 내적 본질 문제에 관심을 가지고 탐색하려했다는 말과 일맥상통한다.
　결국 김인후의 영물시 제작은 어려서부터 가지고 있었던 물에 대한 깊이있는 천착과 일상적 도에 대한 중시, 주변 자연물에 대한 심도있는 관심 등이 있었기에 가능했으며, 자연을 시적 대상으로 삼았으되 본질적인 문제를 표상화하려고 하였다.

3. 物의 表象性

　문학에서 말하려고 하는 자연물은 눈에 보이는 외적인 것만을 한정하진 않는다. 특히, 성리학적 사고에 젖은 유학자라면 자연물을 대할

---

9)『河西年譜』39歲條 : "嘗夜 諸生趙希文梁子澂 折取梅枝 侍飮先生 子澂曰 先生於一草一木 無不窮格 而吟咏之無 乃玩物耶 希文曰 爾非知先生者 卽口占曰 玩物非天性 銜盃只寄懷 先生曰 趙郞知我乎 因續聯曰 梅花燈下飮 如醉又如俳 先生寓情於詩酒 非眞玩物 其微意可見云."

때 探理의 눈으로 바라보기 때문에 크게는 우주의 생성 원리까지도
담아낼 수 있다. 김인후는 영물시의 자연물을 통해 크게 脫俗性 · 永
續性 · 調和性 등 세 가지 의미를 표상하고자 하였다.

1) 脫俗性

김인후는 영물시의 물을 통해 탈속성을 표상하고자 하였다. 다음
두 작품은 이와 관련된다.

> ① 뭇 숲의 난만한 봄 좇지 않고
>   얼음 눈 혼자 지녀 정신을 의탁하네
>   멀리 風塵 밖에 쓸쓸히 서 있으니
>   하얀 눈이 갓 터져 찌푸린 게 반이로세
>   不逐千林瀾漫春   自將冰雪寄精神
>   蕭然逈立風塵表   白眼初開倚半嚬[10]
>
> ② 梅兄의 風骨 俗塵을 벗어나니
>   고고한 그 淸眞은 어디서 얻어보겠나
>   鐵石같은 간장에다 巖壑의 얼굴 지녀
>   얼음 눈 안 빌려도 정신을 드러내네
>   梅兄風骨本超塵   枯槁猶難得此眞
>   鐵石肝腸巖壑面   不煩冰雪露精神[11]

매화는 사군자 중의 하나로 많은 이들이 시의 소재로 사용하였다.
중국의 경우, 『시경』의 「摽有梅」 이후 그 수를 헤아리기 어려울 정도
로 많은 작품이 나왔다. 그 중에서도 六朝 때 庾信과 唐 때의 沈佺期
· 陸龜蒙 등이 유명한 매화시문을 남겼으며, 송 때에는 성리학적 분
위기에 편승하여 매화의 고고한 자태와 절개, 순수한 모습 등을 드러

---

10) 『河西全集』 卷6, 「新梅」.
11) 『河西全集』 卷7, 「梅峯」.

내려는 노력이 한층 더 뚜렷해졌다. 그 중에서도 林逋·蘇軾과 陸遊·朱熹 등의 작품이 유명한데, 주지하다시피 임포는 西湖에 있는 孤山에 허름한 집을 짓고 매화를 아내로 학을 아들로 삼아 '梅妻鶴子'라는 말까지 남길 정도였으니 매화에 대한 사랑의 깊이를 알게 한다. 또한 주희는 매화를 단지 관조하지 않고 성리학적 입장에서 거기에 내재된 도를 나름대로 찾으려고 하였다.

우리나라의 경우, 고려 말 이규보에 의해 매화가 시의 소재로 본격 사용되었는데, 李穡·元天錫·鄭夢周와 같은 문인들이 그 뒤를 잇는다. 조선조에 접어들어서는 정도전·서거정·김종직·이황 등이 매화시를 남겼다. 이중에서 특히, 이황은 사는 곳 주변에 손수 매화를 심었는가 하면, 매화시만을 단독으로 모은 시집인『梅花詩帖』까지 전했으니 그의 매화에 대한 애착 정도를 감지할 수 있겠다.12)

김인후도 대략 14수의 매화시를 남겼는데, 그 표상하는 의미가 한 가지인 것은 아니고 상황에 따라서 각기 다르게 나타냈는데, 봄을 처음으로 알리는 전령사와 같은 존재로부터 지조와 절개를 지닌 것 등으로 표상화하였다.

위 두 작품 속에 나오는 매화는 세속과 멀리 떨어진 곳에 존재하여 지고지순한 자태를 지닌 것으로 그려져 있다. 먼저 ①은 매화가 이제 막 개화하는 모습을 형상화한 것으로 보인다. 매화는 봄을 처음으로 알리는 전령사로 알려져 있다. 때문에 겨울의 온갖 추위를 모두 이기고 꽃을 피우는 매화를 보통 '凌寒春信'이라고도 한다. 김인후는 위 ① 작품을 통해 이러한 매화의 생태적인 모습을 보여주고 있지만, 진정 전하려고 하는 매화의 표상은 거기에서 그치지 않는다. 즉, ①의 시중 가장 중요한 부분은 轉句로 세속과 멀리 떨어져 있는 매화의 자

---

12) 이황의 매화시에 대한 연구는 김태안, 박혜숙, 손오규, 홍우흠의 앞의 논문 참조.

태이다. 이렇기 때문에 매화는 숲으로 우거진 곳에서 잡풀들과 어울려 봄의 전령을 다툴 필요도 없고, 氷雪과 같은 차가움을 홀로 지녀 인간들은 거기에 정신을 의탁하게 되는 것이다.

  ② 작품에 담긴 매화의 표상성도 ①과 같은 맥락으로 바라볼 수 있다. ①과 다른 것은 매화의 탈속적 표상을 원래 지닌 모습에서 찾았다는 점이다. 起句에서는 매화를 '兄'이라 지칭하며 의인화하여, 세속에서 벗어나 있음을 언급하였다. 그리고 세속에서 흔히 찾을 수 없는 것이기에 매화가 지닌 淸澄함은 쉽게 얻지 못할 것임을 承句에서 말하였다. 전구는 매화의 외형을 마찬가지 의인화하여 표현하였는데, 마치 간장은 쇠같고 얼굴은 巖壑 같다고 하였다. 특히, 얼굴이 암학같다고 한 말은 매화시를 지은 다른 문인들도 자주 사용하였는데, 매화의 탈속성을 극단적으로 표현한 것으로 이해할 수 있다.

  이렇게 김인후가 매화를 탈속적으로 그릴 수 있었던 것은 세속의 때에 물들지 않은 고결한 정신이 있었기에 가능했다고 보는데, 이를 보통은 '節槪'라고도 한다. 다음 작품은 매화의 탈속성을 드러내 보이면서 특히 다른 꽃과는 달리 홀로 고결한 정신까지 가지고 있음을 읊었다.

> 온갖 꽃 봄바람에 함께 피길 마다하고
> 빙설에 몸 기대어 우뚝이 웃고 있네
> 함부로 物色을 사람에게 허하지 같고
> 쉽게 諸公에게 비하지 마소
> 春風愁與衆芳同　笑倚崢嶸冰雪中
> 不許世人輕物色　莫將容易比諸公[13]

  앞 ①의 시와 마찬가지로 매화는 복을 처음 알리는 전령사 역할을

---

13) 『河西全集』 卷7,「五詠亭次韻梅」.

하고 있다. 겨울동안 내린 눈이 채 다 녹기도 전에 그 속에서 피는 매화야말로 고결한 자태를 홀로 지니고 있다고 본 것이다. 때문에 봄이 완연할 때 피는 꽃들과 함께 하지 않았다고 보았는데, 승구에서는 마치 매화가 사람인양 의인화하여 표현하였다. 이런 고결한 자태를 지닌 매화이기에 그 생김새를 세상의 속인들에게 허락하지도 말고, 또 뭇 사람들과 비교하지도 말라고 당부한다.

다음은 천에 그려진 대의 모습을 보고 형상화한 작품인데, 그 표상성은 앞의 매화시들과 서로 맞닿아 있다.

> 한 폭의 생초깁에 대 포기를 그려놓으니
> 연기 비 서린 속에 긴 봄을 차지했네
> 숫은 가지 쳐든 잎새 정신이 엉겨있고
> 모진 절개 세찬 마음 기상이 새로워라
> 해 저무니 깃 찾는 새 날개 좁혀 어리둥절
> 바람에 임한 詞客 찬 기운 관에 스미네
> 王子猷가 만약에 멀리서 본다면
> 단정코 창 두들이며 주인에게 사례하리
> 一幅冰綃寫竹眞　　數梢煙雨占長春
> 枝掀葉擧精神在　　節苦心寒氣象新
> 趁暮棲禽迷側翅　　臨風詞客冷侵巾
> 此時王子遙相見　　定扣閒窓謝主人[14]

김인후가 대를 소재 삼아 지은 작품은 모두 9수이다. 그 중에는 조선중기 문인인 靈川子 申潛이 그린 묵죽을 소재삼은 작품이 있는가 하면,[15] 매화와 서로 견주어 대나무의 영원성을 드러내려고 한 경우

---

14) 『河西全集』 卷10, 「墨竹」.
15) 『河西全集』 卷5, 「靈川墨竹 其一」: "苦節不成林 疎枝誰更折 天心自可知 生意無時絶."; 『河西全集』 卷5, 「靈川墨竹 其二」: "葉裏自生風 有聲如在耳 蒼崖萬古姿 永念靈川子."; 『河西全集』 卷5, 「靈川墨竹」: "不盡凌雲勢 摧殘亦不僵 兒孫頭觸觸 根甲滿風霜."

도 있다.16) 위 시는 대나무의 모습을 통해 절개와 기상이 남다름을 말하고 있다. 1구에서는 한 폭의 천에 그려진 대의 모습이 마치 연기 비속에 있는 듯하다라고 하였다. 그리고 2구에서는 그런 대의 가지와 잎새에는 정신이 담겨있는데 바로 특별한 절개와 기상이라고 한다. 3구의 상황을 보면 계절은 겨울인 듯한테, 해 저물자 새는 추위를 이기려고 자기의 깃을 좁히며 詞客의 관에 찬 기운이 스민다는 표현을 통해서 읽어낼 수 있다. 마지막 4구에서는 王子猷를 등장시켜 만약에 그가 이 대 그림을 본다면 고맙다며 인사할 것이라고 하였다. 왕자유는 중국 東晋 때 서예로 그 명성을 떨친 王羲之를 말하는데, 평소 대에 대한 애착이 깊음을 간접적으로 나타내보였다. 대나무도 매화와 같이 사군자에 포함되는데, 실제 그 모습을 보면 가운데가 비어있어 蓮과 함께 '中通'이라고도 한다. 즉, 가운데가 비어있지만 다른 어떤 식물보다도 곧곧한 자태를 지니고 있음을 표현한 말이다. 바로 이 대나무의 곧은 절개를 상징적으로 표현한 '중통'의 모습을 위 시는 말하고 있다. 대나무를 이렇게 탈속적이고 절개를 지닌 것으로 표상화한 김인후이기에 작품 「籬傍開竹逕有一竹適當開逕之處常所最撫玩者不得已落其長枝」 마지막 구에서 '쇠 녹이는 뭇 입들은 널 가꾸기 어려울 것이다(衆口銷金保汝難)'라고 한 표현을 했는데, 대나무를 탈속시킨 작은 한 예라고 할 수 있다.

2) 永續性

김인후는 영물시의 물을 통해 자연의 영속성을 드러내 보이려고 하였다. 자연물은 인간과 대비할 때 생명의 연속적 속성을 지니고 있다. 다음 시는 이런 자연의 속성을 사계화를 통해 말하고 있다.

---

16)『河西全集』卷6,「梅竹吟」:"霜葩雪幹兩爭淸 人道風流是弟兄 梅尙有時凋玉色 竹曾何處減金聲."

담장머리 화사한 저 사계화는
土栗이 손수 심은 거라네
사람 가자 물도 따라 시들어져서
꽃다운 자태 오래 적막하더니
금년 봄에 푸른 움이 새로 피어나
갑자기 서너 송이 꽃망울에 놀랬네
부드러운 가지 차츰 한 자를 넘어
잇달아 붉은 꽃 뱉어내누나
뜬 인생은 어디에 떨어졌는지
한 번 가면 다시 오지 않는구나
塵俗을 벗어난 그 맑은 취미는
만고라 九原山이 가로 막혔네
말지어다! 어찌 할 수 있겠는가
깊이 읊조리며 또 다시 탄식하네

墻頭四季花	栗也手所植
人逝物隨萎	芳姿久寂寞
今春發靑芽	忽驚三四蕚
柔條漸盈尺	續續吐丹渥
浮生落何處	一往不可復
淸閒出塵趣	萬古九原隔
已矣可奈何	沉吟更歎息[17]

1구에서는 사계화가 누구에 의해 담장 머리에 심어지게 되었는가
를 알리고 있다. 土栗이 어떤 사람인지는 확실치 않으나 평소 김인후
와 가깝게 지내던 知人임에 분명하다. 2구에서는 사율이 세상을 뜨자
그가 심은 사계화도 시들어져 꽃의 자태를 드러내지 않았다고 하였
다. 하찮은 식물이지만 마치 인간의 마음을 아는 듯하더라는 의미를
담고 있다. 그런데 죽은 줄로만 알았던 사계화가 봄이 되자 움이 새로
나면서 몇 송이의 꽃을 피우니 경이롭기 그지없음을 3구에서 적었다.
그리고 싹이 점점 자라 가지가 생기고 그 가지에서 아름다운 꽃이 무

---

17) 『河西全集』 卷3, 「四季花下感懷」.

성해짐을 연속하여 말하였다. 5구의 내용이 의 시의 가장 중요한 부분이라고 할 수 있는데, 사계화와 대비할 때 한 번 간 인생은 다시 되돌릴 수 없음을 한탄하였다. 6구의 九原山은 중국 山西省에 있는 산 이름인데, 춘추시대 晉나라 卿大夫의 묘지가 있던 곳으로 알려져 있다. 따라서 '속진을 벗어난 맑은 취미'를 가진 주체는 사율로 묘지가 있는 구원산이 가로막아 다시 살아오고 싶어도 돌아올 수 없음을 암시하였다. 이렇게 인간의 有限性을 다시 한번 깨달은지라 탄식만 터져나온 것이다.

다음은 대나무를 소재로 한 작품들인데, 앞의 것과 마찬가지로 자연의 영원성과 영속성을 찬미하고 있다.

① 잎 속에 저절로 바람이 이니
　　소리가 마치 귀에 있는 듯하구나
　　푸른 벼랑에 솟아난 만고의 자세
　　길이길이 영천자를 생각하리라
　　葉裏自生風　　有聲如在耳
　　蒼崖萬古姿　　永念靈川子[18]

② 구름을 능지르는 못다한 기세
　　꺾이고 낡아도 또한 쓰러지지 않네
　　아이 손자 머리가 쫑긋 솟았고
　　根甲에는 풍상이 가득하구나
　　不盡凌雲勢　　摧殘亦不僵
　　兒孫頭觺觺　　根甲滿風霜[19]

③ 霜葩라 雪幹이라 서로 맑다 자랑하니
　　풍류는 곧 형제라고 사람들은 말을 하네
　　매화는 옥의 색 시든 적도 있지만

---

18)『河西全集』卷5,「靈川墨竹 其二」.
19)『河西全集』卷5,「靈川墨竹」.

대나무야 어디선들 금의 소리 줄어지리
霜葩雪幹兩爭淸　　人道風流是弟兄
梅尙有時凋玉色　　竹曾何處減金聲[20]

　①은 영천자가 쓴 묵죽을 보고 지은 것이다. 묵죽은 살아있는 식물이 아님에도 불구하고 잎 속에서 바람이 인다라고 하였고, 그 바람 소리가 귀에 들리는 듯하다라고 하여 비록 평면에 그려진 대나무이지만, 活物化하여 입체적으로 묘사하였다. 그리고 전구에서는 푸른 벼랑에서 솟아나온 대가 사실은 오래 전부터 있었음을 들어 자연물의 영원성을 보여주려고 하였다.
　②도 마찬가지로 영천자가 쓴 묵죽을 보고 지은 시이다. 비록 그림이지만, 앞 작품과 마찬가지로 입체적이고 사실적으로 대나무를 형상화하여 마치 바로 앞에 사물을 마주 대하고 있는 듯하다. 먼저 기구에서는 대나무의 기세가 구름을 넘어갈 정도로 대단함을 말하였다. 그리고 승구에서는 대나무의 기세가 대단하여 오랜 세월동안 꺾이고 낡아빠질지라도 강인하여 절대로 쓰러지지 않을 것이라고 하였다. 전구를 통해 묵죽의 연륜을 알 수 있는데, 옆에 새로 돋아난 새순을 의인화하여 아이와 손자라는 표현을 썼다. 그리고 마지막 결구에서 대나무의 나이가 오래되었음을 암시하고 있다. 이 시는 결국 대나무의 곧고 오래 견디는 힘을 속성으로 들어 자연물의 영속적 표상을 보여주려고 하였다.
　③에서는 매화와 대를 서로 비교하여 결국 매화보다 대나무가 영원하다는 의미를 전달하려고 하였다. 기구의 霜葩는 '雪萼霜葩'의 준말로 매화를 지칭한다. 즉, 매화와 대나무가 서로 자신들이 맑다고 자랑하는데, 결국 둘 다 같은 풍류를 지니고 있음을 승구는 말하고 있다. 그러나 매화꽃은 이른 봄 한철이지만, 대나무는 사시사철 어느 때

---

20) 『河西全集』 卷6,「梅竹吟」.

나 그 푸르름을 가지고 바람이 불면 마치 종 악기 소리를 낸 듯하다 라고 하였다. 이는 매화가 비록 탈속적 표상을 지니고는 있지만, 대나무에 비할 때 영속성은 뒤떨어진다는 의미이기도 하다.

　다음은 국화를 소재로 읊은 작품인데, 마찬가지로 영속성을 드러내려는 의도가 엿보인다.

> 시월이라 된서리 하얗게 덮여
> 고운 떨기 추위를 못 견디누나
> 가지와 순 거의 다 시들어가고
> 꽃과 잎도 절반이 말라붙었네
> 北闕에서 아침 이슬 받들었으니
> 동녘 울의 夕餐과는 인연 없구려
> 곧은 뿌리 길이길이 굳게 서리어
> 해마다 옥난간을 지킬거로세
> 十月淸霜重　芳叢不耐寒
> 枝條將萎絶　花葉半凋殘
> 北闕承朝露　東籬謝夕餐
> 貞根期永固　歲歲玉闌干[21]

　국화는 모진 서리에도 굴하지 않는다 하여 '傲霜孤節'이라고도 하고, 중국 東晉시대 은일시인으로 알려진 陶潛이 좋아했을 뿐 아니라 다른 꽃보다 늦게 피어 서릿발을 잘 견디어 내므로 '隱者'라고도 한다. 위 시는 궁궐 화분에 심어진 국화를 두고 읊은 것이다.[22] 1구와 2구에서는 초겨울이 되니 서리가 하얗게 내리고, 때문에 꽃의 떨기가 추위를 견디지 못하여 가지와 순 뿐 아니라 꽃과 잎 등이 말랐다라고 적었다. 3구에서는 북궐과 동녘 울을 대칭시켜 분국이 있는 곳이 궁

---

21) 『河西全集』 卷8, 「盆菊」.
22) 작품 제목 소주에 '以新來入講院 與魯大春延齡及師魯同賦'라는 말이 적혀져 있어 궁궐에 있는 분국을 보고 지은 것임을 알 수 있다.

귈이기 때문에 도잠의 은일과는 별로 상관이 없음을 암시하였다. 그
리고 마지막 4구에서는 비록 1·2구에서처럼 추위를 더 이상 견디지
못해 시들어지기는 했지만, 그 뿌리라도 오래도록 굳게 내리어 난간
을 지키겠노라는 다짐을 하였다.

3) 調和性

김인후는 영물시의 물을 통해 자연 순환질서의 조화로움을 표상하
고자 하였다. 다음은 물을 소재삼아 쓴 작품이다.

>   콸콸 쏟는 한 맥이 하늘에서 터져오니
>   솔개 그림자 낮을 적에 고기 한창 돌고 도네
>   마침내 허한 속에 함양의 뜻 두니
>   그대는 친히 朱子 선생을 뵈옵고 온거로군
>   溶溶一脈自天開　　鳶影低時魚正徊
>   會得虛中涵有意　　許君親見晦翁來[23]

김인후는 五詠亭次韻으로 물과 대나무, 매화, 국화, 연꽃 등을 읊었
는데, 위 시는 그 중 하나이다. 여기서는 물에 천지 조화 운행의 법칙
이 있음을 들고 있다. 승구는 『시경』「大雅」旱麓의 구절인 '鳶飛戾
天, 魚躍于淵'을 用事한 것으로 솔개와 물고기는 자신의 본성을 지켜
결국 이로 인해 천지가 조화롭게 됨을 말하였다. 이런 조화로움을 보
고 정신적으로 함양할 뜻을 두게 되었는데, 이렇게 될 수 있었던 것을
주희의 공으로 돌리고 있다.

김인후는 또한 천지의 자연스러운 조화에 대한 감탄을 때까치가 우
는 것을 보고 지은 「詠鳴鵙」이라는 작품을 통해서도 나타낸다. 김인
후는 「영명격」 작품 初頭에서 '오월이라 가는 음이 땅 밑에서 생기자,

---

23) 『河西全集』卷7, 「五詠亭次韻 水」.

때를 타고 피어나 날아와 울어대네'24)라고 한다. 이는 때까치의 생태적 사실을 말한 것으로 '때까치는 仲夏에 비로소 울기 시작한다(仲夏之月鵙始鳴)'라는『禮記』의 말이 거짓이 아님을 증명하였다. 그리고 때까치는 같은 새이지만, 철 따라 다니는 기러기와 다르고 한 밤중에 울음 우는 학과도 같지 않다라고 하고서 마지막 구에서 '진정 알기 어려운 건 천지의 조화로고, 길러짐에 따라 선악이 나뉘어졌네'25)라고 하여 자연의 이치를 그대로 따라 우는 때까치의 조화성을 드러내 보이려고 하였다.

다음 작품은 궐 안에 있는 어린 회나무를 두고 지은 것인데, 음양의 조화로움을 강조하고 있다.

> 담 모퉁이 빼어난 곧은 저 나무
> 처음에 그 누가 심어놓았나
> 파릇파릇 찬 겨울 이겨나가니
> 정직을 누가 감히 시기하겠나
> 결단코 공중만을 향해 오르니
> 저만하면 風雷를 버틸 만하네
> 곧장 높고 성할 때를 보게 될 거고
> 장차는 明堂材로 쓰이게 되리
> 闕里의 식물들을 그리어 보니
> 만년이라 어찌 그리 우뚝도 한지
> 그야말로 太和가 붙잡아 나가
> 원기와 배회함이 아니겠는가
> 時雨의 化育을 상상하면서
> 먼 생각이 언제고 내왕을 하네
> 도끼 자귀 침해를 막아주고서
> 靈根을 깊이깊이 북돋아야지
> 牆角秀貞幹　厥初誰所栽

---

24)『河西全集』卷10,「詠鳴鵙」: "五月微陰地下生 乘時竊發恣飛鳴."
25)『河西全集』卷10,「詠鳴鵙」: "乾坤造化眞難識 淑慝分形卵育並."

葱蘢傲歲寒　正直誰敢猜
決意向靑冥　已似排風雷
直到偃蹇時　會充明堂材
仍懷闕里植　萬歲何崔嵬
得非太和扶　元氣與徘徊
想像時雨化　遙思常往來
免使斧斤侵　靈根得深培26)

　　1구부터 3구까지는 어린 회나무가 담 모퉁이에 처음 심어져 추운 겨울을 이겨내고 風雷도 버티어냄이 대견스럽다고 하였다. 4구에서는 모든 辛酸을 이겨내면 결국 명당의 재료로 쓰일 것이라고 하였다. 6구에서는 어린 나무가 후에 키 큰 나무가 될 수 있는 것도 太和, 즉 음양의 조화 덕분이라고 한다. 그런데 7·8구의 내용을 보면, 6구까지는 회나무의 장래를 두고 말한 것으로 앞으로 그렇게 되기 위해서는 도끼로 베어지는 일이 없어야 할 것이며, 뿌리가 깊어져야 할 것으로 내다보았다. 이처럼 김인후는 천지 조화의 운행은 음양이라는 주체에 의해 이루어진다고 보았는데, 다른 시에서 '알괘라! 하느님이 양육의 도움 주어, 일 년 안에 봄빛이 거듭 돌아오는 걸세'27)라고 하여 하느님을 그 주체로 들기도 하였다.

　　　　어느 누가 신기한 재주를 부렸는고
　　　　손 움직여 가만히 조화를 훔쳐왔지
　　　　순 아래 뿌리 그루 예전 심은 그대론데
　　　　낙양의 얼굴 빛깔 봄 모습을 바꿔놨네
　　　　힘들일세라 臙脂가 원 줄기에서 돋아나고
　　　　문득 눈서리 새 가지에 비치누나
　　　　화원이 이를 입어 더욱 더 고와지니
　　　　칼 댄 자국 전혀 없어 귀신도 모를레라

---

26) 『河西全集』 卷3, 「稚檜」.
27) 『河西全集』 卷7, 「瑞香花」: "護養豈知天有助　一年春色忽重回."

阿誰有術騁神奇　信手潛偸造化機
穰下根株仍舊植　洛陽顏色換春姿
坐使臙脂生老榦　便敎霜雪映新枝
花園賴此添佳艷　投刃無痕鬼莫窺[28]

　위 시는 접붙인 꽃을 두고 읊은 작품인데, 보이지 않는 천지 조화가
아름다운 꽃을 피웠음을 말하였다. 1구에서는 꽃을 접붙이는 모습을
그렸는데, 신기한 재주를 부리고 조화를 훔쳐왔다고 하여 상스러운
일이 아님을 드러내 보이려고 하였다. 2구의 洛陽은 모란꽃을 상징화
한 것인데, 화려한 모란으로 인해 봄의 모습이 예전의 것이 아님을 언
급하였다. 3구에서는 새순을 얼굴에 바르는 분인 연지에 비유하여 忍
冬의 세월을 거쳐야함을 암시하였다. 그리고 마지막 4구에서는 접붙
인 꽃이 화려하고 아름답게 피니 화원은 더욱 고와지게 되었는데, 이
런 아름다운 조화는 인공에 의한 것이 아닌 자연스러운 천지조화 법
칙을 따른 것으로 天衣無縫하다라고 하였다.

4. 表象性의 미학적 이해

　이상 김인후가 자연물을 통하여 탈속성과 영속성, 조화성 등의 의
미를 표상하려고 했음을 구명하였다. 이러한 세 가지의 표상성은 결
국 김인후의 자연을 보는 눈이며, 크게는 문학을 바라보는 시각이 된
다는 점에서 자못 중요하다.
　김인후는 자연 경물을 피상적으로 감상하는 데에서 그치지 않고,
그곳에 내재된 도를 탐색하거나 성정을 함양할 수 있는 중간 매체로
인식하였다.

---

28) 『河西全集』 卷10, 「接花」.

'가는 것이 이와 같다' 내에 계신 孔子의 말씀
솔개 날자 고기 뜀은 天淵에 나타나네
幽明 遠近 어디에도 道 아닌 것 없으니
광대하고 정미하도다! 진실로 자연이도다
逝者如斯子在川　　鳶魚飛躍見天淵
幽明遠近無非道　　廣大精微實自然29)

　생활 주변의 흔한 흐르는 물을 보고 천체 운행의 오묘함을 깨우친
공자의 말씀과 같이 이 세상 만물이 제 자리에서 자신의 직분을 온전
히 행하게 된다면, 멀고 가까움의 차이가 없이 도는 어디에서도 나타
난다고 하는 입장이다. 때문에 김인후는 '일상의 도'를 강조하며, 비
록 하찮은 미물일지라도 그것의 의미를 드러내려고 했던 것이다. 이
는 曾點이 그의 스승인 공자에게 '沂水에서 목욕하고 舞雩에서 諷詠
하고 돌아오겠다'30)고 말한 '浴沂類'와 통하는 자연관이라고 할 수 있
다. 즉, 賞自然을 하는 가운데 이치를 깨우치고자 했다는 말이다. 이
치를 깨우치게 되면 그것이 저절로 시문으로 나타나니 '걸음걸음 물
따라 올라가면서, 시 읊으니 생각이 더욱 그득해'31)라고 했던 것이다.
　물을 통한 이치 구현은 이념적 사유의 표상과 같은 말로 근본은 도
외시한 채 외식만 강조하는 詞章學을 김인후는 다음과 같이 비판한다.

詞章을 기록하고 외우는 데 골몰하니
심신에 어찌 온전한 공 이루겠나
모름지기 근본 재배하는 곳을 알아야만
꽃과 잎, 가지에 實理가 통하리라
汨沒詞章記誦中　　身心上面孰全功

---

29)『河西全集』卷6,「吟詩景范仲明 其二十」.
30)『論語』「先進」: "曰 莫春者 春服旣成 冠者五六人 童子六七人 浴乎沂
　　風乎舞雩 詠而歸 夫子喟然歎曰 吾與點也."
31)『河西全集』卷5,「瀟灑園四十八詠」垣窺透流: "步步看波去 行吟思轉幽."

須知根本栽培處　　華葉枝條實理通[32)]

　김인후는 평소 수사 위주의 시를 창작하거나 문예의 공교로움만 추구하는 것을 배격하였다. 만약 문예의 공교로움만 추구하게 되면 사장학을 하는 것이 될 것인데, 철저한 道學的 입장을 견지했음을 알 수 있다. 때문에 '하서는 시 읊기를 즐겨하지 않는데, 홀로 누운 고요를 견디지 못해서라네. 읊고 나니 정신이 오로지 삭막해져, 물에 옮겨지면 뜻이 옮겨짐을 알겠구나'[33)]라고 했던 것이다. 시 짓는 그 자체가 중요한 것이 될 수 없고, 좋은 경치와 물상을 접하면 자연스럽게 시문이 창작됨을 강조한 말이다. 김인후는 이처럼 어쩔 수 없는 상황에서 시문이 지어졌음에도 불구하고, '읊고 나니 정신이 삭막해졌다'라고 하였다. 이는 시문을 짓고 난 김인후가 '글을 공교롭게 잘 지으려고 거기에 몰입하게 되면 결국 진정한 뜻을 잃게 됨'을 경계한 말로 이해할 수 있다. 이를 통상 '玩物喪志'라고 하는데, 조선조 유학자들이 공통적으로 가장 경계했던 부분이기도 하다. 이는 바로 사물을 시문으로 형상화할 때 中和하고자 하는 김인후 자신의 다짐이기도 하다.

　　① 무릇 감촉된 바가 있으면 일체 시로써 발설하되 맑아도 激하지 않고 간절해도 급박하지 않고 즐거워도 淫에 이르지 않고 근심해도 상에 이르지 않아서 모두 性情을 다스리고 도덕을 함양한 것이었다. 그 소장은 通暢하고 典雅하여 반드시 理勝을 주로 하였으니 참으로 仁義의 말이었다.[34)]

---

32)『河西全集』卷7,「示景范仲明」.
33)『河西全集』卷7 :「和仁仲」"河西非是愛吟詩 不耐寥寥獨臥時 詠罷精神渾索漠 方知玩物使人移."
34)『河西全集』附錄 卷1,「神道碑銘」:"凡有感觸 一於詩發之 淸而不激 切而不迫 樂而不至於淫 憂而不至於傷 皆所以理性情 而涵道德 其疏章通暢 典雅 必以理勝 眞仁義之言也."

② 무릇 느끼는 바가 있으면 한결같이 辭賦로 발표하였는데 청고하면
서도 과격하지 않고 곧으면서도 박절하지 아니하여 즐거우면서도
조용하고 和毅한 풍도가 있으며 근심하면서도 원망하고 슬퍼하는
뜻이 적었다. 이는 모두 성정을 다스리고 도의를 연역하여 그윽한
충분을 부친 것으로서 바름에서 나오지 않은 것이 적었다.[35]

위는 김인후가 지향한 문학관 및 시문의 미학적 특징을 엿볼 수 있
는 중요한 글이다. 미학적 측면에서 보자면 김인후는 특히, 중화미와
典雅美 등을 강조했음을 알 수 있는데, 이를 앞의 영물시에 나타난 물
의 표상성과 서로 견주어볼 수도 있다. 즉, 탈속성은 전아미에, 조화
미는 중화미 등과 관련지을 수도 있다. 김인후는 평소 어느 한 곳에
치우치지 않는 태도를 견지했던 것 같은데, 이는 생활 속에서 자연스
럽게 이루어진 것으로 살아가는 이치로 삼았을 것이다. 그리고 그러
한 이치를 물을 통해 표상화했을 것으로 생각하는데, 문학관을 통해
미학적 측면을 고려해 봄은 이런 이유에서이다.

이상, 김인후의 자연관과 함께 문학관을 통한 영물시 표상성의 미
학적 측면을 살폈다. 그런데 김인후의 이런 입장 표명은 자신의 독자
성을 드러냈다기보다는 당시 유학을 하는 문인들의 공통된 생각임은
주지하는 바이다. 자연 속에서 居敬窮理하고 格物致知하는 자세야말
로 보편적이었으며, 도학적 문학관은 일반적이었다는 말이다. 뿐만
아니라 문학 작품 속에 나타난 물의 표상성조차 관념에 휩싸여 차별
화가 뚜렷하지 않는 경우를 흔히 볼 수도 있다. 즉, 앞의 김인후 영물
시에 나타난 표상성인 탈속성, 연속성, 조화성 등은 동시대 문인의 작
품에 적용해도 별반 큰 차이를 드러내 보이지 않을 수도 있다. 이는
김인후 영물시를 긍정과 부정 두 갈래에서 논한다고 할 때, 보편성을

---

35) 『河西全集』 附錄 卷1, 「行狀」: "凡有所感 一發之於辭 淸而不激 貞而不
迫 樂而有從容和毅之風 憂而少尤怨切感之旨 皆所以理性情繹道義 寓幽
憤 其不出於正者 寡矣."

확보했다는 측면은 전자에 해당하나 개별성을 잃었다고 한다면 후자를 두고 하는 말이다.

5. 맺음말

본 논고는 김인후가 영물시를 통해 드러너 보이고자한 물의 表象은 무엇이었는지를 구명해보고자 하였다. 일반적으로 영물시는 자연물을 사실 그대로 形似化하여 그려내기도 하지만, 김인후는 영물시를 통해 자연물을 객관적으로 형사화하기 보다는 寫意化하여 상징적으로 무엇인가를 드러내려는 의도가 다분하였다. 따라서 자연물을 어떻게 사의화하여 표상했는지 살펴봄으로서 자연에 대한 작가 의식을 읽어낼 수 있을 것으로 전망하였다.

김인후는 평소 일상생활과 가까운 곳에 道가 있다고 하였다. 이런 '일상적 도'에 대한 주장은 성리학적인 측면에서 평소 부딪치는 자연을 소중하게 생각하는 소양의 결과로 김인후가 微物까지도 詩題로 삼은 기본적인 이유는 바로 이런 데에 있었다. 결국 김인후의 영물시 제작은 어려서부터 가지고 있었던 물에 대한 깊이 있는 천착과 일상적 도에 대한 중시, 주변 자연물에 대한 심도있는 관심 등이 있었기에 가능했다고 할 수 있다.

김인후는 영물시의 자연물을 통하 크게 脫俗性·永續性·調和性 등 세 가지 의미를 표상하고자 했음을 구명하였다. 탈속성은 주로 매화를 소재로 한 작품에 많은 것으로 나타났는데, 이는 매화의 보편적 속성인 지조와 절개 등을 고려했기 때문이라고 생각한다. 영속성은 인간과 자연을 비교하여 표상화하였는데, 인간의 유한성 대 자연의 무한성을 드러내보였음을 엿보았다. 뿐만 아니라 자연 대 자연을 서

로 대비하여 표상화하기도 했는데, 매화의 유한성 대 대나무의 무한
성을 든 것을 특징으로 들 수 있겠다. 조화성은 자연물을 통한 천체
운행 조화의 표상을 두고 하는 말인데, 특히 물을 소재로 한 작품에서
는 '鳶飛魚躍'하는 천지의 조화로움을 강조했음을 밝혔다.

결국, 영물시에 나타난 표상성을 통해서 자연관 및 문학관을 궁구
해볼 수 있었다. 김인후는 자연 경물을 피상적으로 감상하는 데에서
그치지 않고, 그곳에 내재된 도를 탐색하거나 성정을 함양할 수 있는
중간 매체로 인식하였다. 또한 근본은 도외시한 채 외식만 쫓는 사장
학을 비판하였는데, 이는 그가 지닌 도학적 문학관에서 배태한 것으
로 이해할 수 있겠다. 미학적 측면에서 보자면 김인후는 특히, 중화미
와 典雅美 등을 강조했음을 알 수 있는데, 이를 앞의 영물시에 나타난
물의 표상성과 서로 견주어볼 수도 있다. 즉, 탈속성은 전아미에, 조
화미는 중화미 등과 관련지어 보았다.

參 考 論 著

『河西全集』(國譯) 『論語』 『詩經』 『河西全集』

金萬源, 「中國詠物詩試論－六朝를 중심으로－」, 『중국문학』 제16집, 한국중국
　　　어문학회, 1988.
金準玉, 「詠物詩의 성격 고찰」, 『한국언어문학』 제29집, 한국언어문학회, 1991.
金泰鷹, 「퇴계의 매화시 고찰－理想主義의 形象－」, 『안동문화』 제6집, 안동
　　　문화연구소, 1985.
朴性奎, 「이규보의 영물시 연구」, 『진단학보』 83, 진단학회, 1997.
박혜숙, 「조선의 매화시」, 『한국한문학연구』 제26집, 한국한문학회, 2000.
白琪洙, 『美學』, 서울대학교 출판부, 1993.
徐俊燮, 「조선조 자연시가의 이념적 기반」, 『강원대학교논문집』 제15집, 1981.

손오규, 「퇴계 매화시의 意象」, 『반교어문학』 제10집, 반교어문학회, 1999.

유재일, 「이규보의 영물시에 나타난 즉물적 개방성에 대하여」, 『연세어문학』
          제13집, 연세대 국문학과, 1980.

尹浩鎭, 『漢詩의 意味構造』, 법인문화사, 1996.

이민홍, 『조선중기 시가의 이념과 미의식』, 성균관대학교 출판부, 1993.

李鍾建, 「영물시고」, 『사림어문연구』 1, 사림어문학회, 1984.

趙麒永, 『河西 金麟厚의 詩文學 硏究』, 아세아문화사, 1994.

崔珍源, 『國文學과 自然』, 성균관대학교 츨판부, 1986.

_____, 『河西 金麟厚의 思想과 文學』 2집, 河西紀念會, 1994.

_____, 『河西 金麟厚의 道學과 文學思想』, 광주직할시 · 향토문화개발협의회,
          1995.

洪瑀欽, 「퇴계의 「梅花詩帖」에 대한 연구」, 『漢詩論』, 영남대학교 출판부,
          1991.

3장

駱西 尹德熙의 題畫詩에 표출된 山水의 이미지

1. 머리말

　직관력을 중요시하는 동양적 사고에 따르면, 詩·書·畫는 서로 다른 예술 세계에 속해 있지만, 언제든지 서로 융합하고 일치할 수 있는 관계이다. 이중 특히 시와 그림을 두고 볼 때, 전자는 언어예술이요 시간예술이고, 후자는 조형예술이며 공간예술이라고는 하지만, 표현 방법상의 차이로 인해 서로 보완할 수 있는 여지는 충분하다. 그림에서 보여주지 못하는 동적인 느낌과 음악성 등은 시를 통하여 표현 가능하며, 또한 그림에 얽힌 사연이나 내력 등도 그림만으로 모두 말할 수는 없다. 따라서 서로의 한계를 인식해 양자가 보충해야만 했을 것이니 제화시의 출현 의미는 이런 예에서 찾을 수 있겠다.[1]

　중국의 경우, 시와 그림이 일치한다라는 인식의 역사는 오래되었지만, 이것을 구체적으로 들어내 보인 시기는 北宋 때이다. 북송 때의 문인들 사이에서는 시와 그림이 서로 다른 예술 체계를 구가함에도 불구하고, 상호 관련되며 보완할 수 있음을 확신하고 있었다. 그 대표적인 경우를 蘇軾에서 찾을 수 있는데, 일찍이 그는 시와 그림으로 능

---

1) 졸고, 「李達 題畫詩의 形象化 방법」, 『한국언어문학』 제44집, 한국언어문학회, 2000, 83~84쪽 참조.

하였던 王維의 예술적 재능을 높이 평가하여 말하기를 '그 시속에는 그림이 있고, 그 그림 속에는 시가 있다'²라고 하였다. 소식의 이 '詩中有畵, 畵中有詩'의 언급으로 인해 그 후 왕유의 시는 그림과 불가분 관련이 있는 것으로 인식하게 된 것도 사실이다.

우리나라도 시와 그림이 有關하다라는 인식 하에 고려 무신정권 때부터 제화시가 본격적으로 제작되기 시작하여 고려 말에 이르면, 더욱더 성행하기 시작한다. 李仁老, 林椿, 李奎報, 陳澕, 李齊賢, 李穀, 安軸, 李穡 등등 당대 유명한 시인묵객들 중 제화시를 제작하지 않은 이가 없을 정도였으니 일찍이 시와 그림을 밀접히 연관지었음을 알려주고 있다.³ 이러한 분위기는 조선에 접어들어서도 지속적으로 이어지는데, 강희안, 강희맹, 서거정과 같은 이들은 조선초 제화시를 남긴 대표 문인들이라고 할 수 있다.⁴ 그 이후에도 그림을 감상하고 거기에서 느끼는 심미안을 시문으로 옮기는 창작행위는 계속 이어져 詩畵一致에 대한 인식을 그대로 전해주었다.

본 논고는 지금까지 조선후기 화가로 주로 알려진 駱西 尹德熙 (1685~1776)의 제화시 중에서 산수 관련 제화시를 주로 논의하였다. 그가 남긴 그림 작품으로는 「月夜松下觀瀑圖」·「馬上婦人圖」·「馬圖」·「松下人物圖」 등이 있는데, 그동안 이러한 부분이 크게 부각되면서 화가로만 인식되어 왔다.⁵ 그러나 그의 개인 문집인 『搜渤集』

---

2) 『東坡題跋』5卷,「書摩詰藍田煙雨圖」: "味摩詰之詩 詩中有畵 觀摩詰之畵 畵中有詩."

3) 지금까지 이루어진 고려시대 문인의 제화시 연구는 孫政仁(「李奎報 題畵詩의 考察」, 『영남어문학』 제14집, 영남대어문학회, 1987)과 李慧淳 (「牧隱 李穡의 題畵詩 試考」, 『이화여자대학 논총』 제52집, 이화여자대학교, 1987)의 논문을 참조할 것.

4) 조선초의 제화시에 대한 연구는 李鍾建(「徐居正 題畵詩 題材 考察」, 『창원대학논문집』 8권 1호, 창원대학교, 1986)과 李恩珠(「15세기 題畵詩 硏究」, 서울대 석사학위논문, 2001)의 논문을 참조할 것.

상·하권이 전라남도 海南 綠雨堂에서 발견되면서 문인이면서 화가
였다는 사실이 알려지게 되었고, 이로써 예술전반에 대한 연구의 폭
을 넓힐 수 있었다.6)『수발집』상·하권은 거의 대부분이 시문으로
이루어져 있으며, 그 양은 대략 560題에 이르는 것으로 조사되었다.
이는 윤덕희가 화가이면서 시인이었다는 사실을 직접 보여주는 단증
이기도 하다. 이중 제화시는 40題 45首로 파악되었는데, 이는 앞에서
지금까지 언급했던 바와 같이 윤덕희도 시와 그림이 각기 다른 예술
이면서도 긴밀한 관련성이 있음을 알려주려고 노력했다는 한 증거이
기도 하다. 본고의 제화시 연구를 계기로 앞으로 윤덕희의 문학적 연
구가 확대되기를 바라며, 또한 문학과 다른 예술 장르와의 유기적 논
의가 깊이 있게 이루어지기를 기대해 본다.

2. 尹德熙의 생애와 문예기질

윤덕희는 본관이 海南으로 자는 敬伯이요, 駱西·蓮翁·蓮圃·玄
翁 등의 호를 가지고 있으며, 孤山 尹善道의 玄孫으로도 알려져 있다.

---

5) 마찬가지로 윤덕희에 대해서는 그동안 주로 회화 부분에서 논의되었는
데, 姜寬植,「조선후기 남종화풍의 흐름」,『澗松文華』39, 한국민족미술
연구소, 1990, 51쪽 ; 李英淑,「恭齋 尹斗緖의 회화 연구」홍익대 석사학
위논문, 1984, 72∼79쪽 ; 李泰浩,「조선시대 호남의 전통회화」,『호남의
전통회화』, 국립광주박물관, 1984, 180쪽 ; 安輝濬,『韓國繪畫史』, 일지사,
1980, 213∼216쪽 등은 단편적으로 언급한 반면, 車美愛(「駱西 尹德熙의
繪畫 研究」, 홍익대 석사학위논문, 2001)는 그의 회화에 대해 전반적으로
연구하였다.
6)『수발집』은 현재 전남 해남 녹우당에 보관되어 있는데, 2000년도 한국학
술진흥재단의 중점연구소로 지정된 전남대학교 호남문화연구소의 문헌
조사·발굴·정리팀(팀장 : 송일기 교수)에 의해 처음 소개되었다.

이러한 윤덕희의 생애에 대한 주요 내용은 그의 손자 尹奎常이 쓴 행장과 그의 개인문집인 『수발집』을 통해서 알 수 있다.

윤덕희는 당시 경기도 果川 현감으로 있던 큰외숙 李玄紀의 관사에서 태어난다. 이렇듯 태어난 곳이 서울 인근으로 29세 때(1713) 부친이 率家하여 해남으로 내려올 때까지 서울에서 살게된다. 해남으로 내려온 이후 47세(1731)에 이르자 다시 上京하여 서울에서 20년 정도 생활하다가 68세(1752)가 되면서 경제적인 이유로 또다시 해남으로 낙향하여 세상을 마칠 때까지 말년을 지낸다. 즉, 윤덕희는 한 곳에 정착하지 않고 거의 일정한 주기동안 서울과 해남을 오가며 살았다고 할 수 있다.[7]

행장에 의하면, 윤덕희는 弱冠이 채 못되어서 玉洞 李漵에게서 수학했던 것으로 나타난다. 이서는 近畿南人學派의 대표적 인물인 星湖 李瀷의 형으로 글씨를 잘 썼는데, 晉體의 필법을 따르지 않고 자득하여 스스로의 필법을 개발한 인물이다. 일찍이 윤두서는 李睟光의 증손녀이며 李同揆의 딸과 혼인하면서 전주이씨 가문과 인연을 맺는데, 이런 관련성에 의해 이서·이익 등 근기 남인학자들과 교유하게 되었다. 윤두서는 이들 중 특히 이서와 친분이 두터웠는데, 단지 교유하는데 그치지 않고 자신의 子姪들을 이서에게 보내어 수학하게 하는데, 다음은 그러한 사정을 적고 있다.

옥동 이서 선생은 공재공과 道義之交를 맺은 터였으므로 드디어 모든 자질들을 보내어 이공에게 就學하도록 하였는데, 이때 공의 나이 아직 약관이 채 못되었다. 경전을 익히는 것으로 일과를 삼으면서도 『小學』에 더욱 힘을 기울이도록 하였는데, 이는 아마도 家法인 듯하다. 또 나아가고 대답하고 읍하고 사양하는 예절을 아침 저녁으로 익혔으며,

---

7) 차미애는 앞의논문(18~41쪽)에서 윤덕희의 생애를 초년기, 중년기, 노년기, 만년기 등 모두 4기로 나누어 정리하였다.

남은 여가에는 언제나 師父를 모시고 강론을 들었다. 성리학 외에도 천하의 모든 사물의 이치와 귀로 듣고 눈으로 보고 마음에서 얻는 것이 모두 俗儒들로서는 도저히 따를 수가 없었다.[8]

윤덕희가 쓴 윤두서의 행장에 '옥동 이선생과는 일찍부터 金蘭의 誼를 맺었다. 서로의 사는 곳이 멀지않아 매일 서로 만나 從遊했다. 서로 만나면 경서의 뜻을 토론하며 활달한 이야기로 회포를 풀었다'[9]라는 대목이 나오는데, 위 글의 도의지교는 바로 이를 두고 하는 말이다.

위의 학문하는 모습에서 특히 주목을 요하는 부분은『소학』에 힘을 기울였다는 대목과 성리학 외의 다른 공부도 병행했다는 점이다. 『소학』은 성리학의 입문서로서 기묘사화 후 한때 금서가 되기도 하였는데, 그 지위는 근대의 신학문이 등장할 때까지 확고하였다. 해남 윤씨가에서는 윤선도가 스스로『소학』을 독실히 공부하고, 또 이를 가훈에 기록하여 자손들에게 전함으로서 가문의 확고한 전통이 되었다.[10] 윤두서는 이러한 가문의 전통을 그대로 이어『소학』을 중요하게 여기며, 평소 삶의 지침서로 삼기를 바랐던 것이다. 뿐만 아니라 윤덕희는 성리학 외의 학문에도 관심을 기울이는데, 이는 부친 윤두서가 博學을 중요시하며 여러 학문을 두루했던 것과 관련된다. 즉, 윤두서는 당시 사대부들이 공부한 주자학과 여학은 물론이고 금기시하고 천시하던 학문의 영역까지 폭넓게 섭렵하였다. 사대부로서 패관소

---

8) 『海南尹氏文獻』卷18,「駱西公行狀」: "玉洞李先生 與恭齋公爲道義之交 遂令諸子姪 就學焉 時公年未弱冠 習經傳日有課程 而尤致力於小學 此盖家法也 又以步趨唯諾揖讓之節 朝夕講習 有餘暇 則必侍父師聽其講論 性理之外 凡天下事物之理 耳濡目染 所得於心中者 有非俗儒之所及."

9) 『海南尹氏文獻』卷16,「恭齋公行狀」: "與玉洞李先生 早托金蘭之契 所居不遠 遇從無虛日 每相見 則討論經旨之餘 開懷劇談."

10) 이원택,「孤山 尹善道 家門의 家系와 家學」,『海南綠雨堂의 古文獻』1책, 태학사, 2003, 21~22쪽 참조.

설을 읽고, 악기를 제작하고 연구했으며, 천연두와 兵家에 관한 저술을 남겼고, 지도와 그림을 그렸으며, 그리고 각종 공장과 기교를 익히는 등 조선후기에 실사구시를 추구한 학자들의 박학하는 학문적 경향의 전형을 살필 수 있다.[11) 과거를 치르기 위한 공부가 아닌 實得 위주의 학문을 추구한 정신이 돋보이는 부분이다. 「낙서공행장」에 윤덕희가 과거 시험에 응시할 생각이 별로 없음을 알고도 윤두서가 강요하지 않았다라는 내용[12)이 나오는데, 학문의 추구 방향이 어디에 있었는지를 가늠하게 하는 대목이다.

성리학에만 몰두하지 않는 윤덕희의 학문 태도는 결국 문예를 추구하는 방향으로 나아가는데, 여기에도 부친과 이서의 힘이 컸다. 다음은 이러한 내용과 함께 윤덕희의 서예 수준이 어느 정도였는지를 알려준다.

> 永字八法은 글씨를 쓰는 사람들의 비법이지만, 세상에 전수한 사람이 없는데, 공재공이 이선생과 함께 처음으로 공에게 알려 전수하였다. 공은 선천적으로 획이 굳세었다. 또한 이 영자팔법을 얻고서야 천고에 전하지 않는 비법을 알고 세속의 고루함을 초탈하여 우뚝한 명필이 되었다. 편액 글씨와 王羲之의 초서체에 더욱 능하였으며, 古篆과 八分隷書體와 圖章篆刻法에 대해서도 모르는 것이 없었다.[13)

「공재공행장」에 의하면, 윤두서가 '옥동 이선생과 함께 영자팔법을

---

11) 이내옥, 『공재 윤두서』, 시공사, 2003, 86쪽 참조. 윤두서의 학문성격에 대한 자세한 내용은 그의 행장을 참고할 것.

12) 『海南尹氏文獻』 卷18, 「駱西公行狀」: "自少不欲治公車業 … 恭齋公 亦不之强也."

13) 『海南尹氏文獻』 卷18, 「駱西公行狀」: "永字八法 乃書家之奧訣 而世無傳者 恭齋公與李先生 首以授公 公天劃旣遒健 又得此法 闡千古不傳之秘 脫去世俗之累 卓然爲名家 尤長於扁額草聖 至如古篆八分隷書之體圖章篆刻之法 亦皆觸類而通."

연구하여 옛사람이 전해주지 않은 뜻을 깊이 체득하여 옛날 연습했던 법을 모두 버렸다'14)라고 했는데, 위 글에 나오는 영자팔법이 바로 이를 두고 하는 말이다. 즉, 당시 영자팔법은 글씨 쓰는 사람들에게는 비법으로 알려져 있었는데, 윤두서와 이서가 이것을 윤덕희에게 전수해주었다는 것이다. 이를 전수한 윤덕희는 명필이 되었을 뿐 아니라 편액 글씨, 초서체 등등의 여러 서체에 두루 능통했음을 적었다.15)

이렇듯 글씨 쓰는 비법을 전수하는데 관대했던 윤두서도 그림에 있어서만은 달랐다. 이는 전통 사대부적인 의식에서 그림 그리는 일을 천하게 여긴 때문이라고 할 수 있는데, 그런데도 불구하고 윤덕희 스스로 그림 그리는 법을 得意했음을 행장에서는 다음과 같이 서술하였다.

> 그림에 대해서는 공재공이 가르치기를 달갑게 여기지 않았다. 그러나 가정에서 自得하여 능히 傳神之妙를 전하였으니 그림이 비록 末藝이기는 하지만, 또한 공의 다재다능함을 보이기엔 족하였다.16)

「공재공행장」에도 위의 글과 비슷하게 '희화에 대해서는 공은 조촐히 여기지는 않았다. 그러나 글씨를 쓰는 여가에 때때로 내키는 대로 그림을 그렸다. 공이 그림을 그릴 때는 오직 물체의 형상을 그대로

---

14) 『海南尹氏文獻』卷16,「恭齋公行狀」: "旣又與李先生講求永字八法 深得古人不傳之意 盡棄前日之所習 …."
15) 윤덕희는『수발집』하의「書帖序」에서도 이서에게서 서예를 공부했음을 다음과 같이 적고 있다. "邇者 克悔李先生 闡明千古不傳之法 而余自孩提 受業於先生 兼聞八法之緒餘 畧知方向 而未能專工 窺其旨 則遠矣 今先生卽世矣 使有志才高者 無所就正." 그런데, 여기서는 행장과 달리 이서가 전해준 팔법의 뜻을 구하지 못했다라고 했는데, 윤덕희 자신이 스승의 법을 온전히 전수받지 못했음을 겸손하게 표현했다고 봄이 마땅할 것이다. 윤덕희 서예에 대한 논의는 차미애의 앞의논문(184~190쪽)을 참조할 것.
16) 『海南尹氏文獻』卷18,「駱西公行狀」: "如繪事 則恭齋公不屑敎也 而自得於家庭 克傳其傳神之妙 此雖末藝 亦足以見公之多能也."

그리는 것을 주로 했었지만, 정신과 의태가 완전히 생동했다'[17]라는 내용이 있는데, 윤두서 자신도 그림 그리는 일을 그리 달가워하지는 않았지만, 글씨 쓰는 틈틈이 一家를 이루었음을 알려주고 있다. 이렇다고 할 때 윤두서는 그림이 싫어서가 아니라 자신의 아들이 그림에 빠져 헤어나오지 못하고 그것을 업으로 삼을까 염려되어 경계하도록 했던 것이 분명하다. 사대부의 전형성을 보여주는 부분이다.

그렇지만, 윤덕희 자신도 스스로의 재능을 숨길 수만은 없었다. 그림 그리는 일을 업으로 삼지 않았다고 하더라도 이미 많은 이들의 입에 그림 솜씨의 뛰어남이 오르내리고 있었기 때문이다. 『수발집』에 이와 관련된 두 기록이 있다.

① 나는 어려서 이러한 技藝를 조금 좋아하여 대략 가정에서 그 찌꺼기를 얻었으나 재주가 둔하고 아는 것이 없어서 감히 스스로 안주할 수 없었으며, 나이가 들어서서 도리어 그 능치 못함을 깨달았다. 사람들 중에 내 그림을 구하려고 한 자들이 많이 모여들었으나 그 스스로를 속이고 남을 속이는 것을 부끄러워하여 감히 가볍게 허락할 수가 없었다. 이제 아이들이 그 父兄이 손수 쌓은 자취라고 하여 家傳으로 삼으려고 꾀한다면, 또한 그 뜻을 외롭게 할 수 없어 힘써서 그려 주었으나 깊이 위축된 바가 있는데, 하물며 완물한 小技를 어찌 족히 자손을 위해 전하겠는가?[18]

② 내가 어릴 때부터 그림 그리는 일에 빠져 대략 그 찌꺼기를 가정에서 얻었으나 六法과 五忌에 대해 밝히는 것은 아직 멀었다. (그래서) 감히 그림에 능하다고 스스로 안주할 수가 없었는데, 세상에 그림을

---

17) 『海南尹氏文獻』卷16, 「恭齋公行狀」: "至於繪事 公固不屑 而時於翰墨之暇 隨意揮灑 不惟肖物之爲主 精神意態 宛轉活動 …."
18) 『搜渤集』下, 「題自寫畵小序」: "余小 少愛此技 略得糟粕於家庭 而才鹵識蔑 未敢以能自居 老大而轉覺其不能也 人之求之者坌集 而愧其自欺而欺人也 不敢輕許也 今兒曹以爲其父兄之手蹟 欲爲家傳之謀 則亦難孤其意 黽勉寫與 而深有所縮焉 況玩物小技 何足爲子孫傳哉."

모르는 사람들이 工拙을 분간하지 못하고 억지로 내 그림을 구하려
고 하는 사람들이 많이 모여들었다. 마음속으로는 스스로 부끄러워
사양했지만, 할 수 없으면 사람의 貴賤이나 親疎를 따지지 않았고,
종이나 전지나 베 등을 가리지 않았다. 오직 몇 폭까지 더럽혀질 뿐
이요, 8폭까지 이르도록 끝내 허ᵋ한 사람이 없었으니 工匠에 가까
움을 미워해서이다.19)

　①은 46세 때 스스로 그린 그림에 쓴 서문이고, ②는 75세 때 친구
인 韓浩源이라는 사람에게 10폭의 병풍 그림을 그려주면서 쓴 글이
다. 나이의 선후는 있을지언정 서술한 내용은 거의 비슷하다라는 느
낌을 받게 한다. 즉, ①과 ② 모두 어려서부터 그림 그리는 일을 좋아
하였고, 결국 이 그림 그리는 일은 가정에서 배운 것으로 스스로 그림
을 잘 그린다고 자부할 수도 없었다라고 적고 있다. 그런데도 불구하
고 많은 이들이 자신의 그림을 구하려고 모여들었으나 마치 남을 속
이는 듯하여 선뜻 그림을 그려주지는 못했음도 함께 말하고 있다. 그
러면서도 ①에서는 그림 그리는 일을 小技라고 하였고, ②에서는
10폭 병풍을 만들어주어 자신이 그림 그리는 일을 전문적으로 하는
工匠으로 지칭되는 것을 꺼려하고 있다. 그림 그리는 재능이 있음에
도 불구하고, 남들에게 떳떳하게 내보이지 못하는 태도는 마찬가지로
사대부 의식의 발로로 이해할 수 있겠다.

　이렇듯 그림 그리는 일을 소기로 여기면서도 창작 활동은 지속적으
로 이어나갔던 것 같은데, 다음 제화시는 이를 간접적으로 알려주고
있다.20)

---

19) 『搜渤集』 下, 「題韓浩源屛後」: "余自少癖於繪事 略得糟粕於家庭 而於
　　六法五忌 則未闚遠矣 不敢以能自居 世無知畵者 不辨工拙 强求者坌集
　　心自愧焉而辭 不能得 則不論人之貴賤親疎 不擇紙箋縑素 惟以數幅點汚
　　已 而至於八幅 則終不許者 惡其近於工匠也."
20) 윤덕희는 다음 세 수의 제화시를 통해 산수화의 창작과정을 읊기도 하였
　　다. 紙裁天容圓 墨染造化紋 胸中巖壑在 筆底生煙雲(『搜渤集』 上, 「漫題

> 종이에 雪地를 만들고
> 먹을 터뜨리니 갑자기 동·식물이 그려지네
> 생각을 이리저리 궁리하는 것
> 이 정을 그 누가 알겠나?
> 借紙爲雪地　落墨幻動植
> 意匠入慘憺　此情人誰識[21]

『수발집』에 의하면, 이 작품은 37세에 지은 것으로 되어 있다. 기구 '雪地'의 의미는 종이에 흰 안료를 먹여 바탕을 희게 만든 것을 이른다. 다시 말해 안료를 먹인 흰 바탕의 종이에 먹으로 동·식물 그린 모습을 승구까지 극적으로 묘사하였다. 그러나 이렇게 갑자기 그려지는 듯한 그림도 사실은 그 전에 이리저리 궁리해서 얻은 것으로 결코 쉽지 않았음을 전·결구에서 고백하고 있다. 이는 곧, 전문문인 입장에서 그림을 그렸다는 단증이 된다.

이와 같은 윤덕희의 글씨와 그림에 대한 문예기질은 사람들의 입에 膾炙되고도 남았는데, 결국 이러한 기질은 궁궐에까지 알려져 64세 때(1748) 당시 畵壇에 명성을 떨치고 있던 趙榮祐·沈師正과 더불어 肅宗御眞摸寫 監董으로 발탁되는 영광을 안는다.[22] 감동은 감독과도 같은 것으로 畵業을 전문적으로 하는 사람 곁에서 충고를 주로 하는 역할이다. 따라서 감동으로 임명되었다고 함은 당대에 畵眼으로 높은 경지까지 이르렀음을 의미한다. 이러한 그림에 대한 재능은 山水畵, 道釋人物畵, 風俗畵, 動物畵 등에 그대로 드러내 보였으며, 현재는 총 109폭의 유존작이 있어 작품을 이해하는 좋은 자료가 된다.[23]

畵扇」)·江山一帶筆端劫 出沒雲煙墨柴神 若能大布靑天佾 北海昆山盡意陳(『搜渤集』 上, 「題自寫山水圖」)·展君手裡筷 寫我胸中景 巖壑隨毫折 雲霞潑墨騄(『搜渤集』 上, 「題畵筷」).

21) 『搜渤集』 上, 「題畵筷」.
22) 이에 대해서는 「낙서공행장」을 참조할 것.
23) 차미애, 앞의 논문 1쪽 참조.

윤덕희는 이처럼 글씨와 그림에서 다재다능함을 보였을 뿐 아니라 그림을 보면 그것을 시문으로 형상화하는 기질도 지니고 있었는데, 『수발집』 상·하권에 남아있는 40제 45수의 제화시문 제작도 이와 직접 관련된다고 하겠다. 다시 말해 윤덕희는 글씨와 그림 뿐 아니라 시인으로서의 기질도 있어서 시·서·화 모두를 아우른 문예인으로 봄이 마땅할 것이다.

3. 제화시의 전개

먼저 윤덕희의 제화시 40제 45수를 도표화하면 다음과 같다.

연번	제화시제①	詩體②	그림소재③	제작연도(나이)④	自寫인 경우⑤	주거지⑥
1	題畵扇	五·絶	산수	1705(21세)		서울
2	題畵扇	〃	〃	1706(22세)		〃
3	題畵扇贈尙季言	〃	〃	1708(24세)		〃
4	次伯淵題畵扇韻 2수	古體	〃	1709(25세)		〃
5	題畵扇	五·絶	〃	1709(25세)		〃
6	題自寫小景	〃	〃	1709(25세)	○	〃
7	漫題畵扇	〃	〃	1710(26세)		〃
8	戱題畵扇	〃	〃	1710(26세)		〃
9	題畵扇 2수	〃	〃	1710(26세)		〃
10	題自寫山水圖	七·絶	〃	1711(27세)	○	〃
11	題畵	〃	〃	1711(27세)		〃
12	太哲上人求畵戱題其尾	五·絶	〃	1713(29세)	○	해남

연번	제화시제①	詩體②	그림소재③	제작연도(나이)④	自寫인 경우⑤	주거지⑥
13	題畵扇	〃	〃	1713(29세)		〃
14	題團扇	〃	〃	1714(30세)		〃
15	題自寫畵筳	〃	〃	1719(35세)	○	〃
16	題畵筳	〃	동·식물	1721(37세)		〃
17	題畵筳	〃	山水	1721(37세)		〃
18	題畵筳	〃	山水人物	1721(37세)		〃
19	題自作長松待月圖	〃	〃	1726(42세)	○	〃
20	題自寫畵障 2수	〃	人馬	1732(48세)	○	서울
21	題自寫畵筳	〃	山水	1736(52세)	○	
22	題自寫畵筳(이상『수발집』상)	〃	〃	1736(52세)	○	〃
23	題自寫畵筳	〃	〃	1737(53세)	○	
24	題畵幅	〃	〃	1737(53세)		〃
25	又題茅山圖贈行	〃	人馬	1738(54세)		〃
26	題自寫畵筳	〃	山水	1738(54세)	○	〃
27	題自寫雪景畵筳	〃	〃	1741(57세)	○	〃
28	題老松圖	七·絶	老松	1743(59세)		서울
29	題自寫畵筳	五·絶	山水	1743(59세)	○	
30	題自寫老禪圖	〃	道釋	1746(62세)	○	〃
31	題自寫子期聽伯牙鼓琴圖	〃	인물	1746(62세)	○	〃
32	走題自寫畵筳	〃	山水人物	1750(66세)	○	〃
33	題自寫牝鹿圖	〃	山水動物	1750(66세)	○	〃
34	題壽星圖爲隨樂公子回甲壽	雜體	회갑연	1751(67세)		〃
35	題自作畵筳	五·絶	山水	1752(68세)	○	해남
36	題自寫長松待月圖	〃	山水人物	1753(69세)	○	〃
37	答從子憬水石松月圖詩 幷序3수	五·律	水石松月	1760(76세)		〃

연번	제화시제①	詩體②	그림소재③	제작견도(나이)④	自寫인 경우⑤	주거지⑥
38	壽星圖贈人爲壽	七·絶	壽星	1760(76세)		〃
39	戱題榮孝尾扇	五·絶	山水人物	1763(79세)		〃
40	題自寫畵(이상『수발집』하)	〃	〃	1765(81세)	○	〃

설명의 편의를 위해 문집에 나온 작품 순서에 따라 연번을 정하고, ①~⑥까지 번호를 적었다. 번호 ①을 통해 『수발집』상권에는 22제 25수의 제화시가 있고, 하권에는 18제 20수가 있음을 확인할 수 있다. 또한 특이한 사항은 시제에 ~扇, ~筆을 자주 사용했는데, 주로 부채 그림에 題詩했음을 알게 한다.

②는 제화시의 시체를 나타낸 것으로 한시를 통상 고체시와 근체시로 나눌 때 근체시가 단연 많은 것으로 정리되었다. 특히, 칠언절구는 4수임에 반해 오언절구는 33제 35수로 드러났는데, 이는 제화시의 특성상 필요 최소한의 요건을 충족시킬 수 있는 간결화의 극한을 상징하는 시형이 필요했기 때문이라고 할 수 있다.[24]

③은 그림의 소재가 무엇인가를 보인 것으로 제화시 제목만 보아서는 무슨 소재를 취했는지 알 수 없기에 실질적으로 시 내용을 읽고 가장 강조한 것을 중심으로 구분하였다. 표에 의하면, 윤덕희 제화시의 경우 순수한 산수와 산수인물, 산수동물을 소재로 한 것이 31제 33수로 나타났다. 이중 제목에 '自寫'나 '自作'이라는 말을 사용한 것이 15수인데, 이는 곧 윤덕희 자신이 주로 무엇을 대상으로 하여 그림을 그렸는지를 알게 하는 대목이다. 이는 양적인 측면을 이른 것으로 윤덕희가 '말과 신선 그림을 잘 그렸다'라는 말과는 서로 구분해야할 필요가 있다. 즉, 윤덕희가 비록 양적인 측면에서 산수화를 많이 남기기

---

24) 申用浩, 『漢詩形式論』, 전통문화연구회, 2001, 130쪽 참조.

는 했지만, 가장 두드러지게는 말과 신선을 잘 그렸다라고 봄이 옳기 때문이다.[25]

④는 제작연도와 그에 해당하는 나이를 나열하였다. 이를 보면, 윤덕희는 21세 이후부터 세상을 뜨기 1년 전까지 제화시를 꾸준히 제작했음을 알 수 있다. 연령별로 보자면, 20대에는 15수, 30대에는 5수, 40대에는 3수, 50대에는 9수, 60대에는 7수, 70대에는 5수, 80대에는 1수 등을 지었다. 20대에 가장 많은 제화시를 남긴 반면, 40대에는 불과 3수밖에 남기지 않아 서로 비교가 된다. 그러나 연번 19번 이후, 즉 42세 이후에 지은 제화시에는 자신의 그림에 제시한 경우가 거의 태반을 차지하고 있어 또한 다른 연령대와 비교할 일이다. 이는 40대 이전의 제화시는 거의 대부분 남의 그림에 제시했다는 말이기도 하다 (6, 10, 15번 제외).

⑤는 자신의 그림에 제시한 경우를 一瞥할 수 있도록 한 것이고, ⑥은 주로 살았던 장소가 어디였던가를 알리고 있다. 경기도 과천에서 태어난 윤덕희는 29세 때 해남으로 이거하기 전까지 서울에서 생활하며 다른 때에 비해 제화시를 많이 지은 것으로 나타나는데, 제화시의 그림 대상이 무엇이었는지는 확실하지 않다. 반면, 해남에서 살았던 기간인 29세에서 47세까지는 기간이 더 오램에도 불구하고 상대적으로 적은 양의 제화시를 남겼다. 그 후 47세부터 68세에 해남으로 내려오기 전까지 또다시 서울 생활을 하게 되는데, 이때 제화시 특징

---

25) 가령, 金榮胤 編著, 『韓國書畵人名辭典』(藝術春秋社, 1978, 313～314쪽)의 경우 윤덕희의 간략한 이력을 적었는데, 말과 신선을 잘 그렸다라고 하였다. 이의 근거로 『松泉筆談』과 『熱河日記』에 담긴 기록 내용을 내보였는데, 특히 『열하일기』의 내용에서는 '白馬圖'·'群馬圖'·'八駿圖'·'刷馬圖' 등의 그림이 있음을 인용하였다. 그런데 차미애는 앞의 논문 91쪽에서 그림의 수와 특기를 동일시하여 그동안의 평가가 잘못되었음을 간접적으로 나타냈는데, 다시 한번 고려해야할 부분이다.

중 하나는 자신의 그림에 제시한 경우가 많다는 점이다. 이는 이 기간 동안 그림 창작을 많이 했음을 알게 해줄 뿐만 아니라 그림을 그린 후 스스로 시문을 지어 그림의 의미를 알리고자 했던 것으로 파악된다.

이상 윤덕희의 제화시를 도표로 그려 정리하였다. 이에 의하면, 윤 덕희는 부채에 그려진 그림을 보고 제시한 경우가 많으며, 이는 주로 오언절구의 시체를 빌어 나타냈다. 뿐만 아니라 그림의 소재는 산수 와 관련된 것이 많으며, 주거지와 관련해서는 해남보다 서울에서 생 활하는 동안 제화시 창작에 열중했음을 알게 해 주었다.

4. 산수의 이미지와 그 의미

산수는 인간세계와 대립적인 개념으로 자연이 포함하고 있는 강과 산, 바위, 풀 등등을 이른다. 동양인의 입장에서 이러한 산수는 우주 의 근본일 뿐 아니라 인체처럼 살아 꿈틀대는 생명체로 인식되었 다.[26] 동양에서 산수화가 출현하고 셀 수 없을 만큼의 많은 작품이 나 오게 된 배경도 산수를 바라보는 이런 시각 때문이었다.

앞 3장 도표를 통해서 보았듯이 윤덕희도 산수화에 대해 지대한 관 심을 보였는데, 그 관심의 정도는 자신이 손수 그림을 그리거나,[27] 아 니면 이미 그려진 그림을 감상자의 입장에서 시문으로 옮기기도 하 고, 더불어 자신의 그림을 제화시로 표현해 내기까지 하였다. 그런데 윤덕희는 제화시를 통해 산수를 이상적이거나 관념적으로 표출하였

---

26) 智順任, 『산수화의 이해』, 일지사, 1993, 25쪽 참조.
27) 이미 언급했듯이 윤덕희의 그림은 전칭작을 포함하여 현재 109폭이 남아 있는데, 그중 70폭이 산수화이다. 이로써 산수화에 대한 관심이 대단했음 을 알게 해준다(차미애, 앞의 논문, 91쪽 참조).

다. 즉, 이는 이미 완성된 그림 속 산수를 운문 형식을 빌어 또다시 표
현해내는데 있어 산수를 현실과 동떨어진 동경의 대상으로 보고있다
는 말이기도 하다. 그 구체적 실상을 남이 이미 그려놓은 그림에 제시
한 다음 작품을 통해 엿볼 수 있다.

> ① 긴 강은 하늘과 일색으로
>   유리처럼 상하로 투명하네
>   한가롭고 한가로운 일엽편주만이
>   종일토록 버드나무 그늘 속에 있네
>   長江天一色　琉璃上下通
>   閑閑一業舟　終日柳陰中28)
>
> ② 강과 산은 어렴풋이 나고
>   물과 구름 어슴푸레 나뉘네
>   쓸쓸한 대숲 속 객관에
>   찾는 사람 없는데 이미 저녁이네
>   彷彿江山出　依微水雲分
>   蕭然竹裡舘　無人已夕曛29)

①은 22세 때의 작품이고, ②는 26세 때 지은 것으로 모두 초년 서
울 생활을 하던 중 나온 시문들로 전체가 敍景的인 묘사에 치중하고
있다. 산수화를 올바로 감상하기 위해서는 일정한 거리를 두고 관조
하는 자세가 필요한데, 위의 두 시는 이러한 감상법을 그대로 보여주
어 객관적인 자세를 취하고 있다.30) 따라서 내용을 읽어보면, 어떤 산
수화였을 것인지 상상이 가능하다.

시문 ①에는 산수화에 전형적으로 등장하는 긴 강이 있다. 그리고

---

28) 『搜渤集』上,「題畵扇」.
29) 『搜渤集』上,「題畵扇」1.
30) 산수화에서 '遠'에 대한 자각과 표현에 대해서는 지순임, 앞의 책, 166~
181쪽 참조.

강 주변으로는 버드나무가 숲을 이루고 있으며, 그 버드나무 숲 아래에는 한가롭게 떠 있는 한 척의 배가 있다. 그리고 긴 강과 하늘이 동색이라고 하여 하늘을 비춘 강의 모습을 시각적으로 표현하였다.

시문 ②에서는 우선 전체의 중요한 구도로 강과 산, 물과 구름을 들었는데, 모두 '어렴풋하다'라고 표현하였다. 이는 煙雲으로 인해 산과 강 등이 잘 드러나지 않은 모습을 나타낸 듯한데, 아마도 米法山水畫와 관련이 되는 것으로 파악된다. 그리고 세세한 풍경으로 대숲에 있는 '객관'을 묘사하였다. 즉, 그림의 전체 구도에서 가장 중요한 부분을 먼저 말한 후 주변 풍광을 돕는 요소들을 들고 있는 것이다. 이는 긴 강과 하늘을 든 후 '일엽편주'를 말하고 있어 ①도 마찬가지라고 할 수 있다. 하지만, 단순히 전체 풍광을 돕는 듯한 요소인 '일엽편주'와 '객관'을 그림에서는 빼놓을 수 없는 부분으로 인식할 수 있는데, 분명 그림의 구도상 이들이 균형을 맞추는 역할을 할 수 있기 때문이다. 이들 요소를 작자는 각각 '閑閑(한가롭고 한가롭다)'이나 '蕭然(쓸쓸하다)'이라는 감정을 들어 표현하였다. 이런 감정 표출로 인해 그림 속 산수를 현실의 분주함과는 동떨어진 곳으로 인식할 수 있게 한다.

다음 시문에서는 이상경을 대표하는 '靑山'이 나오는데, 마찬가지로 그림 속 산수를 관조하는 가운데 이상적인 모습으로 표현하였다.

> ① 水閣에 가을빛 빠르니
>   청산은 강을 향하여 열렸네
>   해 지도록 사람 이르지 아니하고
>   작은 배만이 거울 같은 물 속으로 오네
>   水閣秋光早　　靑山向江開
>   盡日人不到　　扁舟鏡中來[31]

---

31) 『搜渤集』 上, 「題畫扇」.

② 물 떨어져 바위 속 드러나고
　서리 맑아 나뭇잎 드물구나
　청산 밖 석양에
　아득히 한 기러기 돌아오네
　水落巖骨露　霜淸木葉稀
　夕陽靑山外　杳杳一鴈歸[32]

　①은 25세 때, ②는 26세 때 지은 시문으로 시문의 내용을 통해 어떤 모습을 지닌 그림이었을 것인지를 짐작할 수 있다. 먼저 ①의 계절은 가을로 인식된다. '水閣'은 강가에 지어진 누각일 것인데, 다른 곳에 비해 계절이 빨리 찾아옴을 알려주고 있다. 그리고 강 위로는 산이 있는데, 이를 '청산'이라고 하였다. '청산'은 시간을 초월하여 항존하는 관념적 이상공간으로 각인된 자연경[33] 중의 하나로 흔히 현실과는 다른 세계를 지칭할 때 사용한다. '청산'의 이러한 이미지는 전구과 결구에서 뒷받침되고 있는데, 하루해가 지는데도 불구하고 '수각'에는 사람은 오지 않고, 작은 배만 움직이고 있음을 동적으로 표현하였다.

　②의 경우 '서리가 맑다'라는 표현을 쓴 것으로 보아 계절은 늦은 가을로 추정할 수 있고, '석양'이라는 용어로 인해 해가 바야흐로 지고 있는 때로 인식할 수 있다. 여기에서도 ①과 마찬가지로 '청산'이 나오는데, 그 이미지를 기구와 승구에서 보이고 있다. 즉, 작자가 보고 있는 그림 속 산에는 바위와 나뭇잎이 상징적으로 그려져 있는데, 모두 탈세속적으로 나타내 보였다. 여기의 '청산'에도 인적이 드물기는 마찬가지인데, 단지 마지막 연에서 '청산' 밖에서 날아오는 기러기를 동적으로 표현하여 관념적이면서도 탈세속적인 이미지를 보여주

---

32) 『搜渤集』 上, 「題畵扇」 2.
33) 고연희, 「조선초기 산수화와 제화시의 비교고찰」, 『한국시가연구』 7집, 한국시가학회, 2000, 353쪽.

고 있다.

다음 시문은 순전히 그림 속 산수를 그대로 묘사하여 객관성을 확보한 것은 아니지만, 관념적으로 표현하는 가운데 탈세속성까지 함께 갖추었다.

① 희고 흰 강 달은 밝고
　 졸졸 흐른 강물은 평평하네
　 쓸쓸히 한밤중에 서니
　 단지 솔 울리는 소리만 들리네
　 皎皎江月白　涓涓江水平
　 悄然中夜立　但聞松籟鳴34)

② 시원한 소나무 운치가 높고
　 졸졸 흐르는 시냇물 소리 들리네
　 기다리는 사람 없이 쓸쓸히 앉았노라니
　 오로지 밝은 달만이 오네
　 冷冷松韻高　咽咽泉聲回
　 悄坐不待人　惟有明月來35)

③ 산은 고요하고 달은 낮같이 밝은데
　 솔 깊은 찬 골짜기 슬픔을 자아내네
　 주인은 어디로 갔느냐?
　 오직 학만 날아 돌아오네
　 山靜月如晝　松深冷壑哀
　 主人何處去　惟有鶴飛回36)

시 ①은 26세 때 이미 그려진 그림을 감상한 후 지은 작품인 반면, ②와 ③은 각각 42세 때와 53세 때 윤덕희 자신이 그림을 그린 후 제

---

34)『搜渤集』上,「戲題畵扇」.
35)『搜渤集』上,「題自作長松待月圖」.
36)『搜渤集』下,「題自寫畵箑」.

시한 것으로 나이의 선후도 있고, 제작 배경도 다르지만 비슷한 분위기를 보여주고 있다. 먼저 ①의 시문을 통해 산수화를 재구성해보자면, 평평히 흐르는 강물이 있고, 그 강물 위로 달이 밝게 떠 있으며, 그 가운데에 사람이 서 있다. 그러나 앞에서 보았던 시들에 비하면, 그림 속 산수의 경물 묘사가 구체적이지 않은데, 전체 시문의 절반을 차지하는 전구과 결구에서 작자가 관념을 드러내 보이는데 치중하고 있기 때문이다. 작자는 마치 그림 속에 그려져 있는 사람이 자신인 것처럼 묘사하여 그림과 현실의 구분을 모호하게 만들고 있다. 이는 그림 속 산수를 寫實的으로 표현하기보다는 寫意한 것으로 시문의 회화성은 떨어지지만, 작자의 그림에 대한 느낌을 직접 알 수 있는 여지를 남긴다. 즉, '悄然(쓸쓸하다)'함을 느끼는 작자는 마지막에 '단지 솔 울리는 소리만 들린다'라는 청각적인 시구를 만들어 냄으로서 탈속성을 배가하고 있다.

②도 마찬가지로 시문을 통해 그림을 재구성해보면, 소나무와 시냇물이 있고, 인물이 한 사람 그려져 있다. 그러나 전구과 결구의 사의성으로 인하여 완전한 회화성을 확보하지 못한 것은 시 ①과 같다. 뿐만 아니라 쓸쓸하다라는 감정 표현도 ①과 비슷한데, 다만 탈속성을 드러내 보이고 있는 마지막 구에서 시각적 이미지를 사용하여 ①과 다른 모습을 보여주고 있다.

③ 시문의 경우 제목이 아니라면, 그림과 연결 지을 만한 근거가 희박하다. 그만큼 회화적이지 못하다라는 말이기도 하면서 사의적이라는 의미이기도 하다. 기구와 결구의 산과 달, 학이 이 제화시가 표현해낸 경물인데, 지나치게 평이하여 어떤 모습을 지닌 산수화인지 알기가 어렵다. 그만큼 그림을 묘사하는데 치중하기보다는 산, 달, 학과 같은 이미지를 이용해 탈속성을 드러내려고 했다는 의미이기도 하다.

다음은 윤덕희가 52세 때에 자신의 그림에 제시한 작품으로 수사적 기법을 사용하여 그림 속 산수를 읊었다.

> 물에 꽂아있는 千尺의 절벽이요
> 만년동안 말라죽은 소나무라
> 위에는 달을 부르짖는 원숭이 있으니
> 깊은 밤에도 이슬 내리지 않네
> 插水千尺壁　　枯死萬歲松
> 上有叫月猿　　深夜露無濃[37)]

　기·승·전구까지는 그림 속 산수를 묘사했으나 마지막 결구는 작자의 생각을 적은 것으로 생각할 수 있다. 시문에 드러난 그림 속 주요 경물은 절벽과 소나무, 달, 그리고 원숭이이다. 이중 '절벽'과 '소나무'를 표현한 기·승구를 보면, 다소 과장적인 수사 기교를 이용하여 탈속화된 산수를 중량감 있게 나타내었다. 즉, '千尺'이나 '만년'이라는 말은 일상성을 벗어난 용어로 산수를 이상적으로 바라본 결과라고 하겠다. 이 뿐만이 아니라 전구에서는 '달을 부르짖는 원숭이'를 등장시킴으로서 산수 표현의 전형성을 드러내었다.
　다음 제화시에서도 시간적 悠久性을 들어 평이한 산수물인데도 불구하고, 이상적인 산수미를 드러내 보이고 있다.

> ① 소나무 늙어 하얀 이끼 끼고
> 돌 오래되어 구름이 쉬이 나네
> 유유히 그 짝을 부르니
> 산림에 자유로운 정 넘치네
> 松老艾納白　　石古雲易生
> 呦呦求其侶　　山林自在情[38)]

---

37) 『搜渤集』 上, 「題自寫畵筐」.
38) 『搜渤集』 下, 「題自寫牝鹿圖」.

② 소나무 높아 하얀 이끼 끼고
　늙은 돌에 오랜 이끼는 푸르네
　바다를 가로지르며 학이 울고가니
　무정한 듯 유정한 듯
　松高艾納白　　石老古蘚靑
　橫海胎禽唳　　無情似有情[39]

두 작품 모두 윤덕희가 자신의 그림에 제시한 것으로 ①은 66세 때 지었고, ②는 81세 때 지은 것으로 전체 제화시 중 대체로 후기에 속하는 시문이라고 할 수 있다. ①은 제목만으로는 암사슴을 그린 그림을 시문으로 표현했다라고 볼 수 있으나 내용을 읽어보면, 산수와 사슴을 동일선상에서 읊고 있어 산수시에 포함시켰다. 시문의 주요 경물은 시제에서 드러나듯이 '암사슴'이다. 그러나 기·승구가 비록 그 보조 역할을 하고 있지만, 결코 간과할 수 없는 것이 '소나무'와 '돌'을 이용해 시 전체의 중요 부분인 전·결구를 이끌고 있기 때문이다. 원래 '소나무'와 '돌'은 주변 어디에서도 흔히 대할 수 있는 자연물이다. 그러나 ① 시에서는 각각 '老(늙다)'와 '古(오래되다)'를 사용하여 시간의 오램을 나타냄으로서 일상성을 벗어난 산수물이 되었다. 또한 '艾納'은 '艾蒳'으로도 적으며, 소나무나 매화나무가 오래되어 생기는 이끼를 이르는 말로[40] 이상경을 표현하기 위한 또 다른 장치라고 할 수 있다. 이러한 이상경이라면 자연에 합일되어 자연스러운 정을 발산할 수도 있음을 전·결구에서 보여주었다.

②도 ①과 비슷한 이미지를 느낄 수 있는 작품이다. 특별히 다른 점이 있다면, '소나무'를 '高(높다)'라고 하였고, '돌'을 '老(늙다)'라고 한 점이지만, 의미에 있어서는 별로 큰 차이를 느낄 수 없다. 시제를 보면, 주요 경물이 무엇인지 알 수 없지만, 내용을 통해서 보자면 '바

---

39)『搜渤集』下,「題自寫畫」.
40)『漢語大詞典』9, 漢語大詞典出版社, 1994, 272쪽.

다를 가로지르며 날아가는 학'임을 알 수 있고, 시 ①과 같이 기·승
구는 전·결구를 이끌어 내기 위한 전제 역할을 하고 있는 것이다.
　이상과 같이 윤덕희는 그림 속의 산수를 이상적이면서도 관념적으
로 표출하였는데, 이는 다음의 그림의 한계를 인식한 것과 유관하리
라고 본다.

　　　① 그림이 곧 진짜로 모양을 본뜬 듯하나
　　　　어찌 眞景을 대하는 듯하겠나?
　　　　畵乃倣眞像　　豈如對眞景[41]

　　　② 오래 청산의 승경을 대하니
　　　　어찌 필묵으로 보는 것 기다리리오
　　　　長對靑山勝　　何須筆墨看[42]

　①은 25세 때 지은 것으로 '伯淵'이라는 사람에게 그림을 그려주었
는데, 백연이 그 그림을 감상하고 난 후 제화시를 지어 보내준 것에
차운한 두 번째 작품의 처음 두 구이다. 이의 내용을 보면, 윤덕희의
그림에 대한 시각이 나타나 있는데, 아무리 모양을 잘 본뜬다고 하더
라도 한계가 있어 실지 모습을 대하는 것 같지는 않다라고 하였다.
②는 29세 때 '太哲'이라는 스님이 그림을 구하기에 그 끝에 戲題하
여 준 작품인데, 청산의 승경을 직접 대하는 것이 필묵으로 그림을 그
려 나타낸 것보다 더 낫다라는 의미로 풀이된다. 즉, 윤덕희는 기왕
그림으로 그려진 산수는 實景이 될 수 없다라는 인식을 지니고 있었
으며, 따라서 제화시에 그려진 산수도 이상적이면서 관념적으로 표출
될 수밖에 없었다.
　윤덕희는 그림에 입문한 처음부터 산수화를 그릴 때에 남종화풍을

---

41) 『搜渤集』上, 「次伯淵題畵扇韻」 2.
42) 『搜渤集』上, 「太哲上人求畵戲題其尾」.

따랐던 것으로 나타난다. 부친 윤두서의 영향도 있었지만, 실지로 남종화풍의 대표적 화보인『고씨화보』·『개자원화전』·『당시화보』등을 통해 직접 그 묘법을 익혔던 것이다.[43] 위 3장 제화시를 개관한 도표를 보면, 처음 29세까지는 남이 이미 그려 놓은 그림에 제시했던 것으로 나타나는데, 이때 대상으로 삼았던 그림이 이러한 화보들일 가능성은 충분하다. 제화시의 내용을 보면, 북종화보다는 남종화에 가까운 산수 경치를 보이고 있기 때문이다. 윤덕희는 산수화에 있어서 남종화풍을 추구한 문인화가이다. 따라서 제화시는 평이하게 나타내는 가운데 관념성이 짙을 수 있다. 관념성이 짙다고 함은 당시 유행처럼 번지고 있던 진경산수화풍과는 서로 배치되는 듯도 한데, 전통 남종화법을 지켜내고 이를 제화시를 통해 그려내었다는 점은 높이 평가해야 할 부분이다.

5. 맺음말

본 논고는 지금까지 조선후기 화가로 주로 알려진 윤덕희의 제화시 중에서 산수 관련 제화시를 주로 논의하였다. 윤덕희는 40제 45수의 제화시를 남겼는데, 이는 그 자신이 시와 그림이 각기 다른 예술이면서도 긴밀한 관련성이 있음을 인식한 것으로 파악하였다.

윤덕희는 조선조 시조시인으로 이름을 얻은 윤선도의 현손이며, 조선후기 화단을 풍미하였던 윤두서의 장남으로 글씨와 그림에서 다재다능함을 보였을 뿐 아니라 그림을 보면 그것을 시문으로 형상화하는 기질도 지니고 있었는데, 그의 문집『수발집』상·하권에 남아있는 제화시문 제작도 이와 직접 관련된다고 보았다. 다시 말해 윤덕희는

---

43) 윤덕희의 남종화풍에 대해서는 차미애, 앞의 논문, 105~118쪽 참조.

글씨와 그림 뿐 아니라 시인으로서의 기질도 남달라 시·서·화 모두를 아우른 문예인으로 봄이 마땅하다고 정리하였다.

윤덕희의 제화시 특징은 부채에 그려진 그림을 보고 제시한 경우가 많으며, 또한 주로 오언절구의 시체를 빌어 나타내었다. 뿐만 아니라 그림의 소재는 산수와 관련된 것이 많으며, 주거지와 관련해서는 해남보다 서울에서 생활하는 동안 제화시 창작에 열중했던 것으로 나타났다.

윤덕희는 제화시를 통해 산수를 이상적이거나 관념적으로 표출하였다. 즉, 이는 이미 완성된 그림 속 산수를 운문 형식을 빌어 또다시 표현해내는데 있어 산수를 현실과 동떨어진 동경의 대상으로 보고 있다는 말이기도 하다. 뿐만 아니라 관념적으로 표현하는 가운데 탈세속성까지 나타내 보였는가 하면, 이를 표현해 내기 위한 장치로 평이한 산수물에 시간적 悠久性을 부여하였다. 그림 속 산수의 이미지를 이렇듯 이상적으로 표출한 것은 결국 현실에 견주었을 때 그림의 한계를 인식한 것으로 관념성이 짙은 남종화풍을 남기게 한 근거와 유관하다고 결론지었다.

參 考 論 著

『東坡題跋』 『搜渤集』 『海南尹氏文獻』
『漢語大詞典』 9, 漢語大詞典出版社, 1994.

姜寬植, 「조선후기 남종화풍의 흐름」, 『澗松文華』 39, 한국민족미술연구소, 1990.
金榮胤 編著, 『韓國書畵人名辭典』, 藝術春秋社, 1978.
박명희, 「李達 題畵詩의 形象化 방법」, 『한국언어문학』 제44집, 한국언어문학회, 2000.

孫政仁, 「李奎報 題畫詩의 考察」, 『영남어문학』 제14집, 영남대어문학회, 1987.

智順任, 『산수화의 이해』, 일지사, 1993.

申用浩, 『漢詩形式論』, 전통문화연구회, 2001.

安輝濬, 『韓國繪畫史』, 일지사, 1980.

고연희, 「조선초기 산수화와 제화시의 비교고찰」, 『한국시가연구』 제7집, 한국
　　　시가학회.

이내옥, 『공재 윤두서』, 시공사, 2003.

李英淑, 「恭齋 尹斗緒의 회화 연구」, 홍익대 석사학위논문, 1984.

이원택, 「孤山 尹善道 家門의 家系와 家學」, 『海南綠雨堂의 古文獻』 1책, 태학
　　　사, 2003.

李恩珠, 「15세기 題畫詩 硏究」, 서울대 석사학위논문, 2001.

李鍾建, 「徐居正 題畫詩 題材 考察」, 『창원대학논문집』 8권 1호, 창원대학교,
　　　1986.

李泰浩, 「조선시대 호남의 전통회화」, 『호남의 전통회화』, 국립광주박물관,
　　　1984.

李慧淳, 「牧隱 李穡의 題畫詩 試考」, 『이화여자대학논총』 제52집, 이화여자대
　　　학교, 1987.

車美愛, 「낙서 윤덕희 회화 연구」, 홍익대 석사학위논문, 2001.

4장

無用 秀演大師의 시문 연구

1. 머리말

본 논고는 조선후기 禪僧인 無用 秀演大師(1651~1719)가 남긴 시문의 전개 양상을 살피고, 이를 바탕으로 한 사유체계의 특징과 함께 그 의미를 구명함을 목적으로 하였다.

유교의 기치를 내건 조선이 다양한 방법으로 불교를 억제했음은 주지하는 바이다. 그럼에도 불구하고 실낱같은 선사의 법맥은 끊임없이 이어져 임진란 때는 드디어 승병을 조직하여 국난을 헤쳐 나가는데 중요한 역할을 담당했음은 또한 두루 아는 사실이다. 이러한 역할로 인하여 전란을 겪고 난 이후 선사들의 사회적인 지위가 약간은 올라간 듯 했으나 많은 儒者들의 반대 의견에 부딪치어 정상의 위치에 오르기에는 역부족이었다. 그렇지만, 임란 이후 사회의 모든 분야가 변모되어 가듯이 불교계도 크고 작은 변화의 움직임이 나타나기 시작하였다. 먼저 불가에서도 유가인들과 같은 門派가 성립되었고, 둘째 三門 수학이 보편화되었으며, 셋째 승가교육 과정이 沙彌科・四集科・四教科・隨意科 등으로 체계화되었다. 그리고 넷째 임란 때 허물어진 사찰을 중창하는 일이 많아졌을 뿐 아니라, 다섯째 불상과 불화로 인한 불교문화의 발전이 있었그, 여섯째 講經이 성행하였으며,

마지막 일곱째 승려와 문사들의 교유가 빈번해졌다는 점이다.1) 이러한 점뿐만 아니라 前代의 어느 시기보다도 승려들의 개인문집이 다수 간행되었는데, 무용의 개인문집인『無用堂遺稿』가 세상에 나오게 된 것도 또한 당대 시대 조류의 영향을 어느 정도 받았다고 할 수 있다.

『무용당유고』는 모두 2권으로 엮어져있는데, 무용이 입적한 5년 후인 1724년 그의 제자들이 중심이 되어 全南 順天 曹溪山 松廣寺에서 간행하였다. 이를 대략 살펴보면, 상권에는 오언절구 4편, 칠언절구 21편, 오언절구 16편, 칠언율시 37편 등 모두 82수의 시가 수록되어 있다. 그리고 하권에는 친한 문사들과 지방 수령들에게 준 편지글 13편과 경전 간행의 유래를 적은 서문 4편, 사찰의 募緣文과 上樑文 7편, 건물에 쓴 記文 7편, 水陸齋등의 행사와 관련하여 쓴 疏 5편과 선대 조사들의 제문 3편 등을 싣고 있다. 당대 불가인에게 있어 이러한 시와 문의 양은 결코 적다고 할 수 없다. 따라서 다양한 각도에서 연구가 진행되었어야 하는데, 현재까지의 상황을 보면 기대에 크게 미치지 못하는 수준이라고 할 수 있다.2) 따라서 본 논문은 무용이 남긴 시문에 대한 본격 연구라는 점에서라도 그 의의를 찾을 수 있을 것으로 생각한다.

---

1) 정병삼,「진경시대 불교의 진흥과 불교문화의 발전」,『진경시대』(최완수 외), 돌베개, 1998, 156~158쪽.
2) 무용의 시에 대한 연구로는 李鍾燦,「無用의 詩」,『韓國佛家詩文學史論』, 불광출판사, 2001, 514~525쪽의 글이 유일하다. 이 글은 쉽게 풀어 쓴 점은 인정되나 학문적으로 좀더 精緻한 논의가 뒤따라야 할 것으로 생각되었다.

2. 생애와 法脈

무용의 생애는 그의 문집인『무용당유고』하의「無用堂大禪師行狀」과『東師列傳』3권의「無用法師傳」에 남아있다. 전자는 그의 제자인 影海若坦이 1725년에 지은 것이고, 후자는 梵海覺岸이 지은 것으로 시대적인 선후와 자세함의 우열로 따질 때 범해가 영해가 쓴 행장을 저본으로 삼았을 것으로 생각된다. 따라서 지금까지 논자들이 정리한 무용의 생애는 주로 영해가 쓴 행장을 바탕 삼았다고 할 수 있다.

무용의 속성은 오씨로서 龍安 사람으로 고려 때부터 이어져온 세대는 조선에 접어들어 증조와 조부, 그리고 아버지까지 관직생활을 하며 관리자로서의 맥을 이었다. 8세 때부터 글을 읽기 시작한 무용은 한번 읽으면 그 뜻까지 헤아리는 영특함을 보였다고 전한다. 13세에 부모를 모두 여의고 형에게 의탁하는 신세가 되어 곤궁한 삶이 이어졌으나 배움에 대한 열의는 식지 않아 제자백가서 등을 섭렵하였다. 하지만, 19세에 이르러 인생의 무상함을 깨닫고는 형에게 알리지 않고 정처 없이 집을 나서 당시 순천 조계산 송광사에 있던 惠寬 스님에게 나아가 머리를 깎고, 같은 산의 慧空 스님에게서 具足戒를 받았다. 22세가 되자 養師가 "옛부터 大道를 통하고 心源을 깨친 이는 모두 禪敎를 雙行하였는데, 오직 禪門만을 전수하는 것이 어찌 이치에 옳겠는가?"[3]라고 하는 말을 듣고, 조계산 선암사의 枕肱懸辯을 찾아가 학문을 연마하였다. 무용은 여기에서도 특출함을 보여 침굉이 칭찬을 아끼지 않았다고 하는데, 여기에 오래 머물지 않고 白雲山 白雲庵으로 장소를 옮겨 禪定을 연마하였다. 26세가 되었을 때 침굉의

---

3)『無用堂遺稿』下,「無用大禪師行狀」: "年及二十二 養師曰 自古通大道 悟心源者 不過禪敎雙行 獨頤禪門 於理可乎."

소개로 조계산 隱寂寺에 있던 栢庵性聰을 만나게 되는데, 백암이 경전의 뜻을 물어보면 무용은 거침없이 대답했다고 한다. 이때 무용은 백암의 곁에서 몇 해를 머무르며 藏經을 읽기도 하는데, '내 몸을 낳은 이는 부모요 내 마음을 지도한 이는 師友인데, 더구나 여러 해를 모시면서 듣지 못했던 것을 들음이겠습니까? 그 은혜는 큰 바다보다 깊은데 갚기는 티끌만큼도 못했습니다'[4]라고 하는 언급에서 스승을 마치 부모와 같이 생각했음을 알게 한다. 뿐만 아니라 다음과 같은 시에서는 스승 백암의 뜻을 저버리지 않겠다는 다짐도 한다.

> 장부가 한번 그 몸을 맡긴 뒤에야
> 흰 칼날이 가슴에 들어와도 마음 바꾸지 않겠거니
> 더구나 이 세계가 이처럼 뜨겁거늘
> 그 누가 저 뜰앞의 잣나무 그늘을 외면하랴
> 丈夫一委其身後　　白刀當胸不易心
> 況乎世界伊麼熱　　誰外庭前栢樹陰[5]

　마지막 구의 '뜰앞의 잣나무'라는 말은 일찍이 어떤 스님이 趙州禪師에게 '무엇이 조사가 서쪽에서 온 뜻입니까?'라고 하는 물음에 대해 조주선사가 답한 것으로 선사들 사이에 널리 회자되어 왔다. 그렇지만 무용은 그 '잣나무'를 단순히 선사어록에 나오는 말의 뜻으로만 썼다기보다는 스승의 호에 잣나무의 의미를 가진 '栢'자가 들어있음을 고려하여 그에서 드리워진 그늘을 외면하지 않고 따르겠다는 의지를 보였다고 할 수 있다.

　그 후 무용은 스승과의 만남을 잠시 접어두고 隱峰庵에서 내관을 다지기도 하는데, 29세 때부터는 金華洞의 新佛庵과 선암사, 송광사

---

4) 『無用堂遺稿』下,「栢庵堂」: "生身父母 道心師友 執侍多年聞所未聞 恩深巨海 報未微塵."
5) 『無用堂遺稿』上,「謹呈栢庵」.

등 크고 작은 암자에서 강학의 요청이 잇따랐고 가는 곳마다 많은 이
들이 雲集하였다. 그렇지만, 강학하는 일이 자신의 공부에 지장이 됨
을 깨닫고 曦陽山의 白雲庵과 八影山의 第七峰 밑에 가서 禪關 닦기
를 게을리하지 않았다. 이때의 생각을 알 수 있는 내용이『무용당유
고』하권에 수록된「上江南府伯啓」에 실어져 있는데, '겨우 추위를
피할 정도의 갈갈이 헤어진 옷과 아홉 마디의 지팡이를 짚으며 살아
가고 있지만, 숲 속의 경치를 淸磬(맑은 경쇠)과 名香(좋은 향)이라고
하며 세간에 있는 거문고와 술 등이 결코 이를 대신할 수 없다'6)라고
하였다. 다음 시문은 이러한 언급을 대신하는 작품으로 생각할 수 있
겠다.

> 남쪽 바람이 이미 그치고 서쪽 바람이 일어나
> 서늘한 바람이 오늘 아침에 갑자기 나를 유쾌하게 하네
> 산빛은 언제나 구름 빛 따라 변하는데
> 댓잎 소리는 때때로 시냇물 소리와 어울린다
> 군데군데 헤어진 베누더기는 추위더위가 없고
> 아홉 마디 등나무 지팡이는 말과 종을 대신한다
> 숲 밑에서 십 년 동안 외로이 누워있는 나그네
> 일찍이 세간에서 한 곤궁한 선비였네
> 南風已落西風起　　爽氣今朝忽快余
> 山色每從雲色變　　竹聲時與澗聲俱
> 千瘡布衲兼寒暑　　九節藤節代馬奴
> 林下十年孤臥客　　世間曾是一窮儒7)

　1연은 계절을 알게 하는 내용으로 엮어져 있는데, 남풍이 그치고

---

6)『無用堂遺稿』下,「上江南府伯啓」: "伏念 山僧衣拂一夕 雲臥十年 九節
孤節 代馬奴之行色 千瘡一衲幷寒暑之生涯 數聲淸磬 一炷名香 壺裡有乾
坤 等浮雲於富貴 山中無歷日 占花葉於春秋 養一性者 豈琴 破萬事者 非
酒 慕南郭之隱几 笑北山之焚芰 與其世間成人 曷若林下喪我."
7)『無用堂遺稿』上,「示接中諸士」.

서풍이 분다고 함은 여름이 끝나고 가을이 시작됨을 말한다. 2연은 주변 자연환경의 변화와 자연물의 조화로움을 언급하였고, 3연에서는 군데군데 헤어진 베누더기와 아홉 마디의 등나무 지팡이를 통해 무용 자신의 곤궁한 삶의 모습을 알리고 있다. 그리고 마지막 4연에서는 자신이 세속의 삶을 떠나 숲 속에서 10년 동안 지내고 있음을 전하고 있다.

무용의 이와 같은 생활은 30세 중반에 이르기까지 지속되는데, 35세에 이르자 많은 사람들의 요구를 이기지 못하여 송광사 能仁殿으로 삶의 터를 옮기게 되었고, 2년의 시간이 흐른 37세 때에는 스승 백암에게서 『華嚴疏鈔』를 받아 보고는 진수를 모두 터득하게 된다. 38세에는 백암이 樂安의 澄光寺에서 『華嚴演義鈔』를 비롯한 『大明法數』·『刊定期』·『淨土寶書』·『靈驗錄』 등을 간행하려 할 때 함께 따라가 도왔는데, 많은 책들을 접함으로서 시야를 좀더 넓힐 수 있었을 것으로 생각된다.8) 이러한 백암은 무용의 나이 41세 때 지리산으로 들어가게 되었고, 거기에서 8년 후에 입적하였다. 백암이 입적한 후 대중들이 무용에게 講席을 이어받을 것을 요청하자 처음에는 승낙하지 않았지만, 나중에는 받아들였다. 다음해인 50세부터 3년 동안은 七佛庵에서 畫講夜禪하는 생활을 했지만, '강설하는 것이 염불하는 것만

---

8) 백암이 당시 우리나라에는 없고 중국에 있던 불서를 간행하게 된 설명은 『曹溪山 松廣寺誌』(도서출판 라인, 2001), 178쪽에 자세히 나와있다. 1681년 중국 상선이 폭풍을 만나 정처 없이 표류하다가 荏子島로 밀려왔었는데, 많은 책들이 바닷물에 침수되어 손상되었다. 그런데다가 남아있는 책들도 여러 사찰 등에 흩어져 흔적조차 사라질 위기에 놓여있었다. 다음해에 백암이 이런 소식을 접하고 기뻐하며, 여러 사찰을 왕래하면서 衆經을 수집했으나 散帙된 것이 부지기수여서 수년이라는 시간을 허비하였다. 이런 각고의 노력 끝에 『화엄경소초』·『대명법수』·『회현기』 등 모두 400여 권을 얻어 완질만을 골라 1685년부터 낙안군(지금의 전남 승주군) 징광사에서 간행하기에 이르렀다고 한다.

도 못하다'라고 하며, 龍門山의 隱峰庵으로 가서 살았다. 거기에서도
대중을 가르치고 걷어치우는 일을 여러 번 반복하였다. 59세에 이르
자 송광사로 돌아가 講誦을 쉼없이 하였는데, 그러는 와중에도 절 동
쪽 시내 위에 小亭 하나를 지어 이름을 '水石亭'이라고 하였다. 이름
을 '수석정'이라고 한 이유를『무용당유고』하권의「曹溪山松廣禪院
水石亭記」에서 밝히기를 '내가 평생에 사랑하는 것이 돌과 물이기 때
문이다. 돌은 단단하면서 고요하나니, 나도 마음을 안정시켜 흔들리
지 않게 하고자 함이며 물은 흐르면서 맑나니, 나도 만물에 응하여 걸
림이 없게 하고자 함이다'9)라고 하였다. 이는 무용 자신이 만물을 圓
融하고 無碍하고자 한 의지를 보인 것이라고 할 수 있다. 그후 강학으
로 명성이 사방으로 퍼져 호남 뿐 아니라 영남의 크고 작은 사찰에서
수백 명이 찾아들어『화엄경』과『선문』강의를 요청하였다. 이때도
무용은 '내가 바르지 못한데 어떻게 남을 바르게 할 수 있겠느냐?'며
사양한다.『무용당유고』하권의「答未赴書」는 당시『화엄경』강의를
사양하면서 쓴 편지로 생각된다.

> 더구나 大敎는 大機라야 감당할 수 있는 것이니 보살의 쌓은 행은 마
> 치 曝鱗과 같은 것입니다. 지금 六群 이하로 몇 10층이 있는 줄 모르는
> 데, 10권의『화엄경』을 몇 달 동안에 다 읽어 마친다면 어찌 그렇게도
> 초솔한 일이겠습니까? (중략) 나는 마치 느리고 절룩거리는 말과 같은데
> 어찌 하루에 천리를 달리는 말과 같겠습니까? 바로 일생을 두고 기약해
> 도 오히려 부족할 것이니 그러므로 나 같이 비루한 자로 하여금 그 법
> 석을 더럽히지 않게 하는 것이 좋을 것입니다.10)

---

9)『無用堂遺稿』下,「曹溪山松廣禪院水石亭記」: "奚取焉 水石余之平生所
  愛者 石堅而靜 吾以欲存心而不動 水流而清 吾以欲應物而無滯."
10)『無用堂遺稿』下,「答未赴書」: "況此大敎 大機所撸 以菩薩之積行 猶比
  於曝鱗 今下六群 不知其幾十層者 獵盡八十卷 經於數月之中 何其草率
  (中略) 吾譬馬蹇駑 何及一日千里者 正期一生 猶不足以此如 吾之鄙 勿汚
  法席可也."

37세에 스승 백암으로부터『화엄소초』를 받아 연구하여 진수를 모두 얻은 무용인지라 이미 화엄사상의 정수를 알고 있었을 터인데, 이와 같이 사양한 것은 자신의 지식을 함부로 내보이지 않으려는 겸손함이 있었기 때문이라고 하겠다. 그러나 이러한 사양도 그리 오래 가지 못하고 결국 간청을 이기지 못하여 法座에서 오묘한 뜻을 설파하였다. 당시 무용의 강의에 대해 제자 약탄은 행장에서 '落落한 圓音이 重重으로 서로 빛났다'라고 했으니 열정적 강의를 연상하게 만든다. 하지만, 같은 해 10월 중순 어느날 염불하면서 운명을 다하니 당시의 나이 69세요, 법령은 51세였다.

이상과 같이 무용의 생애를 일별하였다. 이러한 생애를 통해서 정리할 내용은 먼저 법맥이다. 법맥은 선종의 心法傳承 계보로 마치 세속에서 말하는 혈통과도 같아 중요하게 인식되어 왔다. 무용은 이미 살펴보았듯이 백암성총의 뒤를 이었고, 백암성총은 翠微守初를, 취미수초는 碧巖覺性을, 벽암각성은 浮休善修의 맥을 이었다고 할 때 무용은 바로 浮休門派의 제 4대손이라고 할 수 있다.[11] 부휴는 일찍이 芙蓉靈觀에게서 淸虛休靜과 함께 도를 깨친 선사로 임진란 이후 淸虛門派와 아울러 부휴문파를 형성하여 불교계가 어려운 가운데에서도 불법을 전수한 이로 알려져 있다. 즉, 무용은 이런 부휴문파의 4대 적손이 된 셈이다.

또한 생애에서 반드시 짚고 넘어가야 할 것은 바로 무용이 선종의 맥을 이으면서도 교종에서 중요하게 생각하는 불경 공부를 등한시하지 않았을 뿐 아니라 직접 강학까지 했다는 사실이다.[12] 그 원인을 遠因과 近因으로 나누어 볼 수 있을 것인데, 먼저 원인으로는 조선초 이

---

11) 임란 이후 조선후기 승려들의 법맥은 정병삼, 앞의논문, 188~189쪽 참조.
12) 강학의 부흥은 조선후기 불교계의 한 특징이라고 할 수 있다. 이에 대한 자세한 논의는 曉呑(金昌淑),「조선후기 강학의 부흥과 전개」,『종교연구』17, 한국종교학회, 1999의 논문 참조.

후 불교 교단이 여러 우여곡절을 겪다가 일찍이 선·교 양종의 차별
성이 사라지면서 통불교적인 성격을 지녔다는 점에서 찾을 수 있다.
즉, 선종이 주축이 되면서도 교종의 성격도 함께 지니는 모습으로 점
차 변모해갔다고 하겠다. 한편, 근인으로는 사승관계에서 찾을 수 있
다. 백암은 이심전심·불입문자의 기치를 내건 선종의 맥을 이으면서
도 일생동안 강경에 전업할 정도로 다른 선사들과의 뚜렷한 차이를
보였다. 당시 이런 백암에게 선사들은 교를 버리고 선종으로 돌아오
라는 권유까지 했던 모양인데, 백암은 자신이 敎家에 몸담고 있음은
마치 피치 못할 의무라고 하며 거절했다고 한다. 또한 '불법의 流傳이
書寫와 판각에 있다. 그 까닭인즉 문자가 不傳이면 慧命이 기탁할 곳
이 없고, 혜명이 의탁할 곳이 없으면 불법의 沈滅은 마치 서산에 떨어
지는 태양과 같다'[13]라고 하며, 자신의 의지를 공표하였다. 이런 소신
이 있었기에 중국의 배가 임자도에 잘못 정박했을 당시에 거기에 실
어져 있던 불경이 散逸되자 온힘을 다하여 모았을 뿐 아니라 많은 책
을 간행하여 배포하였던 것이다. 이때 백암이 징광사에서 불경을 간
행할 당시에 무용은 스승의 일인지라 적극 도왔고, 그러면서 자연스
럽게 스승의 뜻을 이어받았을 것으로 생각한다.

　이렇듯 선종에 속해 있으면서도 교도 중요하게 생각한 무용은 더
나아가 문과 도의 관계를 다음과 같이 설정한다.

　　옛사람은 글을 조박이라 했다. 그렇다면 글은 결코 귀하다 할 것이
　　못된다. 그런데 아아, 마음은 한 몸의 주인이요, 만물의 근원이다. 그러

---

13) 河東 雙溪寺板 『大乘起信論疏筆削記會編』 1卷 1張 : "文字筌蹄之行 在
　　書寫剞劂 若不剞劂 則文筌不可傳 文筌不可傳 則慧命無所寄矣 慧命無所
　　寄 則大法之沈滅 若白日之墜西." 李智冠, 「韓國佛敎僧家敎育의 史的考
　　察」, 『불교학보』 18, 동국대 불교문화연구원. 1981, 69쪽에서 재인용.

나 그것은 온 곳이 없고, 그 체는 형상이 없는 것이다. 무릇 형상이 있는 것은 다 형상이 없는 것의 그림자이니 글도 또한 그런 것이다. 그러나 흐름을 더듬어 그 원인을 얻고 싹을 인해 뿌리를 알게 된다면 이 우주에 없어서 안 될 것도 또한 글인 것이다. 그러므로 三敎의 성인들도 형상이 없는 몸으로 말이 없는 가르침을 말씀하시어 인간 세상에 남겨두어 지금까지 쇠해지지 않는 것이다. (중략) 옛사람은 문을 도의 緖餘라 하였는데, 만일 그렇다면 문을 말리고 금해도 좋을 것이다. 그러나 그렇게 하지 못하는 것은 무슨 까닭인가? 精粕이 비록 酒麻의 찌꺼기이지마는 주마만 있고 조박이 없는 이치는 절대로 없는 것이다. 그렇다면 精과 糟, 內와 外, 本과 末은 어떤 물건에나 다 있는 것이다. 조에서 정으로 외에서 내로 들어가는 것이니 이 정과 내가 있음으로 해서 조와 외가 따르는 것을 어찌 버릴 수 있겠는가? 옛사람이 조인 줄 알면서 버리지 않았고, 선사도 또한 그러한 것인데, 내게 와서 그것을 끊고 전하지 않는다면 그것은 옛사람을 어기고 선사를 배반하는 것이니, 옛사람을 어기고 선사를 배반하고서 어찌 하늘을 이고 땅을 밟을 수 있겠는가?[14]

불입문자와 이심전심을 중요하게 생각하는 선종은 글을 지어 남기는 일을 그리 탐탁하게 생각하지 않았다. 위 글 맨 처음 글을 조박이라고 보는 시각은 선종의 입장을 대변해주는 것으로 판단된다. 즉, 마음은 한 몸의 주인이지만 형상이 없는 것이라면 글이란 그 마음의 그림자와 같아서 쓸데없는 것으로 생각할 수 있다고 한다. 그렇지만, 이 우주에서 없어서는 안될 것이 또한 글이라고 하며, 만약 글이 없었다면 유·불·도의 성인들도 또한 가르침을 전할 수 없었을 것이라고

---

14) 『無用堂遺稿』 下, 「栢庵和尙文序」: "古人 以書爲精粕 然則書之不足貴也 必矣 噫 心也 一身之主萬類之源 而其來無始 其體沒形 凡有相者 皆無相之影 書亦相類也 不妨尋流而得源 因苗而識根 則宇宙間不可無者 亦書也 是以三敎聖人 以無相之身 說無言之敎 留與人間 至今不衰 (中略) 古之人 以文言爲道之緖餘 則杜之絶之 可也 而未者 何哉 精粕 雖酒麻之餘 而獨有酒麻 無精粕理之 必無也 然則精粗內外本末物物皆然 自粗而及精 由外而之內 有此精內粗外隨之 其可舍之 古人 知粗而不去 先師亦然 至於余 絶而不傳 是違古背師 違古背師 而頂天足地乎."

한다. 뿐만 아니라 술지게미가 비록 술을 거르고 남은 찌꺼기에 불과
하지만, 알맹이인 술이 만들어지기까지의 술지게미의 존재도 부정하
지 않는다. 본을 밝히기 위해서는 말의 존재가 있어야 하며, 결국 그
순서는 말에서 본으로 들어가게 될 것이라고 밝혔다. 그리고 마지막
으로 스승인 백암도 글이 조인 줄 알고도 버리지 않았는데, 만약 자신
이 글의 소중함을 저버린다면 스승을 배반하는 일이 될 것이라고 하
였다.

　이처럼 무용은 스승의 뜻을 따르면서 선사들의 捨敎入禪하는 교육
상의 절차를 충실히 이어가려고 노력한 흔적이 생애 여러 곳에서 발
견된다. 시문의 어떤 곳에서 '敎義도 선에 있어서 또한 魔가 되느
니'15)라고 하는 언급을 하기는 했지만, 이는 전체에 비할 때 극히 미
약한 것으로 선과 함께 교도 중시하는 사고를 지배하지는 못했다고
생각된다. 따라서 시문과 함께 당시의 다른 선승과는 달리 산문의 글
을 다수 남겼다는 사실은 글의 소중함을 깨닫고 이를 몸소 실천으로
옮긴 결과물이라고 할 수 있겠다.

3. 시문의 전개양상

1) 자연에 내재된 禪機의 顯現

　자연은 문학을 생성해내는 원천적인 힘을 가지고 있으며, 문학 중
에서도 시가의 가장 보편화된 소재로 선택되어 왔음은 부인할 수 없
다. 더구나 세속을 벗어나 탈속적 삶을 살아가는 불가인들에게 있어
자연은 어떤 다른 소재에 비할 바가 되지 않을 정도로 작품을 생산해

---

15) 『無用堂遺稿』上,「送敏眼二長老歸」: "… 敎義於禪亦是魔 …."

내는 寶庫의 역할을 다하고 있다. 이런 관점에서 보자면, 19세에 불가에 입문하여 69세에 세상을 뜬 무용도 50년이라는 星霜을 산사 주변의 자연 경물을 접하고 거기에서 일어나는 감흥을 읊은 작품이 많을 것임은 자명하다. 중요한 것은 무용이 자연을 작품으로 형상화하면서 어떠한 것에 주안점을 두었는가 하는 점이다. 이러한 구체적인 언급에 앞서서 무용이 자연을 접하고 느끼는 감흥을 살필 필요가 있을 것이다.

> 젊어서는 몸 밖의 헛된 명성 떨쳤으나
> 섬돌 위의 새들도 놀라지 않게 되었네
> 아침 거울을 서쪽에 걸면 蘿月이 밝은데
> 밤 거문고를 북쪽에 울리면 대나무 바람이 맑다
> 푸르름에 쌓인 언덕의 버들에는 꾀꼬리 소리가 미끄럽고
> 붉게 터지는 뜰 앞 매화에는 나비 날개가 가볍다
> 세상 나그네들이야 어찌 숲 속의 이 즐거움을 알겠는가
> 배속에 가득 벼슬아치 놀이의 욕심만을 담았거니
> 妙年身外撥虛名　自得階除鳥不驚
> 朝鏡掛西蘿月白　夜絃鳴北竹風淸
> 靑圍岸柳鶯聲滑　紅綻庭梅蝶翅輕
> 世客何知林下樂　滿腔空載宦遊情[16]

1연은 불가에 입문하기 전과 후를 대비하여 입문하기 전에는 세속에서 명성을 쫓아다녔지만, 입문한 후에는 숲 속을 오가는 새도 마치 벗인 양 친하게 되었다라고 적었다. 이어서 2~3연에서는 산 속의 풍경을 사실적으로 묘사하였는데, 먼저 2연에서 '蘿月'과 '竹風'을 '밝다'와 '맑다'라는 시각적 이미지를 통해 그려내고 있다. '나월'은 이끼의 덩굴에 걸려 보이는 달을 의미하고, '죽풍'은 바람이 불어 대나무가 흔들릴 때 내는 소리로 둘 모두 탈속화를 극대화하기 위한 代用語

---

16) 『無用堂遺稿』 上, 「次寶林寺壁上韻」.

라고 할 수 있다. 3연도 2연의 연속으로 볼 수 있는데, 다만 '鶯聲'과 '蝶翅'를 각각 '미끄럽다', '가볍다'라고 하여 촉각적으로 그려 다양한 이미지 효과를 시도하였다. 이렇듯 2~3연에서 그린 탈속적 이미지에 대해 작자는 4연에서 자신의 생각을 정리하며 작품의 끝을 맺고 있다. 즉, 작자는 세속에 물든 나그네들은 벼슬을 구하는 데에 급급하여 '나월', '죽풍', '앵성', '접혈' 등이 가져다주는 산 속의 즐거움을 알 수 없을 것이라 하며 세속인과 자신을 대비하였다. 이렇듯 자연과 세속을 대비하여 자연의 우월성을 드러내려는 무용의 의도는 문집 상권에 있는 「贈申秀才」 4연의 '三皇과 五帝는 무엇하는 사람들인가?, 鴻蒙에 참새들 뛰노는 장난보다 못한 것을'[17]이라는 시문에서도 나타나는데, 자연을 벗삼아 살아가고 있는 자신과 세속에 얽매여 살아가는 사람들이 서로 비교 대상이 될 수 없음을 드러내었다.

다음의 시는 자연을 작품으로 형상화하면서 무엇을 주로 나타내려 했는지를 알게 하는 작품이다.

> 밝은 꽃 푸른 버들이 그윽이 天機를 말하는데
> 보슬비 보슬보슬 물가 돌 위에 뿌린다
> 새는 스스로 높이 날고 고기는 스스로 뛰나니
> 주인은 여기에서 과거의 잘못을 깨닫는다
> 花明柳綠洩天機　　小雨霏霏灑石磯
> 鳥自高飛魚自躍　　主人於此悟前非[18]

기구의 '천기'라는 용어는 『莊子』 大宗師篇의 '嗜欲이 깊은 자는 천기가 얕다'[19]라는 말에서 유래하였으며, 그 뜻하는 바는 쓰임에 따라 다소 차이는 있지만 대개 '천지조화의 심오함'의 의미를 담고 있

---

17) 『無用堂遺稿』 上, 「贈申秀才」: "三皇五帝何爲者 未及鴻蒙雀躍遊."
18) 『無用堂遺稿』 上, 「謹次崔正言韻 一」.
19) 『莊子』, 「大宗師篇」: "其嗜欲深者 其天機淺."

다. 이렇다면, 작자는 '明花'와 '綠柳' 그 자체에서 천지조화의 심오함을 엿볼 수 있다라고 했음을 알 수 있다. 전구의 '鳥飛魚躍'은 『詩經』 大雅 旱麓篇에 나오는 '鳶飛魚躍'을 변형한 어구로 천기의 뜻에서 좀 더 진전하여 '천지조화의 오묘한 작용'을 의미하는 것으로 전해지고 있다. 즉, '연비어약'은 '하늘에는 솔개가 날고 물 속에는 고기가 뛰논다'라고 풀이되는데, 새는 하늘에서 날아야 자연스러운 것이며, 물고기는 물에서 놀아야 자연스럽다는 뜻으로 만물이 우주의 이치에 순응하여 살아가는 모습을 집약한 표현이라고 할 수 있다. 따라서 자연물을 통해서 오묘한 이치를 깨닫는 경지에 이르려면 오랜 수련의 과정을 거친 연후에야 가능할 것인데, 결구에서 작자는 과거에는 미처 깨닫지 못했는데, 현재는 그렇지 않음을 넌지시 보여주었다.

다음의 작품도 단순히 현상적으로 나타나는 자연을 읊은 것으로만 볼 수 없는 시이다.

> 나는 이 산중의 무한한 경치로써
> 그대를 청하면서 대략 말하나니
> 바위 밑에 하얗게 나는 시냇물은 돌을 쏘는데
> 달 곁에 맑게 떨어지는 경쇠소리는 구름을 뚫는다
> 해가 비낀 골짜기 어구에는 연기가 아직 얽혔는데
> 실바람이 지나는 못에는 물이 스스로 무늬진다
> 이것이 바로 선가의 참활계인데
> 그 반을 나누어주려 하나 나눌 수가 없구나
> 我將無限山中景　　請向吾君大略云
> 巖下白飛溪射石　　月邊淸落磬穿雲
> 日斜谷口烟猶織　　風細潭心水自紋
> 此是禪家眞活計　　欲分其半未能分[20]

시의 제목이 「李都士에게 올리며」이기 때문에 1연에서 언급한 '그

---

20) 『無用堂遺稿』 上, 「上李都事」.

대'는 바로 '이도사'임을 알 수 있다. 작자는 지금 이도사에게 산속의 한없는 경치에 대해 2~3연을 통해 말하고 있는 것이다. 먼저 2연에서는 '시냇물'과 '경쇠소리'라는 산사가 있는 곳이라면 흔히 볼 수 있는 매개체를 각각 '쏜다', '뚫는다'라는 어구로써 시각적으로 표현하여 선명한 이미지를 부각시켰다. 특히, 시냇물은 자연물에 속해 자연 운행의 법칙을 그대로 따라 흐르다 걸리는 돌을 씻어 내리기도 하지만, 경쇠소리는 인위물로써 구름을 뚫는다라고 하여 인위적인 것도 산속 경치에서는 자연과 동일시됨을 알게 한다. 3연에서는 해가 기울어져 갈 때의 골짜기와 연못 공간을 들어 마찬가지로 산 속 경치를 그리고 있는데, 연못의 물이 바람이 불 때마다 스스로 무늬를 이루는 것에 특별히 주의하였다. 이 물이 스스로 무늬가 지는 모습이 바로 禪家에서 말하는 진실된 活句가 되기 때문이다 이러한 활구의 반을 이 도사에게 나누어주려고 하나 처지가 서로 달라 그럴 수 없음을 못내 아쉬워하는 마음을 마지막 4연에서 엿볼 수 있다.

다음의 두 작품 또한 위의 두 시와 같은 맥락에서 볼 수 있으나 역대 유명한 선사와 그들이 남긴 어록을 인용하였다.

① 두견새 소리 속에 봄이 저무려 하나니
   산의 꽃은 어지러이 지고 풀은 푸르기 시작한다
   趙州는 무슨 일로 뜰 앞을 더럽히어
   잣나무가 억울하게 비린내 한 번 띠었네
   杜宇聲中春欲暮　　山花亂落草初靑
   趙州何事庭前汚　　栢樹無端帶一腥[21]

② 봉우리마다 뾰족뾰족 물은 졸졸 흐르나니
   부처나 조사의 마음이 오직 이 가운데 있다
   盧能은 무슨 일로 부질없이 입을 열어

---

21) 『無用堂遺稿』上, 「賽規上人之求話」.

구태여 본래 한 물건도 없다 했는가?
羣峯矗矗水淙淙　佛祖心肝只此中
盧能底事閑開口　敢道從來一物空[22]

　①은 기·승구를 통해서 볼 때 봄이 다 가고 이제 여름이 다가오고 있음을 알 수 있다. 그래서 바야흐로 봄에 난만하게 피었던 꽃들이 지는 반면, 풀은 점점 푸르러가고 있는 것이다. 현상적으로 드러내지는 않았지만, 작자는 이러한 멈추지 않고 흐르는 자연에서 이미 어떠한 이치를 깨닫고 있다.

　②의 기·승구도 같은 뜻으로 풀이할 수 있다. 즉, 산봉우리는 뾰족뾰족하게 올라가는 것이 본 모습이며, 물은 아래로 쉼없이 흐르는 것이 자연의 순리로 부처님이나 역대 祖師들도 결국 자연에서 이러한 이치를 깨닫기 위해 도를 닦았을 것이라고 한다. 그런데 이러한 자연의 순리를 통해 도를 드러내면 되었지 趙州와 慧能은 왜 굳이 나름대로의 독특한 公案을 남겼는지에 대해 의문을 제기하였다.

　조주선사의 공안은 일찍이 불가인들 사이에 膾炙되고 있는 것이 많으나 그 중 가장 유명한 것은 '뜰 앞의 잣나무'이다. 어떤 스님이 조주선사에게 묻기를 '무엇이 조사가 서쪽에서 온 뜻입니까?'라고 하자, 조주선사가 '뜰 앞의 잣나무이다'라고 하였고, '스님은 왜 경계를 보여주지 않으십니까?'라고 그 어떤 스님이 다시 묻자 조주는 '나는 경계를 가지고 사람들에게 보여주지 않는다'라고 했으며, 어떤 스님이 또다시 '무엇이 서쪽에서 온 뜻입니까?'라고 묻자 '뜰 앞의 잣나무이다'라고 조주가 대답했다는 일화[23]는 널리 알려져 있다. 여기서 어떤 스님이 '무엇이 조사가 서쪽에서 온 뜻입니까?'라고 물은 것은 달마대

22)『無用堂遺稿』上,「偶吟」.
23)『頌古聯珠通集』卷18 : "趙州因僧問 如何是祖師西來意 師曰 庭前栢樹子 曰 和尙莫將境示人 師曰 我不將境示人 曰 如何是西來意 師曰 庭前栢樹子."

사가 서쪽에서 온 뜻을 물은 것이지만, 실제론 어떻게 하면 부처가 되고 조사가 될 수 있는가를 물은 것이다.[24]

②의 盧能은 바로 6조 혜능을 가리킨다. 중국의 선종은 初祖 達磨 이후 5조 弘忍에 이르러 '한 세대에 한 사람만 전한다'는 '一代一人'의 법칙이 깨지고 여러 분파로 나뉘어져 10대 제자가 탄생하는데, 그 중 남쪽의 혜능, 북쪽의 神秀가 가장 유명하였다. 홍인이 의발을 전수할 즈음에 제자들에게 게송을 하나씩 짓도록 했는데, 그때 혜능이 지은 시가 바로 '보리는 본래 나무가 없고, 명경 또한 대가 아니다. 본래 한 물건도 없는데, 어디에 먼지가 끼겠는가?'[25]였다. 이 또한 앞의 조주선사의 공안만큼 인구에 회자되어 시문에 인용되는 경우도 많았는데, 혜능은 자성은 본래 청정하고 먼지나 더러움이 없기 때문에 도를 깨닫는 절대 경지에 이르면 다시 수행하여 던지와 때를 제거할 필요가 없다라고 하였다.[26]

다시 말하여 무용은 위 두 시를 통해서 조주선사의 공안과 혜능의 게송을 부정하려는 것이 아니라 도를 깨닫기 위하여 굳이 '뜰 앞의 잣나무'와 '본래 한 물건도 없다'라는 말을 할 필요성이 없었음을 밝혔다. 자신이 살고 있는 산 속 주변 모든 자연 경물이 곧 도이고, 禪機를 담고 있기 때문이다.

이처럼 무용은 자연을 외경의 대상으로 보거나 유유자적하게 음풍농월을 읊는 대상으로 보지 않고 선기가 내재된 것으로 형상화하였다. 이는 자연을 다만 아름다움의 대상으로 미화시키지 않고, 자연 그대로가 諸法의 실상이라는 차원에서 자연을 佛法의 顯現으로, 불멸의 法身으로 본다[27]는 의미이기도 하다.

---

24) 杜松柏 지음 / 朴浣植・孫大覺 옮김,『선과 시』, 민족사, 2000, 174~175쪽.
25)『景德傳燈錄』卷3 : "菩提本無樹 明鏡亦非臺 本來無一物 何處惹塵埃."
26) 杜松柏 지음 / 朴浣植・孫大覺 옮김, 앞의 책 31쪽 참조.
27) 인권환,『한국불교문학연구』, 고려대학교 출판부, 1999, 123쪽.

더 나아가 무용은 이러한 자연과 내가 일체가 됨을 다음의 시에서
밝히고 있다.

> 시원한 정자 수석정에 다달아
> 높이 누웠나니 그는 신선이어라
> 재 넘는 해는 처마 끝을 쏘는데
> 시내 바람은 난간 구멍을 뚫는다
> 뛰어오는 고기는 성품 따르고
> 날아가는 새는 하늘에 능하다
> 물을 관찰하고 또 나를 관찰하나니
> 나도 그렇고 물도 또한 그렇네
> 快亭臨水石　　高臥彼哉仙
> 嶺日簷端射　　溪風檻孔穿
> 躍來魚率性　　飛去鳥能天
> 觀物還觀我　　我然物亦然[28]

수석정은 앞 2장에서 이미 언급했듯이 무용이 59세에 송광사 동쪽
시내 위에 지은 정자 이름이다. 무용이 지은 「수석정기」에 의하면, 무
용은 여름 오뉴월 한참 더울 때 수석정에 가서 더위를 식혔고, 마음에
참 즐거움을 일으킴은 이 정자만한 것이 없다[29]라고 하며, 수석정에
대한 예찬을 아끼지 않았다. 위 시의 1구는 이러한 「수석정기」의 내
용을 詩化했다고 할 수 있으며, 2구는 해가 지려고 하는 수석정의 주
변 풍광을 그린 모습이다. 그리고 3구는 앞의 시 「謹次崔正言韻 一」
의 '조비어약'과 같은 의미로 풀이할 수 있는데, 여기서 새와 고기는
수석정 주변의 중요한 물로서의 역할을 다하고 있다고 할 수 있다. 다
시 말하여 수석정에는 처마끝을 쏘는 해도 있고, 난간 구멍을 뚫는 바

---

28) 『無用堂遺稿』 上, 「題水石亭」.
29) 『無用堂遺稿』 下, 「曹溪山松廣禪院水石亭記」 : "夏五六月 天亢旱 金石
　　欲流 余浴乎泉 登亭而坐 臨水石也 (中略) 起予心上眞樂 莫此亭若也."

람도 있으며, 뿐만 아니라 앞의 시냇둘에는 고기가 헤엄치며 노는가
하면, 하늘을 자유자재로 날아다니는 새도 있다. 이러한 것들이 수석
정 주변에서 볼 수 있는 물인 것이다. 이러한 물은 결국 자연의 천기
를 받아 선기를 가득 담고 있는데, 나 또한 수석정에 있으면 자연의
일부로 자연물에 동화되어 物我가 一致되는 순간을 맞이함을 말하였
다. 이러한 물아일치의 경지는『무용당유고』상권의「新德精舍十詠」
중의 아홉 번째 작품인 '尊淵魚躍'의 '천기의 움직임에 너도나도 없
거니, 비로소 물과 내가 본래 같음 알겠네'[30]라는 시구를 통해서도 익
히 알 수 있다.

　　불교는 이 세상 삼라만상이 시·공간적으로 서로 인연을 맺으며
서로 존재한다고 말한다. 거기에는 물론 인간과 자연도 포함된다. 이
렇다고 했을 때 무용이 자연을 통해 굴아일체를 느끼고 있음은 바로
불교사상의 또 다른 현현이라고 할 수 있을 것이다.

2) 상대적 사고의 顯示

　　무용이 시문을 통해 교유한 인물 유형으로는 불가의 인사들, 俗家
의 지방 위정자들, 속가의 중앙 유가인들로 대별할 수 있다. 그리고
불가의 인사들과 나눈 시문은 속인들과 주고받은 시문에 비할 때 양
적인 측면에서 크게 뒤떨어지는 특징을 보이고 있는데, 이는 당시 불
가인보다도 유가인과 친분이 더 있었다기보다는 유가인과의 교유 방
법에 시문이 크게 활용되었음을 뜻한다. 여기서 주목해야할 것은 무
용이 당시 교유한 유가인들의 면면이다. 교유한 인물을 통해 사고의
체계를 알 수도 있을 것이기 때문이다. 무용이 교유한 유가인의 면면
은 다음의 기록을 통해서 읽어낼 수 있다.

---

30)『無用堂遺稿』上,「新德精舍十詠 尊淵魚躍」: "(省略) 動却天機無彼此
　　方知物我本同如."

　그 당시의 搢紳으로서 대사와 친하지 않은 이가 적었지마는 그 중에
도 領相 李光佐, 大司成 崔昌大, 參判 李鎭儒, 校理 林象德, 襄陽 崔季
翁, 三淵 金昌翁, 順天 黃益再 등이 가장 친하였다.31)

　이광좌, 최창대, 이진유, 임상덕, 최계옹, 김창흡, 황익재 이들은 약
간의 深淺은 있지만, 당대 중앙 문단에서 이름을 날리고 있던 문사일
뿐 아니라 정치적으로도 막강한 힘을 가지고 있었다. 특히, 당시는
노·소론의 分岐에 의하여 정치적 논쟁이 치열했던 때로 黨色을 분
명히 해야 할 시기에 노론에 속한 김창흡을 제외한 이광좌, 최창대,
이진유, 임상덕 등이 소론의 입장을 고수했다는 특징을 보이고 있다.
이광좌는 숙종이 소론을 배척해 尹宣擧의 문집을 훼판하는 丙申處分
을 내리자 이를 반대하다가 파직되었는가 하면, 후에 소론의 거두로
서 영조에게 탕평책을 소하여 당쟁의 폐습을 막도록 건의하였다. 최
창대는 1703년 박세당의 『사서사변록』 사건 이후 부친 崔錫鼎이 노
론의 공격을 받게 되고 본인 역시 타계하기 직전인 1719년 노론의 공
격으로 削秩되는 등의 정치적 시련을 겪었다.32) 또한 이진유는 소론
의 입장에서 『家禮源流』의 서문과 발문에서 소론의 영수인 尹拯을
비난한 필자 權尙夏, 鄭澔의 처벌을 주장하다가 삭출되었다. 뿐만 아
니라 1722년에는 노론 4대신을 탄핵하여 이들을 제거하였으며, 金一
鏡과 함께 신임사화를 일으켜 노론을 숙청하였다. 임상덕 또한 소론
에 속했던 윤증과 林泳의 문인으로 스승에게서 자연스럽게 정치적 영
향을 받았을 것으로 추정된다. 이들과는 달리 김창흡은 노론 洛論에

---

31) 『無用堂遺稿』 下, 「無用大師行狀」 : "當世搢紳之士 鮮不與善 唯領相李
　　公光佐 大司成崔公昌大 參判李公眞儒 校理林公象德 崔襄陽季翁 金三淵
　　昌翁 黃順天益再 最爲相厚."
32) 柳好宜, 『17c 후반~18c 전반 京華士族의 불교수용과 그 시적 형상화ー
　　金昌翁, 崔昌大, 李德壽, 李夏坤, 趙龜命을 중심으로ー』, 고려대 박사학
　　위논문, 2002, 32쪽.

속했던 인물이다. 하지만, 趙聖期, 李夏坤과 같은 소론적 성격을 지닌
名儒와 친하게 지내면서 노론이면서도 경직된 사고를 지니지 않았던
이로 알려져 있다.

그러나 무용이 이들과 친분을 맺을 수 있었던 것은 이러한 정치적
성격 때문만은 아니었을 것으로 생각된다. 가령, 정치적인 것 외에 학
문적으로 서로 친분을 맺을 수 있었던 가능성을 다음의 김창흡에 대
한 기록을 통해서 알 수도 있을 것이기 때문이다.

> 타고난 자질이 뛰어났고, 젊은 날 俠氣를 드날렸으며 약관에 進士가
> 되었다. 일찍이 『장자』의 글을 읽다가 마음속에 황연하게 깨달은 바가
> 있어 이때부터 세상일을 버리고는 산수 사이에 방랑하며 古樂府의 詩道
> 를 唱導하여 中興祖가 되었다. 또 仙家·佛家에 탐닉하여 오랫동안 스
> 스로 돌아오지 아니하였는데, 家禍를 당하자 비로소 그 형 昌協과 함께
> 학문에 종사하니 그 견해가 때로 크게 뛰어났다.[33]

김창흡은 金壽恒의 3남으로 위로 형 昌集과 창협을 둔 전형적인 노
론 가문의 출신이다. 위의 글은 김창흡의 선천적인 기질과 함께 독서
성향을 간략하지만, 극명히 드러내 보여주는 내용이다. 주목을 요하
는 부분은 『장자』를 읽고서 황연히 깨달은 바가 있어 세상일을 버리
고 산수를 방랑했다는 점과 선가와 불가에 탐닉하여 오랫동안 돌아오
지 않았다는 사실이다. 산수를 방랑했음은 그의 삶이 처사적이었음을
알게 해주는 부분으로 70평생 많은 시간동안 산수간을 유람하며 지냈
기 때문으로 인식된다. 즉, 김창흡은 산천 대하기를 친구와 같이 다정
하고, 아픈 데를 치료해주는 의원처럼 여겼던 것으로 기록되어 있는
데,[34] 楮子島·陽平·月出山·雪岳·春川 등지를 유람했는가 하면,

---

33) 『景宗實錄』 卷6, 二年壬寅三月 : "天資卓犖 少日俠氣翩翩 弱冠成進士 嘗
讀莊子書 怳然有契 自是遺棄世事 放迹山水間 倡爲古樂府 詩道爲之中興 又
耽嗜仙釋 久不自反 及遭家禍 始與兄昌協 從事於學 其妍鮮往往超詣."

금강산은 무려 일곱 차례나 편람했던 이력을 지니고 있다.35) 선가와 불가에 탐닉했다는 사실 또한 당시 유교적 의식이 지배하던 사회적 분위기에서는 도저히 용납될 수가 없었을 터인데, 김창흡은 적어도 그러한 외적인 상황에 억지로 맞추어 살아갔던 인물이 아님을 알 수 있다.36) 이렇듯 공공연하게 알려질 정도로 불교에 탐닉했던 김창흡인지라 뭇 스님들과 인간적인 친분을 맺었을 것으로 생각되는데, 무용과의 인연도 그런 맥락의 연장이라고 할 수 있다.

그러나 서로 살고 있는 거리가 멀어 특별한 경우가 아니라면 만나기 힘들었을 것으로 생각되는데, 스승의 문집인『栢庵集』卷上의「上金相國時謫靈巖」이라는 시제에서 하나의 실마리를 찾을 수 있다. 이 시제의 김상국은 당시 영의정 벼슬에 있다가 전남 영암으로 유배를 갔던 김창흡의 부친인 김수항을 가리킨다. 즉, 김수항은 숙종이 즉위한 1675년 그의 나이 47세 7월부터 50세 9월까지 영암에서 謫居의 삶을 살았는데,37) 이때 백암과의 만남이 있었던 것으로 추정된다. 영암과 백암이 살았던 곳은 거리상으로 따지자면 그리 가깝지는 않지만, 한양과 지방과의 거리에 비하면 멀지 않았을 것이기에 중앙의 유력한 인사를 만나기에 더없이 좋은 여건이었다고 생각할 수 있다. 다시 말해, 백암이 먼저 김수항과 인연을 맺고, 뒤이어 백암의 수제자인 무용과 김창흡이 연결됨으로서 연속적인 만남이 가능하였다.

이러한 연속적인 만남은 시문을 창작하는 데까지 이어졌는데, 다음의 무용 시문은 김창흡의 성격을 단적으로 알게 해주는 내용으로 엮

---

34)『三淵集』卷19,「與李季祥」: "山川之於我 誠一好友也 亦一良醫也."
35) 박명희,『18세기 문학비평론』, 경인문화사, 2002, 27~28쪽 참조.
36) 김창흡 뿐 아니라 최창대 또한 불교에 대한 관심이 지대했던 것으로 나타나는데, 이에 대한 구체적인 논의는 류호선의 앞의 논문을 참조할 것.
37) 김수항의 영암 유배 중 시문에 대한 연구는 박명희,「김수항의 구림 생활과 시문학」,『구림연구』, 경인문화사, 2003, 185~214쪽 참조.

어져 있다.

> 지금에 있어서 그 누가 가장 으뜸 되는가?
> 儒雅를 대대로 전하는 집에 거기 절로 眞이 있네
> 天懸 이미 풀려 天遊가 활달하니
> 紫陌이고 청산이고 아무 걸림이 없네
> 當今茅一更何人   儒雅傳家自有眞
> 天懸已解天遊濶   紫陌靑山任運身[38]

　　승구의 儒雅는 훌륭한 유학자를 지칭한다. 김창흡의 가문이 안동김씨가로 증조부로 金尙憲을 두었고, 부친인 김수항은 당시의 최고 벼슬인 영의정까지 올랐으니 그렇게 지칭한 것이다. 개방적이고 상대적인 시각을 견지하지 않았다면, 불가인의 입장에서 유가인을 칭송하기가 어려울 것으로 생각되는데, 그러한 것에 얽매이지 않고 김창흡 가문에 대해 칭찬을 아끼지 않았다. 그리고 전구에서는 김창흡의 특징적인 성격을 적었는데, 천지사이의 현격함이 풀려 사물에 얽매이지 않고 자연에 합하여 활달하다라고 하였다. 이런 김창흡의 어느 한 곳에 구속되기를 싫어하는 성격은 앞의 글을 통해서 이미 보았는데, 무용도 그런 모습이 가장 인상적이었던 것으로 생각된다. 마지막 紫陌은 벼슬길을 의미하는데, 김창흡 자신이 벼슬 생활을 하든지 산천을 周遊하든지 간에 수용할 수 있는 능력이 출중함을 언급하였다. 무용은 이렇듯 김창흡의 성격까지 간파하여 그러한 내용을 시문으로 옮겼던 것이다. 그리고 김창흡이 송광사에 들러 수석정에서 함께 노닐다가 떠나려할 때의 아쉬움을 『무용당유고』 상권의 「敬次三淵先生高韻」이라는 시문에 그대로 드러내기도 하였는데,[39] 둘의 친분이 어느 정도

---

38) 『無用堂遺稿』上, 「三淸閣謹次金上舍三淵 又次」.
39) 『無用堂遺稿』上, 「敬次三淵先生高韻」: "自愧非賢主 嘉賓愜此亭 溪山斯可友 魚鳥亦含靈 白月步庭樹 淸風倚檻楹 龐公今欲去 誰與共惺惺."

두터웠는지 알 수 있는 대목이다.

김창흡도 또한 무용에게 화답하는 시문을 몇 편 남겼는데,[40] 다음은 그 중의 한 편이다.

> 고요히 물을 바라다보며 앉아있는 것
> 또한 부처님께 예불하려는 것 아니네
> 난간은 고요한데 구름은 오히려 부딪치고
> 못이 비었으니 달이 어찌 뚫을 것인가?
> 마음은 물고기, 새와 함께 논하며
> 六境은 天龍을 들으며 보호하네
> 북쪽의 손님 속세의 속박에서 머무르다
> 마치 도솔천에 오른 듯하네
> 寥寥觀水坐　　不復禮金僊
> 檻靜雲猶觸　　潭虛月豈穿
> 論心與鱗羽　　護境聽龍天
> 北客停塵鞅　　如登兜率然[41]

현재 김창흡이 있는 곳은 무용이 만든 정자인 수석정이다. 김창흡은 산속에 둘러쌓인 수석정에서 앞에 고요히 흐르는 물을 바라다보며 앉아있는데, 고요히 앉아있는 자신이 마치 부처님께 예불을 드리는 모습과 같다라고 표현하였다. 그리고 2구에서는 수석정 주변의 풍경을 읊었는데, 고요하기만 한 수석정의 난간을 오고가는 산속 구름이 소리 없이 부딪치는 모양과 함께 수석정 앞 연못에 물이 가득 차지

---

40) 『三淵集 拾遺』卷10, 「松廣寺略記所見示演老」: "隨喜鷄園未覺憊 回廊疊殿摠禪蹤 捿簷雨宿聞經鴿 護塔雲嘘貯鉢龍 臨鏡有堂淹北客 菩提無樹認南宗 不知水石亭中老 能許淵翁賈小峯." 김창흡은 이 시에서 송광사의 주변 풍광과 함께 선종의 육조 혜능의 시법시인 '菩提本無樹'의 어구를 인용하여 송광사가 南宗禪의 뒤를 잇고 있음이 분명하고, 무용대사에게 수석정의 작은 봉우리를 자기에게 팔라고 희롱하였다.
41) 『三淵集』卷14, 「水石亭和亭主演大師韻」.

않았음을 간접적으로 묘사하였다. 3구는 바로 무용을 두고 말한 것인데, 그 마음은 물고기·새와 같은 숲속의 동물들과 이야기할 정도로 청정무구하며, 여섯 가지의 감각은 천상에 사는 용의 소리를 들으며 자신을 보호한다라고 하였다. 불가인으로서의 최고 극찬을 아끼지 않은 셈이다. 마지막 4구에서는 김창흡 자신을 북쪽에서 온 손님이라고 지칭하며, 속세에 머무르다 수석정에 이르니 마치 미륵보살이 산다고 하는 도솔천에 온 기분이 든다라고 하였다. 수석정이 산속에 자리하여 마치 속세와 멀리 떨어진 별세계로 인식했음을 알 수 있다.

앞에서도 이미 확인했듯이 무용이 친분을 가졌던 유가인들은 김창흡을 제외하고는 거의 모든 사람이 소론의 당색을 지니고 있었다. 소론에 속한 문인들은 노론에 비할 때 사고가 덜 경직되어 있었던 것으로 알려져 있는데, 유가인의 위치에 있으면서 불가인인 무용과 친분을 쌓을 수 있었던 것도 열린 사고, 즉 사고의 개방성이 있었기에 가능하였다. 김창흡의 경우, 노론이었지만, 소론에 속한 이들과 교유했을 뿐 아니라 자신이 한 때 불가나 도가에 경도될 정도로 유교의 교조주의적 사고를 벗어나고자 하였다. 마찬가지로 무용도 불가인의 입장에서 생각이 다른 유가인을 수용할 수 없었다면, 지속적인 관계는 유지될 수 없었을 것이다. 따라서 다른 유가인과 불가인과의 교유도 마찬가지이지만, 서로 상대방의 처지를 이해하는 상대적 사고가 전제되어 있었기에 친분 관계가 유지되었다라고 할 수 있다.

이러한 상대적 사고를 무용은 시문으로도 표출하는데, 다음은 그러한 내용을 담고 있는 작품이다.

> 나는 관찰하노니, 만물은 모두 가지런하지 않는 것을
> 태악도 가을 털도 모두 하늘 갖추었다
> 오리와 학의 다리 길고 짧음을 누가 시켜 그렇던가?
> 갈매기와 까마귀의 검고 흰 것도 또한 그와 같느니

꿈속에서 꿈을 이야기하는 것 진정 우습거니와
소를 타고 소를 찾는 것이야 말할 것조차 없네
높고 낮음 원래 그것 둘이 아니기에
옛 사람도 일찍이 고기와 소리개를 읊었느니라

吾觀萬物不齊也　　太岳秋毫各具天
鳧鶴短長誰使介　　鷗烏黑白亦如然
夢中說夢眞堪笑　　牛背尋牛不足言
高下從來無二矣　　古人曾已詠魚鳶[42]

　　1구는 무용이 생각하고 있는 만물관의 내용을 담고 있다. 무용은
만물은 모두 가지런하지 않아 태악과 같은 큰산뿐 아니라 가을의 미
세한 터럭도 모두 하늘을 갖추었다라고 하였다. 여기서의 하늘은 '자
연, 진리, 순리' 등의 의미로 풀이할 수 있는데, 이 세상 삼라만상 모
든 물체는 그 나름대로의 진리를 갖추고 있어 외형적인 것만 보고 함
부로 무엇을 판단하는 것은 옳지 못한 태도임을 말하였다. 2구에서는
물은 인위적으로 만들어지기보다는 천연적인 힘을 얻어 만들어짐을
오리와 학, 갈매기와 까마귀를 예로 들어 보였다. 오리의 다리는 짧고
학의 다리는 길지만, 이것들은 누가 인위적으로 만든 것이 아니라 천
연스럽게 이루어졌노라고 하였다. 3구는 잘못된 진리 탐색의 태도를
꼬집고 있는데, 진리는 가까운 곳에 있지 결코 멀리 있지 아니함을 말
하였다. 마지막 4구에서는 처음 1구에서처럼 현상적으로 드러나는 모
습만 보고 裁斷하는 태도를 비판했을 뿐 아니라 높고 낮음을 나누는
판단 자체를 배격하고 있다. 즉, 모든 사물에는 상대성이 내재해 있음
을 알리고 있는 것이다.
　　다음의 글을 통해 무용이 지닌 상대적 사고의 틀을 조금 더 구체적
으로 알 수 있다.

---

42) 『無用堂遺稿』 上, 「又呈江南府伯」.

　　柤와 배와 귤과 유자의 맛은 같지 않으나 여러 사람의 입에 다 맞이
있고, 공자와 석가와 양주와 묵적의 도는 서로 반대되나 그는 모두가 한
마음이거늘 어찌 이것은 해롭다 하여 공박합니까? (중략) 형상이 있는
것과 없는 것이 각기 태극을 갖추었고, 한 발과 백 발이 천기를 고루 움
직이니 그러므로 達士는 물결을 같이 하고 성인은 뿔이 없는 것입니다.
나는 보매 천지도 또한 시비가 있어 혹 검기도 하고 혹 누르기도 하지
만 그 빛깔이 어찌 다르겠으며, 하나는 덮고 하나는 싣지만 그 공이 어
찌 완전하지 않다 하겠습니까? 어찌 이 뿐이겠습니까? 만물이 다 그런
것입니다. 그 다르다는 면으로 보면 여러 수레가 없는 수레요, 그 같다
는 면으로 보면 만물이 다 한 물건입니다.[43]

　모든 과일이 맛은 다르나 그만의 독특한 맛으로 인하여 사람들이
모두 좋아하듯이 孔·釋·楊·墨도 하는 방법은 다르나 진리를 밝히
고자 하는 뜻은 모두 한 가지인데, 자신의 생각과 다르다고 하여 상대
를 공박하는 태도는 옳지 못함을 말하였다. 그리고 형상이 있는 것과
없는 것 모두 태극을 갖추었을 뿐 아니라, 한 발을 가지고 있는 짐승
이나 백 개의 발을 가지고 있는 짐승 모두 천기를 움직이는 데는 어
려움이 없다라고 하여 천연적으로 가지고 있는 것으로 상대를 판단한
다면 오류를 범할 수 있음을 나타내었다. 또한 천지의 빛도 검은 것과
누른 것이 있어 현상적인 색깔은 다르나 그것으로 인해 구분을 두어
서는 안되며, 천지를 만드는데 어떤 것은 덮기도 하고 혹 어떤 것은
실어 나르기도 하여 공으로 따지자면 모두 필요하다라고 하였다. 여
기에 덧보태어 만물을 다르게 보면 모두 달리 보일 수도 있지만, 결국
만물을 한 물건으로 생각한다면 차별과 구분은 생길 수 없음을 피력

---

43) 『無用堂遺稿』 下, 「上江南府伯啓」: "柤梨橘柚之味 不同 皆可衆口 孔釋
　　楊墨之道 相反 都是一心 何以攻爲斯害也已. (中略) 有形無形 各具太極
　　一足百足 均動天機 是以達士同波 聖人無角 吾觀 天地亦有是非 或玄或
　　黃 何其色之各異 一覆一載 胡厥功之不全 豈獨此哉 物皆然矣 自其異者
　　而視 數車無車 自其同者而觀 萬物一物."

하였다.

　이상 무용이 지닌 상대적 사고의 틀을 살폈다. 상대적 사고를 지녔음은 모든 물의 개별성을 인정하는 태도의 또 다른 표현으로 간주할 수 있을 것이며, 만물은 원융의 원리가 내재되어 있다고 하는 불교 사상의 표출이라고 할 수 있겠다.

3) 호방한 기상의 表出

　무용의 시문 중에는 지금까지의 작품과 성격을 달리하는 경우가 있다. 즉, 이제까지의 작품들이 靜的인 성격을 지녔다면, 다음에 전개될 시문의 경우 動的일 뿐 아니라 호방함까지도 드러내어 또 다른 묘미를 느낄 수 있다.

　다음 첫 번째 작품은 어떤 스님의 시문에 차운한 것으로 스님이 어떤 인물이 되었으면 하는 바람을 주 내용으로 담고 있다.

　　　스님은 동서남북 일정한 곳 없는 나그네
　　　남보다 몇이나 뛰어났는가?
　　　일곱 근 베 누더기 속에는 마음 구슬 지녔고
　　　한 치 모난 못에는 지혜의 물이 어리었다
　　　붕새는 성을 내면 삼천 리 푸른 바다를 치고
　　　까마귀 날면 구만 리 자색 하늘에 오른다
　　　만일 대장부의 기상이 능히 이와 같다면
　　　그야말로 서강의 물을 모두 마시는 중이 아니랴
　　　師也東西南北客　　出乎人上知幾層
　　　七斤布衲心珠隱　　一寸方塘智水凝
　　　鵬怒三千蒼海擊　　烏飛九萬紫霄升
　　　丈夫氣象能如此　　不曰西江吸盡僧[44]

---

44)『無用堂遺稿』上,「次玲上人軸韻」2구.

사방으로 정처 없이 떠돌아다니는 行脚僧을 '雲水僧'이라고 하는데, 1구는 마치 그러한 운수승의 모습을 연상하게 만든다. 그러나 헤어진 옷을 입고 사방 정처 없이 떠돌아다니는 스님일지라도 마음에는 항상 구슬과 같은 보석을 지녔을 뿐 아니라 머리에는 지혜까지 담고 다님을 2구에서 말하였다. 3구에서는 그런 '心珠'와 '智水'를 지닌 스님이라면, 붕새가 성이 나면 삼천 리 바다를 치고, 까마귀가 한 번 날자고 날면 구만 리 자색 하늘까지 날 듯 할 것이라는 과장적 표현까지 아끼지 않고 하였다. 붕새는 『장자』「逍遙篇」첫 부분에 나오는 새 이름이다. 『장자』의 내용에 의하면, 북쪽 깊은 바다에 그 크기가 몇 천리나 되는지 헤아리기 어려운 '鯤'이라는 물고기가 있었는데, 그것이 변화하여 또한 등이 몇 천리나 되는지 알 수 없는 '鵬'이라는 새가 되었다라고 하였다. 그리고 그 붕새가 힘을 떨쳐 날면, 마치 하늘에 드리운 구름과도 같고, 바다에 큰 바람이 불어 움직이면 남쪽 바다로 옮겨간다라고 하였으며, 『齊諧』라는 책을 인용하여 붕이 남쪽 바다로 옮겨갈 때는 물을 삼천 리나 튕기면서 위로 구만 리나 솟아올라 간다라고도 하였다. 이러한 『장자』의 내용은 大鵬의 비유로 알려져 있는데, 자기의 작은 소견을 중심으로 보면, 대자연의 조화와 실상을 알 수 없으며, 편협한 느낌과 생각에 사로잡혀 참된 자유를 얻을 수 없음을 알려주고 있다.[45] 즉, 세속의 가치에 사로잡히지 않는 참된 자유의 경지를 나타낸 것으로 세속에 얽매인 삶을 살아가지 않기 위해서는 모든 굴레를 벗어나야 함을 강조한 대목이다. 이와 같은 기상을 갖춘 사람만이 대장부이며, 그러한 사람은 서강에 질펀히 흐르는 많은 물까지 마실 수 있을 것이라고 하며 끝을 맺었다. 보통 조용히 수행을 하며 도를 닦는 선사에게서 흔히 볼 수 없는 호방함이 엿보인다.

다음의 시문은 趙氏 성을 가진 正字 벼슬을 한 이에게 준 작품인

---

45) 김항배, 『莊子哲學精解』, 불광출판사, 1992, 3~7쪽 참조.

데, 사람에게 할 수 있는 최고의 찬사를 아끼지 않았을 뿐 아니라 마
찬가지로 호방한 기상을 드러내 보였다.

> 조씨의 연원이 옥천에서 솟았나니
> 맑은 그 흐름이 해동의 하늘에 메아리치네
> 가슴에는 八陣을 삼켜 잇따라 붓을 휘두르고
> 다리는 三山을 밟아 홀로 신선에 올랐다
> 뛰어난 자취는 일찍이 시험하여 母日을 뛰어나고
> 웅장한 마음은 싹이 터서 牛年을 먹고자 한다
> 모르겠구나! 허공에 높이 날개를 날릴 때에
> 쓰르나미나 비둘기들 굽어보고 만에 一이나 가엾게 여겨주오
> 趙氏淵源聳玉泉　　淸流有響海東天
> 腦呑八陣連投筆　　脚踏三山獨上仙
> 逸跡試曾超母日　　雄心萌欲食牛年
> 未知碧落高飛翼　　俯視蜩鳩萬一憐[46]

　1구에서는 조씨의 관향이 옥천임을 말하였는데, 그 맥이 면면히 이
어져 널리 알려져 있음을 간접적으로 시사하였다. 2구와 3구에서는
조정자의 행적과 아울러 정신 상태를 비유적 수법을 활용하여 묘사하
였다. 즉, 먼저 가슴에 팔진을 삼켜 붓을 휘둘렀다라고 했는가 하면, 다리는
삼신산을 올랐다라고 하였다. 팔진은 天·地·風·雲·龍·虎·鳥·蛇
등을 가리키는 말로 이 세상 삼라만상 모든 물을 제재삼아 글을 지었음을
말한 것이고, 삼신산은 주지하다시피 蓬萊·方丈·瀛洲와 같은 세 산을 말
하는데, 세속과 멀리 떨어진 삶을 살아가는 조정자의 모습을 극적으로 표현
하였다. 그리고 자취는 뛰어나고 마음은 웅장하여 모일을 뛰어날 뿐 아니
라 우년까지 먹고자 한다라고 하여 조정자가 가지고 있는 행적과 기
상을 호방하게 그렸다. 결국 이러한 기상을 가지고 있는 조정자가 나
중에 높은 벼슬을 얻게 된다면, 이름없는 뭇백성들을 어여삐 여겨 잘

---

46)『無用堂遺稿』上,「呈趙正字」.

보살펴주어야 함을 4구의 비유를 통해 당부하였다. 이러한 호방함은 물론 조정자가 지닌 기상이기도 하겠지만, 무용 스스로 그러한 의식을 갖추지 않았다면 표출해낼 수 없었을 것으로 생각된다.

　다음은 '천등산'이라는 산에 올라 느낀 감회를 시문으로 읊은 것인데, 앞의 두 작품과 비슷한 호방함을 가져다준다.

> 백두산 한 줄기가 꿈틀꿈틀 뻗어와
> 마침내 남명에 이르러 기세가 열리었다
> 저 하늘이 높은 것 아니라 산봉우리 巍巍하고
> 청구가 큰 것 아니라 눈이 恢恢하여라
> 까마귀는 약수에 빠져 삼천리를 가는데
> 붕새는 배풍을 타고 구만리를 돌아온다
> 맑은 바람이 뼈에 사무쳐 오래 머물기 어려워
> 느린 걸음으로 천천히 걸어 寶臺를 내려오네
> 白頭一脉蜿蜒來　　窮到南溟氣勢開
> 碧落非高峰巍巍　　靑丘不大眼恢恢
> 烏沈弱水三千去　　鵬脚培風九萬廻
> 淸飆徹骨難棲泊　　緩步徐徐下寶臺[47]

　1구부터 3구까지는 천등산에 올라서 바라본 주변 경치를 주로 그렸다. 먼저 1구에서는 천등산이 백두산의 줄기를 이어받아 남쪽에 이르러 드디어 큰산이 되었음을 언급하였다. 2구와 3구는 천등산의 형세를 표현하였는데, 극히 과장적이라고 할 수 있겠다. 하늘보다도 산봉우리가 더 높은 것처럼 표현하였고, 눈으로 보기에는 청구보다도 광대하여 포용하는 형세를 이룬다고 했기 때문이다. 또한 앞에서 이미 보았던 대붕과 까마귀의 비유를 들어 호방한 기상을 다시 한번 드러내 보이기도 하였다. 이렇듯 2·3구가 현실과 동떨어진 이상 세계에 몰입하여 호방함을 극적으로 표출하였다면, 4구는 현실의 모습을 그

---

47) 『無用堂遺稿』上, 「登千燈山」.

려 대조를 보이고 있다. 산의 풍광에 젖어 차가운 현실의 바람을 느끼지 못하다가 갑자기 깨달은 순간 그 차가움은 뼈에 사무칠 정도로 시려 오래 머물기 힘들게 된 것이다. 그러나 이상 세계에서 조금 더 머무르고자 하는 작중 화자는 차가운 바람을 마주하고 있더라도 산을 빨리 내려오진 않았다.

이와 같이 무용은 시문을 통해 그의 호방한 기상을 나름대로 표출하였는데, 이외에도 다음의 작품에서 그런 기상의 편린을 엿볼 수 있다.

> ① 맑은 바람만은 앗아가지 않았거니
>   유월 하늘 아래 千金으로 값하리
>   不奪淸風去   千金六月天[48]
>
> ② 누가 알리요! 동산에 높이 누운 나그네
>   능히 하늘과 땅을 베개와 이불로 삼을 줄을
>   誰知高臥東山客   能以乾坤作枕衾[49]
>
> ③ 연원이 혼혼하게 영을 연 뒤로부터
>   도덕이 그 때문에 오천 갈래로 흩어졌다
>   짧은 비는 하루 아침에 소 발자국에 넘치고
>   긴강은 천리 바다의 문에 이어졌다
>   淵源混混自開令   道德因之散五千
>   短潦一朝牛跡溢   長河千里海門連[50]
>
> ④ 솟은 봉우리는 하늘 얼굴 문지르고
>   달리는 시냇물은 땅 형세를 찢었다
>   聳嶂磨天面   奔川裂地形[51]

---

48) 『無用堂遺稿』上,「寄呈山陽倅」.
49) 『無用堂遺稿』上,「偶吟」.
50) 『無用堂遺稿』上,「呈尹上舍」.
51) 『無用堂遺稿』上,「伽智山寶林寺」.

①의 천금으로 값한다라와 ②의 하늘과 땅을 베개와 이불을 삼는다, ③의 도덕이 오천 갈래로 흩어졌고, 짧은 비가 소 발자국에 넘치며 긴 강이 천리 바다까지 이어졌다라는 표현과 ④의 산봉우리가 하늘을 문지르고, 시냇물이 땅을 찢었다라는 어구 사용은 무용의 기상이 작지 아니함을 알게 해주는 주요 대목으로 손꼽힌다.

흔히 유가인들이 불가인의 시를 평할 때 '蔬筍氣味'가 강하다라는 평을 하는데, 이 말은 불가인의 시가 어떤 큰 변화를 보이기보다는 일상적 如如함과 담담함만을 주조로 하기 때문이었다. 그러나 무용의 시문은 이러한 '소순기미'의 평을 넘어서서 더 넓은 시의 경지를 펼치고 있는데, 이는 깨달음을 얻은 자만이 볼 수 있는 세계에 대한 표출이요, 그러한 세계는 결국 걸림이 없는 無碍의 경지를 드러내는 心的 境界의 극대화라고 할 수 있겠다.

4. 사유체계의 특징과 의미

이미 전술했듯이 무용은 26세에 스승 백암을 만나 불경의 소중함을 실질적으로 깨닫고, 29세 때부터는 강학을 하기에 이르렀다. 뿐만 아니라 37세 때에는 백암에게서『화엄소초』를 받아보고는 진수를 모두 터득하게 되었고, 이후 강학으로 명성이 알려져 사방 여러 곳에서 모여든 선사들에게『화엄경』과『선문』을 강의하는 등『화엄경』과의 인연을 이어갔다.

이런『화엄경』을 소중하게 생각하는 불교계의 풍토는 오랜 역사성까지 지니고 있는데, 가깝게는 1551년(명종 6)에 신설된 선교양종을 중심으로 한 승과제도의 실시 이후라고 할 수 있다. 조선이 건국한 이래 불교에 대한 억압 정책은 다양하게 실시되었는데, 그 중 하나가 승과제도의 폐지였다. 하지만, 명종 때 문정왕후의 후광을 입은 普雨의 활약으로 인하여 승과제도가 다시 부활되었고, 그 승과제도는 그전의 것과는 달리 선교양종으로 나뉘어 선종에서는『傳燈』과『拈頌』에 의거하였고, 교종은 화엄사상을 중점적으로 보았다. 화엄사상은『화엄경』을 所依經典으로 하는 사상이기 때문에『화엄경』을 중요하게 생각함은 당연하였다. 더군다나 양종의 과거시험이 실시되기 시작한 것보다 조금 후대에 속하는 무용의 시대에는 선교가 서로 혼재되면서 선종에 속한 이들도『화엄경』을 즐겨 읽게 되었다. 또한 많은 선사들은 단순히『화엄경』을 읽는 데에서 그치는 것이 아니라 그 속에 담긴 사상을 받아들이는 상황까지 이르렀다.

화엄사상의 철학적 구조는 法界緣起이다. 이는 우주의 만유는 천차만별이지만 피차가 서로 인과관계에 의해 얽혀 있어 어느 것 하나도 독자적으로 존재하지 않는다고 보는 입장이다. 따라서 만유를 동일선상에서 볼 때는 대립적인 관계에 놓인 것도 결국은 동등한 것으로 원융무애한 모습으로 존재하게 된다. 다시 말해 하나의 사물은 독자적으로 나타나는 하나가 아니라 그대로 전 우주의 개념을 내포하고 있는 것으로 四法界・十玄緣起・六相圓融・相卽相入 등은 무진연기를 설명하는 화엄사상의 골자들이다.

이렇다고 했을 때 이런 화엄사상의 일단은 무용이 자연을 묘사한 방법에서 찾을 수 있다. 먼저 무용은 자연을 음풍농월을 읊는 대상으로서가 아닌 선기가 함축된 것으로 파악했음을 살폈다. 이는 바로 사물 그 자체에 전 우주의 개념을 내포하고 있는 것으로 보는 입장이라고 할 수 있는데, 자연물 그 자체가 바로 진여 세계의 妙理와 眞境의 일단을 엿볼 수 있는 매개물로 인식된 결과라고 할 수 있다. 즉, 우주 만유는 각개가 다 총체적인 융화 속에서 저마다의 형상과 형태로써 불법의 묘리를 드러내고 있는 진여의 법신으로 보았다는 말인데, 화엄사상에서 말하는 하나의 사물 속에 전 우주의 개념이 내포되어 있다라고 보는 입장을 표출한 것이라고 할 수 있다. 그러나 이는 선사상에서도 주장하는 바인데, 선사상과 화엄사상과의 상통성이 감지되는 부분이라고 할 수 있고, 선사들이 화엄사상으로 수용한 이유를 알려주는 대목이기도 하다.

또한 화엄사상은 만유를 동일선상에 놓인 것으로 보고 각기 대립적인 관계에 있는 것도 결국 원융무애한 것으로 파악하는데, 인간 대 인간의 만남도 그렇게 파악할 수 있으리라고 본다. 비록 유교가 지배하는 사회에서 유가인에게 인정을 받기 위한 방편으로 시문을 주고받았다[52]라고 할 수 있을지라도 그것만으로 그들의 친분 유지를 모두 설명할 수 없기 때문이다. 특히, 무용은 당시 노·소론의 분기에서 소론 측 인사들과 주로 친분 관계를 유지하고 있음을 살폈고, 이들 소론은 노론에 비할 때 학문적으로 다소 개방화되어 있어서 불교에 깊이 심취한 이도 있었음을 또한 엿보았다. 그렇다고 했을 때 이들의 관계는 사고의 친밀성으로 인해 맺어졌다고 봄이 더 타당하리라고 본다.

무용은 소순기미를 탈피한 호방성을 드러낸 시문을 창작했음을 앞에서 이미 논하였다. 이런 호방함은 심적 경계를 최대한 확대한 것으로 세속이라는 한정된 공간을 벗어났을 때 비로소 표현될 수 있다. 이런 정신의 세속 탈피는 선과 화엄사상 모두 논하는 부분으로 두 사상의 상통성을 알게 한다.

한편, 무용은 시문에서『장자』에 나오는 문장표현을 사용하기도 하였는데, 다음은 인간 장자에 대해 어떤 생각을 가지고 있었는지를 알 수 있는 내용을 담고 있다.

---

52) 이진오,『한국 불교문학의 연구』, 민족사, 1997, 84쪽 참조.

또 들으매 족하께서는 장자에 힘을 써서 과거의 글로 삼으려 하신다
니 한편으로는 족하를 위해 기뻐하고 한편으로는 족하를 위해 슬퍼합니
다. 왜 그러냐 하면 장자는 옛날의 신묘하여 헤아리기 어려운 사람으로
서 그 도는 크고 그 지혜는 밝아 천지를 작다 하고 일월을 어둡다 하였
습니다. 그러므로 그 언론은 넓고 문장은 뛰어나 仲尼의 仁과 伯夷의 義
도 그 우스게를 면하지 못하였거늘 하물며 다른 사람이겠으며, 그 때에
있어서 아무도 알아주는 사람이 없어서 스스로 屠龍의 한숨을 쉬었으니
옛날에도 그러하였거늘 하물며 지금이겠습니까? 만약 지금에 장자의 우
변과 大論으로 천하를 누르려한다면, 천하 사람들은 그 말을 듣고 반드
시 괴상타 할 것이요, 괴상타 할 뿐 아니라 또 그 따라 그르다 할 것입
니다. 그렇다면 몸을 나타낼 수 있고 이름을 드날릴 수 있으리까. 족하
를 위해 한 번 슬퍼함이 옳지 않겠습니까? 그러나 장자의 골수를 얻어
마음을 淡에 어리게 하고 기운을 漠에 합하게 하여 無有鄕과 廣漠野에
소요하고 방황하면서 萬乘을 헌 신짝처럼 버리고 천금을 草芥처럼 보는
이를 하늘의 군자라 한다면 밑으로 碌碌한 공명을 내려다보기를 마치
鵁鶄가 썩은 쥐고기를 보듯하리니 그렇다면 이것은 족하를 위해 한 번
기뻐함이 옳지 않겠습니까?53)

김수사가 장자를 바탕삼아 과거시험을 준비하고 있다는 말을 듣고
무용이 자신이 가지고 있는 소견을 밝힌 글이다. 무용은 우선 장자에
힘을 쓰게 되면 득보다는 실이 더 많을 것이라고 한다. 장자는 신묘하
여 헤아리기 어려운 사람으로 천지가 작다하고 일월이 어둡다라고 했
을 뿐 아니라 동시대인들도 그를 잘 알아주지 않았는데, 시기적으로
멀리 떨어진 지금은 말할 필요도 없다라고 한다. 사람들이 알아주지

---

53)『無用堂遺稿』下,「寄金秀士」: "又聞足下用力於莊子 爲科學之文 一爲
足下喜 一爲足下悲 何者莊子 古之神妙不測之人 其道大 其智明 以天地
爲小 以日月昏爲 故其言論闊文章屹 仲尼之仁伯夷之義 不免所笑 而況他
乎 是以當時焉 不見知於人 自發屠龍之歎 自古尙然而況今乎 今若以莊子
之雄辯大論 扼於天下 則天下之人 聞而怪之 必矣 豈惟怪之 又從而非矣
然則身可立乎 名可揚乎 然則爲足下一悲者非乎 雖然得莊子之髓 凝心於
淡合 氣於漠逍遙乎彷徨乎 無有鄕廣漠野屣萬乘芥千金 而爲天之君子 則
其下視碌功名 何趨鵁鶄之腐鼠也 然則爲足下一喜者非乎."

않는 장자를 배운다는 것은 매우 위험한 발상이며 그렇게 한다면 결국 이름을 드날리기 어려울 것이라고 충언한다. 그러나 장자의 골수를 얻게 된다면, 무유향과 광막야에서 소요하게 될 것이며 만승의 관직도 초개처럼 버리게 될 것이니 그렇게만 된다면 장자를 배우게 된 보람이 있을 것이라고 한다.

이처럼 장자에 대해 긍정도 부정도 하지 않았지만, 무용은 시문을 표현하는 방법에 있어서 『장자』에 나오는 문구를 인용하였는데, 다음과 같다.

① 저력은 원래 아무 데도 쓸데없는 것이라
　백 년 동안을 한가히 그런 사람되었네
　樗櫟從來無所用　　百年閑作箇中人[54]

② 오리와 학의 다리 길고 짧음을 누가 시켜 그렇던가?
　갈매기와 까마귀의 검고 흰 것도 또한 그와 같으니
　鳧鶴短長誰使介　　鷗烏黑白亦如然[55]

③ 붕새는 성을 내면 삼천 리 푸른 바다를 치고
　까마귀 날면 구 만리 자색 하늘에 오른다
　鵬怒三千蒼海擊　　烏飛九萬紫霄升[56]

④ 까마귀는 약수에 빠져 삼천리를 가는데
　붕새는 배풍을 타고 구만리를 돌아온다
　烏沈弱水三千去　　鵬脚培風九萬廻[57]

①의 '저력'은 『장자』 제1편 「逍遙遊」에 나오는 나무 이름으로 재

---

54) 『無用堂遺稿』 上, 「題浮屠庵」.
55) 『無用堂遺稿』 上, 「又呈江南府伯」.
56) 『無用堂遺稿』 上, 「次玲上人軸韻」 2구.
57) 『無用堂遺稿』 上, 「登千燈山」.

목으로 쓸 수 없어 무용지물의 대명사와도 같이 사용되었다. 『장자』 「소요유」편에 따르면, 혜자가 장자에게 '나에게는 큰 가죽나무가 한 그루 있는데, 줄기에 옹종이 있어 먹줄에 맞지 않고, 작은 가지는 꼬불꼬불하여 자로도 잴 수가 없어 장인들도 돌아보지 않는다'라고 하였다. 이에 대해 장자는 '광막한 들에 그 가죽나무를 심고 방황하면서 소요한다면 무용하다고 한들 어찌 그것이 괴로운 일이 될 것이냐?'고 반문한다. ①에서 무용은 자신을 저력과 같이 쓸모 없는 사람으로 표현하였는데, 이는 '무용'이라는 자신의 호를 짓게 된 연유로서 밝힌 '옛날 사람들은 그 답하는 말에 다 지시하는 곳이 있었다. 그런데 老拙은 아무 기량이 없어 따로 지시할 것이 없다. 이것이 이른바 무용이 '무용'이라 불리우는 까닭인가?'[58]의 내용과 일맥상통한다. 『장자』의 이 저력을 통한 무용론은 결국 사물이란 쓰임이 있는 것으로 用을 삼으면 이는 용이 작은 것이요, 무용으로 용을 삼게 되면 그 용이 큰 것이라는 의미를 함축하고 있는데, 무용도 자신의 호로 '무용'을 삼은 연유가 여기에 있을 것으로 생각한다. ②③④도 이미 3장에서 살폈다시피 『장자』의 내용을 인용하여 문장을 표현하였다.

이상과 같이 무용은 시문을 통해 여러 사유를 함께 표출하여 혼재된 양상을 면치 못하고 있다. 선사상을 바탕으로 하면서도 화엄사상을 드러냈는가 하면, 심지어 장자식 사유까지 수용하여 시문에 적극 활용하였다. 이는 화엄적 원융무애를 지향한 자신의 입장을 시문을 통해 드러낸 것이기는 하지만, 한편 사유가 혼재되어 나타났다고 함은 당시대 불가인들의 사고가 단순한 층으로 형성되어 있다기보다는 다층의 구조를 지녔음을 의미하며 시문의 이해를 돕기 위해서는 여러 사상이 개입되었을 가능성을 열어두어야 한다고 생각한다.

---

58) 『無用堂遺稿』 上, 「賽規上人之求話」 序文 : "古人 答話皆有指示處 而老拙無伎倆 而別無指示 此無用之所 以爲無用者歟."

5. 맺음말

무용 수연대사는 浮休門派의 제 4대손으로 스승 백암성총의 직접적인 영향을 받아 교와 선을 아울렀던 조선후기의 고승이다. 본 논고는 이러한 무용 수연대사가 남긴 시문의 전기 양상을 살피고, 이를 바탕으로 한 사유체계의 특징과 함께 그 의미를 구명함을 목적으로 하였다.

첫째, 자연에 내재된 선기를 드러내려고 했다는 점에 주목하였다. 무용은 자연을 외경의 대상으로 보거나 유유자적하게 음풍농월을 읊는 대상으로 보지 않고 선기가 내재된 것으로 형상화하였다. 이는 자연을 다만 아름다움의 대상으로 미화시키지 않고, 자연 그대로가 諸法의 실상이라는 차원에서 자연을 佛法의 顯現으로, 불멸의 法身으로 본다는 의미로 받아들였다.

둘째, 시문을 통해 상대적 사고를 보이고 있음을 밝혔다. 이는 주로 유가인과 교유하면서 주고받은 시문을 통해 엿보았다. 무용은 노론에 속한 김창흡을 제외하고는 주로 당시 소론학파에 속하는 이들과 주로 친분관계를 유지하였는데, 유가인과의 지속적인 만남이 이루어지기까지는 상대의 입장을 고려할 줄 아는 상대적 의식이 있었기에 가능하였다.

셋째, 호방한 기상이 표출되었음을 엿보았다. 흔히 유가인들이 불가인의 시를 평할 때 '소순기미'가 강하다라는 평을 하는데, 이 말은 불가인의 시가 어떤 큰 변화를 보이기보다는 일상적 여여함과 담담함만을 주조로 하기 때문이었다. 그러나 무용의 시문은 이러한 '소순기미'의 평을 넘어서서 더 넓은 시의 경지를 펼치고 있는데, 이는 깨달음을 얻은 자만이 볼 수 있는 세계에 대한 표출이요, 그러한 세계는 결국 걸림이 없는 무애의 경지를 드러내는 심적 경계의 극대화라고 결론을 맺었다.

무용은 시문을 통해 여러 사유를 함께 표출하여 혼재된 양상을 면치 못하고 있다. 선사상을 바탕으로 하면서도 화엄사상을 드러냈는가 하면, 심지어 장자식 사유까지 수용하여 시문에 적극 활용하였다. 이는 화엄적 원융무애를 지향한 자신의 입장을 시문을 통해 드러낸 것이기는 하지만, 한편 사유가 혼재되어 나타났다고 함은 당시대 불가인들의 사고가 단순한 층으로 형성되어 있다기보다는 다층의 구조를 지녔음을 의미하며 시문의 이해를 돕기 위해서는 여러 사상이 개입되었을 가능성을 열어두어야 한다고 생각한다.

본 논고는 무용 시문 연구의 시론에 불과하다. 따라서 앞으로 더 많은 논의가 이루어져야 할 것이고, 더 나아가 부휴문파의 불교문학적 성격을 밝혀야하리라고 본다.

參 考 論 著

『景德傳燈錄』『無用堂遺稿』『三淵集』『莊子』

金潤燮,「華嚴思想의 詩的 轉化 양상에 관한 연구」, 고려대 석사학위논문, 1994.
김항배,『莊子哲學精解』, 불광출판사, 1992.
杜松柏 지음 / 朴浣植·孫大覺 옮김,『선과 시』, 민족사, 2000.
박명희,「김수항의 구림생활과 시문학」,『구림연구』, 경인문화사, 2003.
_____,『18세기 문학비평론』, 경인문화사, 2002.
松廣寺,『曹溪山 松廣寺誌』, 도서출판 라인, 2001.
柳好宣,『17c 후반~18c 전반 京華士族의 불교수용과 그 시적 형상화－金昌翕, 崔昌大, 李德壽, 李夏坤, 趙龜命을 중심으로－』, 고려대 박사학위논문,

2002.

이진오, 『한국 불교문학의 연구』, 민족사, 1997

李鍾燦, 「無用의 詩」, 『韓國佛家詩文學史論』, 불광출판사, 2001.

李智冠, 「韓國佛敎僧家敎育의 史的考察」, 『불교학보』 18, 동국대 불교문화연
구원, 1981.

인권환, 『한국불교문학연구』, 고려대학교 출판부, 1999.

정병삼, 「진경시대 불교의 진흥과 불교문화의 발전」, 최완수 외, 『진경시대』,
돌베개, 1998.

曉呑(金昌淑), 「조선후기 강학의 부흥과 전개」, 『종교연구』 17, 한국종교학회,
1999.

5장

老村 林象德의 『詩經』 國風論

1. 머리말

17세기 말의 조선조는 학문적인 큰 과도기였다. 程朱學이 강화, 경색화되어 가는 시기이기도 했지만, 이를 묵과하지 않고 새로운 학문적 틀을 제시하려는 움직임이 이미 싹트고 있었기 때문이다. 이런 움직임은 老·少로 分黨된 채 禮訟 논의로 표출되기도 하였는데, 당시 기존 학문틀을 고수하려고 하는 입장과 그렇지 않은 부류와의 마찰은 심각한 상황까지 다다랐음은 여러 정황을 통해 읽어낼 수 있다. 朱熹가 내린 경전에 대한 주해를 거의 절대적으로 신봉하고 따르는 분위기에서 이를 반대한다는 것은 '斯文亂賊'으로 몰리는 일이었지만, 당시 남다른 의식을 지녔던 尹鑴, 朴世堂, 崔錫鼎, 尹拯 등은 이에 굴하지 않았던 것으로 알려져 있다. 특히, 윤휴는 주희의 경전 해석에 동의하지 않고 나름대로 재해석했다는 죄목으로 죽음에까지 이르는데, 학문의 다양성을 인정하지 않는 결과가 얼마나 호된가를 보여준 경우라고 하겠다.

老村 林象德(1683~1719)은 17세기 말과 18세기 초 학문적 과도기의 중심에 살았던 인물이다.[1] 본관은 羅州인데, 선조 때부터 나주 會

---

1) 임상덕에 대한 구체적 연구는 아직 없는 실정이다. 다만, 1985년에 여강

津에 세거지를 둔 까닭에 회진임씨라고도 하고, 潤甫·彝好 등의 자를 가졌다. 집안 내력을 보면 일찍이 입신양명한 이들이 많았던 것으로 나타나는데, 특히 16세기 문학으로 이름을 날렸던 林悌와 17세기 도학과 문장으로 많은 이들이 따랐던 林泳 등이 있다. 임영은 임상덕의 三從叔으로 가까운 친척이기도 했지만, 윤증과 함께 임상덕의 학문적 기반을 닦아준 이로도 알려져 있다. 임영과 윤증에게서 학문을 닦은 임상덕은 23세에 과거시험을 치러 仕宦의 길에 나서서 문학, 수찬, 남평현감, 홍문관교리, 진산군수, 능주목사, 대사간의 지위까지 이르게 되나 37세 짧은 나이에 병을 얻어 그만 죽음에 이르게 된다. 이렇듯 비록 짧은 생애를 살았지만, 벼슬에 있을 동안 당시 제도와 시책을 고쳐야 한다는 건의를 자주 하여 그 소임을 다하고자 하였다.

또 우리나라 역사에 대한 관심이 지대하여 30세 때 『東史會綱』이라는 역사서를 저술하기도 하였다. 관직에 있을 동안 역사서를 저술했음은 학문에 대한 열의를 보여준 것으로 이런 모습은 그의 문집인 『老村集』에서도 볼 수 있다. 『노촌집』은 모두 10권 5책으로 이루어져 있는데, 전체 내용을 양적인 면에서 볼 때 시보다는 문이 더 많음을 알 수 있다. 특히, 권3에 실린 「文論」·「佛論」·「老子論」·「莊周論」 등의 論과 권4 雜著에 실린 「論四端七情」·「論氣化理乘」 등의 글은 임상덕의 철학을 알 수 있는 귀중한 자료이기도 하다. 뿐만 아니라 권9와 권10의 讀書箚錄을 통해서는 경전에 대한 이해와 학문의 깊이까지도 감지할 수 있다.

본 논고는 임상덕이 논한 『시경』 국풍론을 대상으로 그 구체적 내용을 구명해보고자 한다. 임상덕의 국풍론은 『노촌집』 권9 독서차록

출판사에서 『老村集』을 영인하였는데, 그 서두에 朴錫武가 쓴 해제가 있을 뿐이다. 이 해제 내용은 박석무의 저서 『茶山紀行』(한길사, 1988)에도 실어져 있다.

중 하나인 「시전」에 실려 있는데, 年紀를 丙戌年(1706)으로 한 것으로 보아 임상덕의 나이 24세 무렵에 서술했음을 알 수 있다. 또한 서두에 '병술년 겨울에 우연히 시전 국풍을 읽다가 손가는 대로 기록하여 하나는 유실됨을 대비하고 하나는 후일을 기다려 젊어서의 사색을 質証하노라'[2]는 내용을 밝혀 어떤 경위에서 시전 국풍을 정리했는지를 알 수 있게 한다.

임상덕의 시경론은 국풍만을 주로 한 것으로 모두 34항으로 이루어져 있어 다른 문인들이 남긴 시경론과 대비할 때 양적인 면에서 결코 많다고 할 수는 없다. 하지만, 내용을 통해 한 지식인이 당시 경전을 어떠한 모습으로 새롭게 해석하려 했는가를 보여준다는 관점에서 조선조 시경론 역사의 중요 위치를 점하고 있다고 하겠다. 이는 바로 임상덕의 국풍론을 연구하는 논지이기도 하다.

2. 二南에 대한 견해

『시경』 국풍은 周南 11편과 召南 14편, 즉 이남 시에서 시작한다. 주희도 『시집전』서에서 '이남에 근본하여 그 단서를 찾고, 列國의 風을 참고하여 그 變을 다하고, 雅에서 바르게 하여 그 규모를 키우고, 頌에 화하여 그 그침을 요약하여야 하니 이것이 시경을 배우는 큰 뜻이다'[3]라고 하여 이남의 시가 『시경』의 단서가 됨을 언급하였다.

그런데 이 이남은 중국 뿐 아니라 조선조 문인들의 논쟁 대상이 되

---

2) 『老村集』 卷9, 讀書箚錄 詩傳 : "丙戌冬 偶讀詩傳國風 隨手箚錄 一以備遺忘 一以俟後日 質証少時思索."
3) 朱熹, 『詩集傳』 序 : "本之二南 以求其端 參之列國 以盡其變 正之於雅 以大其規 和之於頌 以要其止 此學詩之大旨也."

기에 충분하였는데, 주·소가 구체적으로 무엇을 의미하는가부터 시
작하여 주남·소남에서 '南'은 무엇을 뜻하는가와 이남 시의 채집 시
기는 언제까지인가? 등이 그 주 내용이다. 이러한 논쟁 대상은 물론
시대와 사람에 따라 각기 다르게 주장되어 일관성을 유지했던 것은
아니다.

　毛詩序는 먼저 주·소를 주공·소공과 관련시키는데, 한 때의 鄭
玄은 이를 좀더 진전시켜 주공과 소공의 采邑이라고 하였다. 그리고
주희는 주남의 주는 나라 이름이요, 남은 남방 제후의 나라이며, 소남
의 소는 지명으로 소공 奭의 채읍이라고 하였다. 한편, 淸의 王夫之는
周召分陝說을 주장하였는데, 주남을 주공이 다스리던 陝 以東의 남국
으로, 그리고 소남을 소공이 다스리던 협 以西의 남국으로 보았다. 즉,
주남·소남의 주와 소를 주공·소공으로, 남을 남국으로 본 것이다.[4]

　또한 이남의 '남'이 무엇을 의미하는가?에 대한 논의도 지속적으로
이루어졌다. 먼저 모시서에서는 文王의 교화라고 한 반면, 정현은 남
국을 뜻한다고 하였고, 주희는 좀더 구체적으로 남방제후국이라고 하
였다. 한편, 이러한 견해와 전혀 다르게 南樂·南音이라고 하여 '남'
을 음악과 관련시키는가 하면, 심지어 악기와 연결시킨 경우도 있었
다.[5] 이남 시의 채집 시기에 대한 논란도 분분하였는데, 정현은 武王
때라고 하였고, 주희는 成王 때 주공이 채집하였다고 주장하였다.

　조선조 문인들도『시경』이남을 다양한 방향에서 논의하였는데, 주
희『시집전』을 底本으로 삼았기 때문에 주희가 말한 내용을 중심으
로 논쟁의 방향을 이끌어갔다. 즉, 주희가 말한 이남에 대한 정보 내
용이 자신이 생각한 것과 다른 것에 대해 의문을 제기한다든가, 또 주

---

　4) 柳瑩杓, 「詩經 二南 獨立問題考」,『중국학보』24, 한국중국학회, 1984, 91
　　～93쪽 참조.
　5) 이에 대한 구체적 논의는 柳瑩杓, 앞의논문, 87～91쪽 참조.

희가 미처 말하지 못한 내용을 보충하고 부연하는 형식을 띠는 경우
가 많았다. 임상덕은 反朱子主義를 표상화하지 않으면서 주희가 미처
생각하지 못했던 것까지 구체화시켜 이남에 대하여 언급하였다.

> ① 周와 召는 다 지명이다. 주 땅은 본래 太王의 도읍으로 왕의 자취
> 로 말미암아 일어난 곳이다. 文王에 이르러 豊을 일으켜 비로소 주공의
> 采邑이 되었다. 소 땅은 召公 奭의 채읍이다. ② 주공이 樂詩를 撰次함
> 에 그 국중에서 얻은 시를 취하여 남국의 시와 섞었다. 무릇 王者의 풍
> 과 연계된 것을 이름하여 '周南'이라고 이르렀으니 스스로 주의 땅으로
> 하여 남쪽의 풍을 일컬었다. 그 남국을 얻어 제후의 풍보다 순수한 것을
> 이름하여 '召南'이라고 하였으니 스스로 소읍으로 하여 남쪽의 풍을 일
> 컬었다. 왕자의 풍을 周와 연결지은 것은 주가 왕 자취가 시작된 땅이기
> 때문이요, 제후의 풍을 召와 연결지은 것은 소가 열국에서 德化를 편 땅
> 이기 때문이다. ③ 만약 주를 문왕의 나라로 생각한다면 문왕의 나라를
> 소공의 읍과 같은 지위에 놓고서 대칭케 한 것은 마땅치 않다. (또) 만약
> 주공의 채읍으로 만들었다면 주공이 樂詩를 찬함에 자기의 邑號로써 太
> 姒의 시에 주로 하여 응하지는 않았다.[6][①②③ 번호는 필자가 함]

내용을 쉽게 이해하기 위해 세 단락으로 세분화시켰다. ①에서는
주·소가 뜻하는 바를 언급하였고, ②에서는 주남과 소남의 의미를,
그리고 ③은 시 풀이 방법에 대한 비판을 담고 있다.

먼저 임상덕은 주와 소를 모두 지명으로 본다. 이는 주희가 주남의
주는 국명으로 소남의 소는 지명으로 보았던 것과 다른 견해이다. 하
지만, 임상덕은 주·소가 구체적으로 어디인지는 밝히지 않고서 태왕

---

6)『老村集』卷9, 讀書箚錄, 詩傳 : "周·召 並地名 周地本太王所都 王迹之
所由興 至文王作豊 始爲周公之采邑 召地 召公奭之采邑 周公之撰次樂詩
也 取其得之國中 而雜以南國之詩 凡係乎王者之風者 名曰周南 謂自周地
以南之風也 其得之南國 純乎諸侯之風者 名曰召南 謂自召邑以南之風也
王者之風 繫之周者 周爲王迹肇基之地也 諸侯之風 繫之召者 召爲列國宣
化之地也 若以周爲文王之國 則文王之國不宜與召公之邑 等列而對稱之也
若以爲周公之采邑 則周公撰樂詩 而不應以己之邑號主太姒之詩也."

의 도읍이며 문왕에 이르러 도읍을 豊 땅으로 옮겼다고 하였다. 그리
고서 비로소 주공의 채읍이 되었다고 하며, 소 땅은 소공 석의 채읍이
라고 하였다. 임상덕은 이처럼 주·소의 의미를 간략히 말했지만, 정
현과 주희는 좀더 상세히 언급하였다.

> 주나라의 先公 중에 太王이라는 분이 狄人의 난을 피하여 豳으로부
> 터 처음 이곳에 옮겨와 덕을 닦아서 왕업을 세웠다. (중략) 문왕이 천명
> 을 받아 豊邑을 세우고 岐邦의 주소 땅을 나누어 주공 단과 소공 석의
> 채지로 주고 각기 자신이 맡은 나라에 선공의 교화를 베풀게 하였다.7)

> 주나라는 원래 『禹貢』의 雍州 境內인 岐山의 남쪽에 있었으니 后稷
> 의 13세손인 古公亶父가 비로소 이 땅에 거주하였다. 아들인 王季 歷에
> 게 전하고 손자인 문왕 昌에 이르러 나라를 개척함이 점점 넓어졌다. 이
> 에 도읍을 풍으로 옮기고는 岐周의 옛 땅을 나누어 주공 旦과 소공 석
> 의 채읍으로 삼았으며, 또 주공으로 하여금 국중에서 정사를 다스리게
> 하고, 소공은 제후들에게 교화를 펴게 하였다.8)

결국 임상덕은 주·소를 다 지명으로 파악하여 주희 뜻과는 다르
게 말한 듯하나 구체적으로 주공과 소공의 채읍이라고 한 점으로 미
루어 보면, 정현과 주희 입장을 적절히 수용한 것으로 생각된다.
②에서 임상덕은 주남과 소남이 어떻게 나뉘게 되었는가를 말하였
다. 먼저 임상덕은 주공이 樂詩를 편집할 때 나라 안과 남국에서 얻은
시를 섞었다고 한다. 그리고서 모든 시를 주남·소남·열국의 시로

---

7) 鄭玄, 『詩譜』: "周之先公曰太王者 避狄難自豳始遷焉 而修德建王業 (中
略) 文王受命 作邑于豊 乃分岐邦周召之地 爲周公旦召公奭之采地 施先公
之敎于己所職之國."
8) 朱熹, 『詩集傳』卷1, 國風 周南: "周國 本在禹貢雍州境內岐山之陽 后稷
十三世孫古公亶父 始居其地 傳子王季歷 至孫文王昌 辟國寖廣 於是徙都
于豊 而分岐周故地 以爲周公旦召公奭之采邑 且使周公爲政於國中 而召
公宣布於諸侯."

나누었는데, 그 기준으로서 왕자의 풍·제후의 풍보다 순수한 것·제후의 풍 등을 제시한다. 즉, 왕자의 풍은 '주남'이 되고, 제후의 풍보다 순수한 것은 '소남'이 되며, 기타 제후의 풍은 '열국'의 시에 해당된다는 견해를 편다. 뒤이어 왕자의 풍과 '주남', 제후의 풍과 '소남'을 연결짓는 이유로 '주가 왕의 자취가 시작된 땅이요, 소가 열국에서 덕화를 편 땅이기 때문이다'라고 한다.

일찍이 주남·소남을 나누는 기준으로 정현은 '성인의 교화를 얻은 것을 주남이라 하고, 현인의 교화를 얻은 것을 소남이라고 한다'[9]라고 하였고, 주희도 또한 '국중에서 얻은 것은 남국의 시를 섞어 주남이라 하고 (중략) 남국에서 얻은 것은 다만 소남이라고 이른다'[10]라고 하였다. 그런데, 이런 두 사람의 주남·소남을 나누는 기준은 막연하고 모호한 감이 있어 다른 사람에게 의문을 던져주기에 충분하였다. 즉, 조선조 박세당은 '주남만 어찌 남국의 시가 섞여 있으리요?'[11]라고 하여 주희의 설을 특히 반박하였는데, 기준의 모호함에 대한 의견 표출이라고 하겠다. 또 주희 자신도 『시집전』에서 모시서의 내용을 인용하여 '주남은 왕자의 풍이요, 소남은 제후의 풍이다라고 하였으니 이 말이 맞다'[12]라고 한 것으로 보아 그 기준의 모호함만은 인정했던 것으로 판단된다.

이상의 내용을 통해서 임상덕이 주남·소남을 나눈 기준과 정현, 주희 등의 기준을 서로 비교하여 볼 수도 있을 것이다. 임상덕의 것은 모시서에서 '왕자의 풍'과 '제후의 풍'으로 나눈 기준과 유사한 점이

---

9) 鄭玄, 『詩譜』: "其得聖人之化者 謂之周南 得賢人之化者 爲之召南."
10) 朱熹, 『詩集傳』, 卷1, 國風 周南 : "蓋其得之國中者 雜以南國之詩 而謂之周南 (中略) 其得之南國者 則直謂之召南."
11) 朴世堂, 「詩經思辨錄」 "周南 何獨得雜以南國之詩也."
12) 朱熹, 『詩集傳』, 卷1 國風 周南 : "小序曰 關雎麟趾之化 王者之風 (中略) 鵲巢騶虞之德 諸侯之風也."

엿보이기는 하지만, '제후의 것보다 더 순수한 것'이라는 항목을 넣어
더 세분화시켰음을 알 수 있다. 다시 말해, 임상덕은 주남·소남의 기
준을 정함에 있어 비록 모시서의 것을 참고한 듯하나 더 세분화시켰
을 뿐 아니라 정현, 주희의 설과는 전혀 다른 양상을 보여주었다.

③은 이남의 작품을 해석할 때 문왕이나 太姒(后妃)와 연계시킨 것
에 대한 회의적인 반응을 담고 있다. 그 구체적인 내용을 예를 들어
보이는데, 첫째 만약 주남의 주를 문왕의 나라로 생각하고서 시를 문
왕과 연계시켜 풀이한다면 결국 문왕은 소공과 동궤에 놓이는 꼴이
된다고 한다. 그리고 또 주를 주공의 채읍으로 만들었다면 자신의 읍
이름을 쓴 시에 태사의 시를 넣지는 않았을 것이라는 논리이다. 모시
서도 그러했지만 주희도 이남의 시를 문왕, 태사와 주로 연계시켜 풀
이하였다. 임상덕은 바로 이런 시 풀이 방법을 실제 예를 들어 비판하
였다.

지금까지 논한 내용을 통해서 볼 때 임상덕은 주·소의 의미를 세
울 때에는 정현, 주희의 설을 어느 정도 바탕 삼았지만, 주남·소남의
기준을 정하고 세분함에는 나름대로 원칙을 두었음을 알 수 있었다.
특히, 주남·소남의 기준으로 '왕자의 풍'과 '제후의 풍보다 순수한
것'을 말하고서 덧붙여 열국의 시로서 '제후의 풍'을 언급한 것으로
보아 『시경』 국풍 시를 세 부류로 나누었다고 판단된다. 또한 시를
풀이함에 아무 이유 없이 문왕과 태사와 연계시킨 것을 비판하기도
하였는데, 시를 교화적으로 보는 시각에 대한 회의라고 하겠다.

3. 賦比興에 대한 再論

『시경』에서 賦比興은 風雅頌과 아울러 六詩 또는 六義라고 한다.

풍아송이 詩體의 종류에 따른 구분으로 대체로 명백한 반면, 부비흥
은 작품을 감상하는 과정에서 형성되어 자의적인 영향을 얼마든지 받
을 소지가 있다. 이런 이유로『시경』육의에 대한 연구는 풍아송보다
부비흥이 중심이 되어 이루어질 수밖에 없었다. 특히, 주희는『시집
전』에 주석을 가하던 중 부비흥을 시문을 판정하는 방법으로 원용하
여 전시대 학자들이 주로 그 의미만 다루던 것을 더 확장하는 계기를
마련하였다. 하지만 주희 자신도 부비흥 판정의 기준을 명확히 제시
하지 않아 후대에 많은 논란을 일으켰고, 異論이 나오기까지 하였다.

　　임상덕의 다음 문장도 주희의 부비흥 판정에 대해 의문을 제시한
내용으로 되어있다.

　　　　혹자는 말하기를 "于嗟麟兮(아, 이들이 기린이로다)는 흥 가운데 비이
　　　고, 于嗟騶虞(아, 이것이 騶虞로다)는 부 가운데의 비이다"라고 하였다.
　　　그러나 '于嗟麟兮'는 위 구에서 이미 公子를 설파한 까닭에 전체가 바
　　　로 흥이다. <추우> 위 구에서는 다만 갈대와 다섯 암퇘지만을 말하고
　　　비유할 사람을 설파하지 않았고, 아래 구에서는 곧 '于嗟騶虞'를 말하였
　　　으니 이것이 부이면서 비의 체 여부는 분명하지 않으나 어찌 순수하게
　　　부라고 하겠는가? (중략) <인지>에는 비의 뜻이 비교적 적고, <추우>
　　　에는 비의 뜻이 비교적 많다.13)

　　위 문장에서는 「국풍」 주남의 <麟之趾>와 소남의 <騶虞> 두 작
품을 비교하여 논하였다. 주희는 두 작품에서 기린과 추우라는 짐승
에 대해 설명하기를 '기린의 발은 살아있는 풀을 밟지 않고, 살아있는
벌레를 밟지 않는다'라고 하였고, 또 '추우는 짐승 이름이니 흰범에
검은 무늬가 있으며 살아있는 것을 덕지 않는다'라고 하였는데, 두 짐

---

13)『老村集』卷9, 讀書箚錄 詩傳 : "或曰 于嗟麟兮 興中之比 于嗟騶虞 賦中
　　之比 然于嗟麟兮上句 已說破公子 故全體是興 此上句 只說苗葭五豝 不
　　說破所比之人 而下句便說于嗟騶虞 莫是分明 賦而比體否 何以純爲賦也
　　(中略) 然麟趾比義較少 騶虞比義較多."

승의 비슷한 점 때문에 두 작품을 비교 대상으로 삼은 듯하다.

일찍이 주희는 <인지지>를 홍으로, <추우>를 부로 판정하였는데, 위 글에서 혹자는 <인지지>를 홍 가운데 비로, 그리고 <추우>를 부 가운데 비로 판정하여 임상덕에게 물었던 것 같다. 임상덕은 <인지지>를 홍으로 판정하여 일단 주희에 동조하는 모습을 보이는데, 마지막 구인 '于嗟麟兮' 앞에서 '麟之趾', 즉 '기린의 발'을 제시함으로써 公子라는 말의 뜻을 밝혀 말했기 때문이라고 한다. 그러나 <추우>에 대해서는 임상덕도 혹자가 부 가운데 비로 판정한 것에 무조건 동조하지는 않았지만, 주희가 순전히 부라고 내린 판정에 대해서도 약간 회의적인 반응을 보인다. 그 이유는 혹자처럼 부 가운데 비라고 하자면 비유할 사람이 분명히 나와야 할텐데 그렇지도 않았고, 주희처럼 부라고 하면 전체 시 내용이 제대로 전달되지 않을 수 있기 때문이다. 그러나 임상덕은 <추우> 시는 전체적으로 보자면 비의 성격이 강하다라고 하였다.

이와 같이 임상덕의 부비홍론은 두 작품을 구체적으로 비교하며 근거를 제시하는 특징을 보이는데, 다음의 부와 홍을 설명함에도 같은 방법을 적용한다.

<桃夭>는 혼인을 제 때에 한 것을 찬미하였으니 복숭아꽃이 피는 달로써 한 것이 정당하고, <摽有梅>는 혼인할 때가 이미 지나 매실이 떨어지는 절기까지 이름을 근심하였다. <도요>와 <표유매>는 모두 직접 본 것으로 인하였으나 하나는 홍이 되고 하나는 부가 되었으니 어떤 이유에서인가? 사물은 종류에 따라서 뜻이 저절로 구분된다. '복숭아 나무의 夭夭함이여'와 '이 아가씨의 시집감이여'의 한 구는 한 꿰미의 설에서 왔다고 할 수 없고, 다만 저 형상으로써 일을 읊어 일으켰다. '떨어지는 매실이여'와 '나를 찾는 庶士들은'의 한 구는 한 꿰미의 설에서 왔다고 함이 옳으니 직접 저것을 읊어 감동의 실상을 보였다. 이 직접 본 것으로 원인을 삼음은 한 가지이나 홍과 부로써 구분하였다. 그러나 <표유매> 세 장 중 그 처음 두 장은 모두 두 '兮'자로써 상응하여 구를

끊었고, 끝장에서는 두 '之'자로써 상응하여 구를 끊었으니 대개 그 뜻은 부이지만 그 체는 또한 흥을 겸하였다.14)

　주희는 <도요> 시에 대해 '문왕의 교화가 집안으로부터 나라에 미쳐서 남녀가 바르게 되고 혼인을 제 때에 하였다. 그러므로 시인이 자신이 본 바를 인하여 起興해서 그 ㅇ자가 어질어 반드시 室家를 和順하게 할 줄을 안다고 탄식한 것이다'15)라고 하였다. 그리고 <표유매> 시에 대해서는 '남국이 문왕의 교화를 입어 여자들이 정조와 신의로써 스스로 지킬 줄을 알았으니 … 그러므로 매실이 떨어져 나무에 달려 있는 것이 적음을 말하여 때가 지나 너무 늦었음을 나타낸 것이다'16)라고 하였다. 그러나 모시서에서는 <도요>는 '후비의 덕으로 이룬 것을 읊은 시'이고, <표유매>는 '남녀가 제때에 혼인함을 읊은 시이다'라고 하였다.17) 모시서에서 한 <표유매>에 대한 풀이는 주희의 것과 거의 일치하나 <도요>는 그렇지 않음을 알 수 있다. 이로써 임상덕은 <도요>와 <표유매> 시를 플이함에 주희의 설을 주로 따랐던 것으로 보인다. 그렇지만, 부와 흥에 대한 이해와 설명은 주희의 것보다 구체적으로 논리화시켜 보여주었다.

　먼저 임상덕은 <도요>와 <표유매> 모두 직접 본 것을 근거삼아

---

14)『老村集』卷9, 讀書箚錄 詩傳 摽有梅 : "桃夭 美昏姻以時 正當桃華之月 摽梅 傷昏姻過時 已及梅落之節 桃與梅 皆因所見也 而一爲興 一爲賦 何也 事則類而義自別也 桃之夭夭與之子于歸一句 非一串說來 但興彼以形 所詠之事也 摽有梅與求我庶士一句 是一串說來 直賦彼 以見所感之實也 此所以因所見一也 而興與賦 別也 然摽梅三章 其初二章 皆以二兮字 相應斷句 末章 以二之字 相應斷句 蓋其義賦 而其體亦兼興也."

15) 朱熹,『詩集傳』卷1, 國風 周南 桃夭 : "文王之化 自家而國 男女以正 婚姻以時 故詩人 因所見以起興 而歎其女子之賢 知其必有以宜其室家也."

16) 朱熹,『詩集傳』卷1, 國風 召南 摽有梅 : "南國 被文王之化 女子知以貞信自守 (中略) 故言梅落而在樹者少 以見時過而太晚矣."

17)『毛傳』序, 桃夭 : "桃夭 后妃之所致也" ; 摽有梅 : "摽有梅 男女及時也."

시를 지은 듯한데, 한 작품은 흥이 되고 다른 한 작품은 부가 된 이유
는 무엇인가? 라고 하여 自問한다. 주희는 <도요>는 흥으로, <표유
매>는 부로 판정하였는데, 임상덕의 이러한 자문은 주자의 판정을
일단 인정한다는 의미이기도 하다. 하지만, 주희가 부와 흥에 대하여
막연히 '부는 그 일을 그대로 펴서 곧바로 말하는 것이다(賦者 敷陳
其事而直言之者也)'·'흥은 먼저 다른 사물을 말하여 읊은 것을 일으
키는 것이다(興者 先言他物 以引起所詠之詞也)'라고 했던 것과 다르
게 임상덕의 부와 흥에 대한 판정 근거는 논리적이다.

  임상덕은 한 편의 시에서 각각의 시구가 서로 有機的인 구조를 갖
느냐 아니면 그렇지 않느냐로써 부와 흥을 구분하였다. 따라서 유기
적인 구조를 갖춘 <표유매> 시는 부가 되고, 그렇지 않은 <도요>
작품은 흥이 된다라고 하였다. 이미 위에서 말한 주희의 부와 흥 구분
법과는 다름을 알 수 있다. 그런데, 실제로 두 작품을 詩句間 유기적
이라는 측면에서 비교하자면 별로 큰 차이를 느끼지 못할 수도 있다.
즉, 두 작품 모두 1·2구와 3·4구가 서로 얼마나 유기적인가에 대해서
는 회의적이기 때문이다. 이는 <도요> 시와 마찬가지로 <표유매>
도 각각의 시구가 그리 크게 유기적인 구조를 갖추지 않은 채 1·2구
는 단순히 3·4구를 일으키기 위한 보조적 역할만을 주로 담당하고 있
다는 말이기도 하다. 그렇다면 주희가 부로써 <표유매>를 판정한 것
이 정당한가?에 대한 의문을 제기할 수도 있다. 그러나 임상덕은 주희
의 판정에 직접 의문을 제기하는 형식이 아닌 다른 방면에서 <표유
매>가 흥을 겸하였다고 한다. 즉, <표유매>는 모두 3장으로 이루어
진 시인데, 1·2장의 2구와 4구는 '兮'라는 글자로, 그리고 3장의 2구와
4구는 '之'라는 허사로 끝마쳤기 때문에 전체적인 의미에서는 부이지
만, 체제상으로는 흥이 된다라고 한 것이다.

  다음에서도 王風의 <黍離>와 <中谷有蓷> 두 작품을 서로 비교

하며 비와 홍의 차이점을 논하였다.

 '저 기장 이삭이 늘어져 있거늘'은 본 것을 읊어 홍을 일으킨 까닭에 부이면서 홍이 되고, '골짜기 가운데 익모초가 있으니'는 또한 다만 본 것을 읊었으나 전적으로 홍에 속함은 무슨 이유인가? 일은 비록 서로 가까우나 뜻은 실상 저절로 다르다. 무릇 시 가운데에는 본 것으로 인하여 홍을 일으킨 것이 가장 많아 모두 홍에 속하고 그것이 부이면서 홍이 되는 것은 매우 적으니 유독 <중곡유퇴>만이 그러한 것은 아니다. 다만 자세히 보아 이르면 체제에 저절로 각자 속함이 있는 것이지 안배를 기다린 것은 아니다. 대저 賦라는 것은 위 구에서 중요한 사실을 내어서 말하고 아래 구에서는 모두 위 구 가운데에서 한 꿰미를 추출하여 오니 情境이 이미 모두 위 구에 있다. 興이라는 것은 위 구에서 가볍고 허령한 것을 얻어 말하고 다만 아래 구의 사실을 끄집어 일으켜 접속하여 오니 정경이 모두 아래 구에 있다. <黍離>같은 작품은 고궁이 황폐하나 그 땅에 곡식이 길러진 것을 보고서 방황하며 떠나지 못하고 하늘에 소리쳐 근심하였으니 정경이 모두 黍稷의 위에 있어서 행동을 더디게 하고 마음에 근심스러워 하는 것이 모두 서직을 따라 나오고 있다. <중곡유퇴>에서는 해가 마르고 때에 기근이 들어 室家가 흩어졌으니 만물이 가뭄을 만나 바짝 마르고 사람이 어려움을 만나 흩어져 근심함을 보고서 익모초가 있되 바짝 말랐다고 하였고, 여자가 있어 개연히 탄식하는 것을 끄집어 일으켰으니 정경이 모두 '여자가 이별을 한지라'의 위에 있어 한숨쉬며 울부짖고 철철 우는 것은 마른풀을 좇아 나온 것이 아니다. 대개 <서리>가 원래 부로서 홍을 겸한 것은 字句가 서로 접하여 응함이 있어서였을 따름이니, 이것이 없었다면 순수하게 부라고 함이 마땅하다.18)

---

18) 『老村集』 卷9, 讀書箚錄 詩傳 王 中谷有蓷 : "彼黍離離 賦所見以起興 故爲賦而興 中谷有蓷 亦只是賦所見 而專屬興 何也 事雖相近 而義實自別也 凡詩中 因所見以起興者最多 而皆屬興 其爲賦而興者甚少 不獨谷蓷爲然 第仔細看來 體製自各有屬 非待安排也 大抵賦者 上句說出重實 下句皆自上句中一串抽出來 而情境已都在上句 興者 上句說得輕虛 只以引起下句實事接續來 而情境都在下句 如黍離 見宗宮荒廢 鞠爲禾稼 彷徨不去 呼天而傷之 情境都在黍稷上 行遲心憂 皆從黍稷出來 谷蓷 歲嘆時饑 室家分散 見物之遇旱枯瘁而傷人之遭艱流離 以有蓷而嘆其乾矣 引起有女而

앞에서 <도요>와 <표유매>에서 가졌던 의문과 마찬가지로 비슷한 여건에서 지어진 작품 같은데 <서리>시는 부이면서 흥이 되고, <중곡유퇴>는 흥이 되는 이유는 무엇인가? 라고 자문한다. 주희는 <서리>와 <중곡유퇴>에 대해 전자는 부이면서 흥이라고 하였고, 후자는 흥이라고 하였다. 이렇다면 임상덕은 <도요>와 <표유매>에서 그랬던 것처럼 <서리>와 <중곡유퇴>에서도 주희의 부비흥 판정을 그대로 수용하여 의문을 제기했다고 할 수 있다. 하지만, 주희와는 달리 부와 흥을 구체적인 설명을 덧붙여 구분한다.

임상덕이 생각한 부와 흥의 구분은 간단하다. 부는 먼저 위 구에서 중요한 사실을 말하고 아래 구는 그 위 구의 내용을 따라 나오게 되니 情景이 모두 위 구에 있고, 흥은 위 구에서는 다만 가벼운 내용을 말할 뿐이고 아래 구에서 진정 말하고자 하는 내용을 일으키니 중요한 정경이 모두 아래 구에 있다라고 한다. 그리고 이런 근거를 <서리>와 <중곡유퇴> 두 작품을 들어 제시한다.

주희는 『시집전』에서 <서리> 시에 대해 주석하기를 '주나라가 東遷한 이후 大夫들이 부역을 갔다가 鎬京(西都)에 이르러 옛 종묘와 궁실을 지나다가 모두 기장밭이 되어 있었다. 이에 周室의 顚覆함을 민망히 여겨 방황하여 차마 떠날 수가 없었다'[19]라고 하였다. 임상덕은 이러한 내용을 그대로 원용하여 <서리>시가 왜 부이면서 흥이 되는지에 대한 근거를 제시한다. 먼저 <서리>시는 1장이 모두 10구로 이루어진 작품으로 중요한 정경이 앞 두 구인 '저 기장 이삭이 늘어져 있거늘, 저 피는 싹이 났도다(彼黍離離, 彼稷之苗)'에 있다라고 한다. 그렇다면 이미 말한 부의 판정 근거에 들어맞아 부가 되어야 할 것인

慨其嘆矣 情境都在有女化離上 嘆嘯啜泣 非從嘆草出來 蓋黍離元是賦所以兼興者 以字句有相接應耳 無此則當純爲賦也."

19) 朱熹, 『詩集傳』卷4, 王風 黍離 : "周旣東遷 大夫行役 至于宗廟 過故宗廟宮室 盡爲禾黍 閔宗室之顚覆 彷徨不忍去."

데, 부이면서 흥이 되는 이유는 자구가 서로 접하여 응함이 있기 때문이라고 한다. 실제로 <서리> 시를 보면, '離離'·'靡靡'·'搖搖'와 같이 글자끼리 서로 접하여 표현하였는데, 이를 두고 말하는 듯하다. 즉, 임상덕은 주희의 부이면서 흥이다라는 판정을 그대로 따르되, 전체적인 의미와 형식적인 체제를 통일시켜 판정 근거를 제시한 것이다.

또한 <중곡유퇴> 시의 배경으로 주희는『시집전』에서 '흉년에 기근이 들어 실가가 서로 버리니 부인이 물건을 보고 기흥하여 스스로 그 비탄하는 말을 서술한 것이다'[20]라고 하였는데, 임상덕은 <서리>와 마찬가지로 이를 원용하여 흥이 되는 근거를 제시한다. 즉, <서리> 시는 한 장이 6구로 된 작품인데, 앞 두 구인 '골짜기 가운데 익모초가 있으니, 바짝 말랐도다(中谷有蓷, 暵其乾矣)'는 뒤 네 구 '여자가 이별을 한지라, 개연히 탄식하노라. 개연히 탄식하니, 사람의 어려운 때를 만났도다(有女仳離, 嘅其嘆矣, 嘅其嘆矣, 遇人之艱難矣)'를 이끌어 내기 위한 보조적 역할을 담당하고 있다라고 한다. 따라서 뒤에 중요한 정경이 있어 흥으로 봄이 옳다라고 한 것이다.

이와 같은 논리로 鄭風의 <野有蔓草>가 순수하게 흥이 되지 못하고 부이면서 흥이 되는 근거를 다음에 제시한다.

이제 <野有蔓草> 시는 위 구에서 가볍고 허령함 비슷한 것을 얻어 말하여 정경이 모두 '아름다운 한 사람이여' 위에 있는 듯하다. 서로 만나 소원에 나아감이 아름다운 사람을 따라 나온 듯한데 부이면서 흥이 된 것은 무슨 이유인가? 이 시 위 구가 가볍고 허령한 듯하나 도리어 전연 허령한 것만은 아니고, 그 정경이 진실로 아름다운 사람의 淸揚에 있으나 도리어 또 蔓草와 零露에도 있다. 대개 '만초'는 들 가운데 황량하고 궁벽진 곳에 있고, '영로'는 새벽 아침 어슴푸레하게 동이 틀 때를 말한다. 이 곳과 이 때에 이 사람을 만났다. 그러므로 바로 그 우연히 서로

---

20) 朱熹,『詩集傳』卷4, 王風 中谷有蓷 : "凶年饑饉 室家相棄 婦人覽物起興而自述其悲歎之詞也."

만나기를 원한다는 한 구에 맞아 도리어 한데 합치어 붙여서 위의 네 구를 얻었으니 만약 이 한 구라도 없다면 문득 순전히 흥이 될 것이다.[21]

<야유만초>는 모두 두 장으로 이루어진 시로 제 1장 내용을 들어보면, '들에 만초가 있으니, 내란 이슬이 흠뻑 맺혀 있도다. 아름다운 한 사람이여, 淸揚이 예쁘기도 하도다. 우연히 서로 만나니, 나의 소원에 맞도다(野有蔓草, 零露溥兮. 有美一人, 淸揚婉兮. 邂逅相遇, 適我願兮)'이다. 이 1장을 보더라도 작자가 진정 말하고자 하는 내용이 3구부터 마지막 6구까지라면 정경이 뒤에 있어 흥이 되어야 할텐데 부이면서 흥이 되는 이유가 무엇인지를 자문한다. 임상덕은 부이면서 흥이 되는 근거를 1구와 2구의 '만초'와 '영로'에서 찾는다. '만초'는 들 가운데 황량하고 궁벽진 곳에 있으며, '영로'는 방울져 떨어지는 이슬이라는 뜻으로 주로 새벽을 의미한다고 할 수도 있다. 들의 궁벽지고 황량한 곳에서 새벽에 우연히 아름다운 사람을 만났으니 '만초'와 '영로'가 순전히 허령만을 담고 있지 않다는 논리이다. 따라서 만약 '만초'와 '영로' 중 한 구라도 없다면 구끼리의 유기적 구조가 이루어지지 않아 순전한 흥이 될 것인데, 그렇지 않아서 부이면서도 흥이 되었다라고 한다.

이상과 같이 임상덕의 부비흥론은 주희의 판정을 바탕으로 하면서도 주희와 다른 입장에서 구체적이며 논리적으로 그 근거까지 제시한 점을 특징으로 들 수 있다. 이는 주희의 판정을 존중하되 무조건 동조하기보다는 나름대로 가지고 있는 부비흥의 판정 근거를 제시한 것으

---

21) 『老村集』卷9, 讀書箚錄 詩傳 野有蔓草 : "今此詩上句說得似輕虛 情境似都在有美一人上 相遇適願 似從有美出來 而爲賦而興 何也 此詩上句似輕虛 而却不全然輕虛 其情境固在有美淸揚上 而却亦在蔓草零露上 蓋蔓草者 野中荒僻之處 零露者 曉朝曨曈之時 此地此時 逢著此人 故正適其願 邂逅相遇一句 却摠貼得上四句 若無此一句 便純爲興也."

로 약간의 근대적 의식이 이미 싹트고 있음을 볼 수 있다.

4. 작품의 機能的 재해석과 의미

『시경』에 대한 해석은 개인에 따라 혹은 사회의 학문적 분위기와 사상적 추이에 따라 다르게 나타났다. 중국의 경우, 유가를 국가의 정치이념으로 받아들인 한 때는 정치적이고 도덕적인 면에 附會하여 해석하였고, 송대의 주희는 문학 자체를 효용적 측면에서 바라보았기 때문에『시경』해석도 물론 이의 범위를 크게 벗어나지 못하였다. 주희의 이런 해석 방법은 우리나라에 크게 영향을 끼쳐 적어도 조선 초·중기까지 유효했던 것으로 나타난다. 그러나 조선중기 이후에 접어들면서 주희의 해석틀에서 벗어나려는 움직임이 강하게 대두되었고, 이런 현상은 시간이 흐를수록 점차 무르익어 갔다.

임상덕은 주희의『시집전』을 저본으로『시경』을 익혔던 것으로 생각된다. 3장 부비흥론에서 언급했듯이 주희의 부비흥 판정에 동의하였고, 작품을 들여다봄에 주희의『시집전』주석을 바탕으로 재해석하는 모습을 보여주고 있기 때문이다. 따라서 여기서 중요하게 다루어야 할 것은 재해석을 어떠한 측면에서 했을 것인가? 하는 점이다.『시경』에 있어 개인적 재해석은 한 개인의『시경』을 바라보는 시각이요, 결국 시를 바라보는 태도일 수도 있어 중요하다.

임상덕은 국풍론을 통해『시경』을 여러 측면에서 논의하였다. 이상적인 창작 방법에 대해 언급하는가 하면,22) 시문의 글자에 치중하여

---

22)『老村集』卷9, 讀書箚錄 詩傳 廊 君子偕老 : "衛人之刺宣姜者三 牆有
　茨·君子偕老·鶉之奔奔是也 獨君子偕老 最婉而得體 想其作者 必當世
　能言之士 君子風刺本國之事 當如此 若牆茨 已殊失爲國諱惡之道 而至鶉

풀이하기도 하는 등,[23] 작품을 나름대로 해석하고서 주관적 생각을 덧보태었다. 그 재해석의 가장 큰 특징은 『시경』 작품을 실제 생활과 연계시켜 기능적인 면에 치중했다는 점이다.

　　현자에게 예의를 보이는 것은 나라의 先務이니 군자는 <簡兮>편을 읽어 위나라 도가 떨치지 못함을 알아야 하고, <干旄>장을 외워 위나라 정치의 부흥을 보아야 한다.[24]

　<簡兮>는 邶風 시이고, <干旄>는 鄘風 시이다. <간혜>시에 대해 주희는 '賢者가 뜻을 얻지 못하여 樂官으로 벼슬을 하여 세상을 가볍게 여기고 뜻을 방자하게 하는 마음이 있었다'[25]라고 하는 한편, <간모>시에 대해서는 '위나라 대부가 車馬를 타고 干旄를 꽂고서 현자를 만나려는 내용이다'[26]라고 하였다. 임상덕은 모두 같은 위나

奔 則尤爲太迫切矣 想鶉奔 只是下里民俗之作."；같은 책, 衛 碩人："此 詩 當與君子偕老參看 二詩皆盛稱其服飾容貌之美 而一美一惡 點綴隱暎 展衣蒙絺 卽衣錦褧衣也 玼兮之翟 卽翟茀以朝也 鬒髮揚晳 卽蝤首蛾眉也 美惡同辭 而意味自別 讀偕老之篇 則宣姜之一身 自頂至踵 無非醜色 讀 碩人之篇 則莊姜之一身 自表至裏 無非德容 令人想像諷詠 極好理會 然 偕老 疾之嘲之之詞 故子之不淑 云如之何 辭氣稍露 碩人 悶之惜之之詞 故大夫夙退 無使君勞 旨意益婉 偕老之稱宣姜 或曰子 或曰其賤之也 碩 人之稱莊姜 必曰碩人 尊之也 碩人備述其族姻 使人曉然知其爲莊姜 明言 之也 偕老 只言展如之人 使人莫知其爲誰某 諱言之也 此則美與刺 所以 異也."

23) 『老村集』卷9, 讀書箚錄 詩傳 氓："落 榮氣凋謝也 隕 辭枝而飄墮也 言 葉之凋謝 則色黃而當墮 此已之衰老 則容醜而見棄也 落隕二字 並作一義 看 則冗複而無味."

24) 『老村集』卷9, 讀書箚錄 詩傳 干旄："禮賢 國之先務 君子讀簡兮之篇 而 知衛道之不振 誦干旄之章 而見衛政之復興."

25) 朱熹, 『詩集傳』卷2, 邶風 簡兮："賢者不得志而仕於伶官 有經世肆志之 心焉."

26) 朱熹, 『詩集傳』卷3, 鄘風 干旄："言衛大夫乘此車馬 建此旌旄 以見賢

라 시이면서도 현자에게 예의를 보이는 모습이 각각 다름을 대조하며, 현자에게 예의를 갖춘 <간모>시를 통해서 정치의 부흥을 볼 수 있는 반면, 그렇지 않은 <간혜>시에서는 도의 떨치지 못함을 보았다라고 하여 시가 현실적으로 어떤 기능을 담당해야 하는지를 보여주었다.

작품의 기능성 강조는 결국 시 내용이 독자에게 무엇을 전달해주는 역할이 있음을 드러내 보이기도 한다.

> 부부의 사이는 貴賤이 첫째이다. '아내가 말하기를 닭이 우네요'를 읽으면 사대부와 서민 집안의 법도를 알 수가 있고, '닭이 이미 울었다'를 읽으면 왕의 궁궐 안 법도를 알 수 있다. <女日雞鳴> 끝장에서는 賢士인 친구에게서 환심얻을 것을 권면하였고, <鷄鳴> 끝장에서는 사대부에게 죄 얻지 말 것을 경계하였으니 일의 크고 작음은 있으나 그 뜻은 하나이다.[27)]

임상덕 국풍론의 한 특징이 두 작품 이상을 서로 대비하여 공통점과 차이점을 찾아내는 데에 있는데, 위에서도 같은 방법을 사용하였다. <女日鷄鳴>은 鄭風의 시이고, <鷄鳴>은 齊風에 실린 시이다. 두 작품은 모두 부부의 도를 그 내용으로 담고 있는데, 한 작품은 서민 부부를 또 다른 한 작품은 궁궐의 왕과 후비를 그 주체로 삼았다. <여왈계명>에 대해 주희는 '이는 시인이 어진 부부가 서로 경계한 말을 기록한 것이다. (중략) 그 서로 경계한 말이 이와 같으니 宴昵의 사사로움에 얽매이지 않음을 알 수 있다'[28)]라고 하였고, <계명>에

者 …"
27) 『老村集』 卷9, 讀書箚錄 詩傳 齊 雞鳴 : "夫婦之際 貴賤一也 讀女日雞鳴 而知士庶之家道 讀雞旣鳴矣 而知后王之壼畟 女曰雞鳴末章 勉之以得歡 心於賢士友 雞旣鳴矣末章 戒之以無得罪於士大夫 事有大小而其意一也."
28) 朱熹, 『詩集傳』 卷4, 鄭風 女日鷄鳴 : "此詩人述賢夫婦相警戒之詞 (中略) 其相與警戒之言 如此則不留於宴昵之私 可知矣."

대해서는 '옛날 어진 후비가 人君을 처소에서 모시고 있으면서 날이
새려고 할 때에 이르면 반드시 인군에게 아뢰기를 "닭이 이미 울었으
니 조정에 모인 신하들이 가득할 것입니다"라고 하였으니, 이는 군주
로 하여금 일찍 일어나 조회를 보게 하고자 해서이다'29)라고 하였는
데, 임상덕은 이러한 내용을 바탕으로 비록 두 작품에 나오는 주체가
달라 일이 크고 작게 느껴질지는 몰라도 부부의 도는 같음을 보여주
려고 하였다.

임상덕은 또한『시경』작품을 통해 한 나라가 앞으로 어떤 방향으
로 갈 것인지도 내다보았다.

① <北門>에서는 위나라의 신하가 나라를 위하여 수고로움을 맡았으
나 떠날 형세를 얻지 못하여 '하늘이 실로 이렇게 만드셨으니'의 탄
식을 두었고, <北風>에서는 징후를 보고 기미를 알아 때에 맞추어
물러나 즐거이 함께 돌아갈 뜻을 두니 그 나라를 알 수 있겠다. (중
략) 이러한 시를 지은 사람은 그 반드시 진퇴와 존망의 이치에 밝았
던 사람일 것이다.30)

② 한 아녀자로서 생각할 수 있음이 이와 같았으니, 古今의 망한 나라
의 君臣이 이 시를 읽는다면 조금 부끄러워 해야할 것이다. 마치 백
성들이 쇠락 寓居하여 마침내 나라를 세울 수 없었으니 다만 위나라
에 齊나라 桓公의 덕이 없었을 뿐 아니라 또한 백성의 군신으로 許
나라 穆夫人의 현숙함도 없어서였다.31)

---

29) 朱熹,『詩集傳』卷5, 齊風 鷄鳴 : "言古之賢妃 御於君所 至於將旦之時 必
告君曰 鷄旣鳴矣 會朝之臣 旣已盈矣 欲令君早起而視朝也."
30)『老村集』卷9, 讀書箚錄 詩傳 北門北風 : "衛國之臣 許國任勞 勢不得去
則有天實爲之之歎 見象知幾 時足以退 則有惠然同歸之志 其國可知矣 (中
略) 作此詩者 其必明於進退存亡之理者乎."
31)『老村集』卷9, 讀書箚錄 詩傳 載馳 : "一婦人而志慮能如此 古今亡國之君
臣 讀此詩 可以小愧矣 如黎人瑣尾寄寓 終不能建立 不但衛無齊桓之德
抑亦黎之君臣 無許穆夫人之賢矣."

①의 <北門>과 <北風>시는 모두 패풍에 실린 작품이다. 주희는 <북문>은 위나라의 신하가 난세에 처했어도 차마 임금에게 직접 원망을 하지 못하고, 하늘에 간접 원망했다라그 하였고, <북풍>은 나라에 환란이 닥치자 서로 좋아하는 사람과 떠나서 난리를 피하고자 함을 내용으로 했다라고 하였다. 즉, 나라에 어려움이 닥쳤을 때 신하에게는 進退의 두 가지 극단적인 처신 방법이 있을 것인데, <북문>에서는 진하고 <북풍>에서는 퇴했으니 위나라가 앞으로 어떻게 될 것인지를 알 수 있다라고 하였다.

②는 용풍 <載馳> 4장 3·4구에 나오는 許나라 穆夫人의 말인 '큰 하늘에 하소연하고프나, 누구를 통하여 누구에게 가야 하나'[32]를 바탕으로 위나라를 전망하였다. 따라서 위 문장 중의 첫 구절 '한 아녀자로서 생각할 수 있음이 이와 같았다'라고 할 때의 아녀자는 구체적으로 허나라 목부인을 말한다. 목부인은 원래 위나라가 본국인데, 허나라로 시집을 와 살고 있는 처지이다. 그런데, 자신의 본국인 위나라가 멸망한 것을 알면서도 허나라의 힘이 약할 뿐 아니라 의리상으로도 친정의 나라에 돌아갈 수 없는 자신의 입장을 애통해하고 있다. 임상덕은 이런 목부인의 마음이 바로 나라를 위하는 길임을 알고 있었기에 만약 위나라에 목부인과 같은 현숙함을 갖춘 신하가 있었더라면 위나라는 아마도 망하지 않았을 것이라고 하였다.

뿐만 아니라 임상덕은 『시경』 작품을 통해 풍속의 同異도 엿볼 수 있다라고 한다.

제 나라 사람이 文姜을 미워함은 마치 위나라 사람이 宣姜을 미워한 것과 같다. 그러나 위나라 시는 배척한 말이 많고, 제나라 시는 완곡한 말이 많으니 이 두 나라의 풍속이 같지 않다. 전에서 말하기를 "제나라가 한 번 변하면 노나라에 이르고, 노나라가 한 번 변하면 도에 이른다"

---

32) 『詩經』 卷3, 鄘風 載馳 : "控于大邦 誰因誰極."

라고 하였으니 시로써 보건대, 또한 그 풍속을 보기에 족하다. 정나라와 위나라에 비교하자면 오히려 성실하고 순후하다. 漢・魏 사이에서 문장을 논할 때 매양 제나라 기운이 느리다라고 칭하였으니 그 사람의 성정과 글의 기운이 또한 이와 같은 것이 있었다.[33]

　文姜과 宣姜은 모두『시경』원문을 풀이하는 과정에서 작품과 연계된 여인들로 간통했다는 이유 때문에 가장 不善한 모습으로 묘사되어 있다. 그러나 같은 처지에 놓여있었지만, 방법적인 면에서 보자면 위나라는 배척하여 직접 부정적으로 표현한 반면, 제나라는 간접적인 방법을 써 완곡하게 그렸다고 한다. 이러한 차이를 임상덕은 나라가 지닌 풍속에서 찾고자 한다. 즉, 제나라가 문강과 같은 여인이 있어 비록 풍속이 흐린 듯하지만, 정과 위나라에 비교하면 그나마 좀더 성실하고 순후하다라고 본 것이다. 또한 이런 순후한 풍속은 결국 사람의 성정 뿐 아니라 글과 연결되어 급박하지 않은 완만한 기운을 가져오게 되었다라고 한다. 일찍이 공자는 '그 나라에 들어가면 그 가르침을 알 수 있으니 그 사람됨이 溫柔敦厚함은 시의 가르침이다'[34]라고 했는가 하면, '放鄭聲'・'鄭聲淫'이라는 말[35]도 하였다. 온유돈후는 유가의 전통적인 詩敎로 원자를 할 때 날카롭고 혹독한 방법을 배제하고 넌즈시 간해야 함을 강조한 방법적 측면을 말한다. 위・정의 시에 비해 제나라 시를 우위에 둔 것으로 보아 임상덕도 유가의 시교인 온유돈후를『시경』해석의 한 기준으로 삼았음을 알 수 있다.

---

33) 『老村集』卷9, 讀書箚錄 詩傳 載驅: "齊人之惡文姜 如衛人之惡宣姜 然衛詩多斥言 齊詩多婉辭 此二國之風不同也 傳曰 齊一變至魯 魯一變至道 以詩觀之 亦足見其風俗 比鄭・衛 猶忠厚 漢・魏間論文章 每稱齊氣爲舒緩 其人性情辭氣 亦有如此者."
34) 『禮記』卷23, 經解: "孔子曰入其國 其敎可知也 其爲人也 溫柔敦厚 詩敎也."
35) 『論語』,「衛靈公」: "顏淵問爲邦 子曰行夏之時 乘殷之輅 服周之冕 樂則韶舞 放鄭聲 遠佞人 鄭聲音 佞人殆."

이상과 같이 임상덕은 『시경』을 기능적 측면에 초점을 두어 재해석하였는데, 이는 시의 사회적 효용을 다시 한번 되짚어본 결과라고 할 수 있다. 공자는 시의 중요성을 언급하는 가운데 '시는 일으킬 수 있으며, 살필 수 있으며, 무리를 지을 수 있으며, 원망할 수 있다'36)라고 하였는데, 바로 시의 효용적 가치를 강조한 대목으로 알려져 있다. 특히, 이 네 가지 중에서 사회적으로 가장 큰 효용은 시를 통해 무엇인가를 살필 수 있다는 점일 것인데, 임상덕이 『시경』을 기능적으로 재해석한 것과 관련지어 볼 수도 있다. 결국 임상덕 자신이 유학자의 위치에 있었기 때문에 『시경』을 바라보는 틀도 여기에서 크게 벗어날 수 없었을 것으로 생각된다.

그런데 시의 효능을 강조하는 유가적 틀을 크게 벗어날 수는 없었지만, 『시경』 작품을 실재했던 역사적 사건과 인물에 연계시킨 점은 눈여겨볼 만한 부분이다.

① 公孫弘의 무명 이불이 검소했다던 검소하다 할 것이나 그 배운 것이 굽혀진 까닭에 그 밖으로는 곧 아첨할 뿐이었다.37)

② 우리나라의 고려 말에 文忠 鄭夢周가 禍가 항상 있는 것을 알았으나 마침내 떠나지 아니하였으니, 대개 그 마음이 또 '하늘이 실로 이렇게 만드셨으니, 말한들 무엇하리요?'의 사람이라고 이르겠다. 만약 <북풍>의 뜻을 冶隱 吉再에게 쓴다면, 처한 처지가 같지 않아 행한 뜻도 또한 달랐을 것이다.38)

---

36) 『論語』, 「陽貨」: "詩可以興 可以觀 可以群 可以怨."
37) 『老村集』 卷9, 讀書箚錄 詩傳, 羔羊: "公孫弘布被 儉則儉矣 其學曲 故其外便佞而已矣."
38) 『老村集』 卷9, 讀書箚錄 詩傳, 北門北風: "我東麗季 鄭文忠知禍在朝夕 而終不去 蓋其心 亦曰天實爲之 謂之何哉者也 若北風之義 吉冶隱以之 所處之地不同 故所行之義 亦異也."

③ 위나라 靈公이 南子와 더불어 함께 수레를 타고 가면서 의기양양해 하며 시내를 지나가니 공자가 위나라를 떠났다. 시에서 말하기를 '여자가 수레를 함께 타니, 얼굴이 무궁화꽃 같도다. 장차 翱翔하나니, 佩玉이 瓊琚로다'라고 함은 그 이러한 종류를 이름이다. 대개 남자와 여자가 함께 수레를 타고 시내의 도로를 지남은 그 음란함이 심하다.39)

④ 송나라 江州刺史 王弘이 陶淵明의 현명함을 사랑하여 맞이하고자 했다. (그러나) 이르지 아니할까 두려워서 도연명이 廬山에서 노닌다는 말을 듣고서 먼저 술상을 베풀어 갖추어 기다렸다고 하니 이 시를 말함이로다.40)

⑤ 이 시는 대개 사람을 방문했으나 만나지 못한 말이다. 시의 뜻을 자세히 완미하면 그 방문한 사람은 뜻이 반드시 후대 張志和의 무리요 이 시를 지은 사람은 그 또한 王子猷가 戴安道를 방문한 것으로 일으켰는가?41)

①은 소남 <羔羊>에 대해 주희가 '남국이 문왕의 정사에 교화되어 지위에 있는 자들이 모두 절검하고 정직하였다'42)라는 주석을 바탕으로 검소한 생활을 했다고 알려진 公孫弘이라는 인물을 상기시키고 있다. 공손홍은 중국 한나라 때의 재상으로 집이 가난하여 40세에야 비로소 『春秋』를 익히고, 武帝 때 60세의 나이로 박사가 된 인물이다. 그런데 轅固生이라는 인물이 나이 90세에 함께 등용되자 늙은이라고 깔보는 등 무시하니 원고생이 공손홍에게 曲學阿世하지 말

---

39) 『老村集』卷9, 讀書箚錄 詩傳 鄭 有女同車："衛靈公與南子 同載招搖而過市 孔子去衛詩曰 有女同車 顔如舜華 將翱將翔 佩玉瓊琚 其此類之謂也 蓋男子與女子 同車共載 過于市道 其淫亂甚矣."

40) 『老村集』卷9, 讀書箚錄 詩傳 唐 有杕之杜："宋江州刺史王弘 慕陶淵明之賢 欲邀之 恐不至 聞其遊廬山 爲先設酒具以待之 其此詩之謂也."

41) 『老村集』卷9, 讀書箚錄 詩傳 秦 蒹葭："此詩 蓋訪人不遇之詞 而細玩詩意 其所訪者 意必後世張志和之流 而作此詩者 其亦王子猷訪戴安道之興乎."

42) 朱熹, 『詩集傳』卷1, 召南 羔羊："南國 化文王之政 在位皆節儉正直."

것을 권유했다고 하는 고사가 전해져 온다. 임상덕은 공손홍이 비록 절검한 생활을 했다고 하더라도 곡학아세하는 자세를 지녔기에 褒할 수만은 없다라고 보았다.

②는 앞에서 이미 보았던 패풍 <북문>과 <북풍> 시에 대한 견해를 밝힌 뒤에 언급한 내용으로 고려말과 조선초 충신으로 알려진 圃隱 鄭夢周와 冶隱 吉再를『시경』작품에 대비하였다. 정몽주와 길재는 모두 절개를 지킨 인물로 알려져 있는데 작품을 통해 이런 점을 부각시키려 했던 것으로 추측된다.

③은 정풍 <有女同車>에 나오는 수레를 탄 여인과 위나라 靈公의 부인인 南子를 연관지은 내용이다. 남자는 음란한 여자로 알려져 있는데, 그 남편인 영공과 함께 수레를 타고 가며 의기양양해했다고 함은 당시 상황으로 보자면 음란함의 극치를 보여준 것으로 결국 공자가 위나라를 떠나게 된 결정적 계기를 만들어주었다. 사실 <유녀동거>의 내용은 여인의 아름다운 외모를 주로 표현하였는데, 임상덕은 이를 남자와 여자가 수레를 함께 타는 것은 음란하다는 데에 초점을 맞추어 원래『시경』의 의미에서 멀어졌음을 알 수 있다.

④는 唐風 <有杕之杜>의 첫장 구절인 '우뚝 선 아가위나무여, 길 동쪽에 났도다. 저 군자여, 기꺼이 나에게 오시려나. 中心으로 그를 좋아하나, 어떻게 하면 음식을 드시게 할꼬?'[43]의 내용을 중국 송나라 때의 인물인 王弘과 연관지었다. <유체지두>에 대하여 주희는 '어떤 사람이 현인을 좋아하되 그가 이르지 않을까 두려워하였다'라고 주석하였는데, 임상덕은 이를 바탕으로 왕홍이 陶淵明을 사랑하여 초대하고자 하나 혹시 도연명이 이르지 않을까 두려워하며 손수 술상을 마련하여 廬山까지 갔다라는 소견을 적었다. <유녀동거>와 마찬가지

---

43)『詩經』卷6, 唐風 有杕之杜 : "有杕之杜 生于道左 彼君子兮 噬肯適我 中心好之 曷飮食之."

로 <유체지두>도 시·공간상으로는『시경』과 차이가 크나 '현자를
맞이하고자 하나 오지않음을 걱정했다'라고 한 주희의 생각과는 어느
정도 일맥상통한다.

⑤는 秦風에 수록된 <蒹葭>시를 주희의 주석과 비슷하게 '사람을
방문했으나 만나지 못함을 적었다'라고 하며, 중국의 역사적 인물인
張志和, 王子猷, 그리고 戴安道와 연계하였다. 장지화는 당 때의 시인
으로 벼슬을 그만둔 후로는 자연을 벗삼아 강호를 거닐면서 시와 그림
을 그렸던 이로 <漁歌子>라는 작품을 남겼고, 왕자유는 王羲之의 5남
으로 알려져 있다. 대안도는 晉 때의 사람으로 이름이 戴逵이며, 불교
를 신봉하여 특히, 불상을 주조하고 조각하기를 잘하였다고 한다. 따라
서 앞에서 보았던 작품과 마찬가지로 <겸가>시와 세 인물이 시·공
간상으로는 불일치하나 의미만을 따져 연계했을 것으로 보인다.

지금까지 살펴본 바와 같이 임상덕은『시경』작품과 역사적 사
건·인물을 의도적으로 연계시키려고도 하였다. 이미 임상덕은 그의
나이 30세 때『동사회강』이라는 우리나라 역사서를 저술했다고 언급
하였는데, 이러한 역사에 대한 관심이『시경』국풍론을 전개하던 중
자연스럽게 표출되었을 것으로 생각한다. 이는『시경』과 현실을 관련
지어보려는 또 다른 움직임으로 임상덕의 自得的인 면이 드러났다는
데에 의미를 부여할 수 있겠다.

5. 맺음말

본 논고는 임상덕이 논한『시경』국풍론을 대상으로 그 구체적인
내용을 구명해고자 하였다. 임상덕의 시경론은 국풍만을 주로 한 것으
로 모두 34항으로 이루어져 있어 다른 문인들이 남긴 시경론과 비교할

때 양적인 면에서 결코 많다고 할 수는 없다. 그러나 내용을 통해 한 지식인이 당시 경전을 어떠한 모습으로 새롭게 해석하려 했는가를 보여준다는 관점에서 시경론 역사의 중요 위치에 있다고 하겠다.

첫째, 이남에 대한 임상덕의 견해를 살폈다. 그 결과 임상덕은 주·소의 의미를 세울 때에는 정현과 주희의 설을 어느 정도 바탕 삼았지만, 주남·소남의 기준을 정하고 세분함에는 나름대로 원칙을 두었음을 알 수 있었다. 특히, 주남·소남의 기준으로 '왕자의 풍'과 '제후의 풍보다 순수한 것'을 말하고서 덧붙여 열국의 시로서 '제후의 풍'을 언급한 것으로 보아 『시경』 국풍시를 세 부류로 나누었다고 판단하였다. 또한 시를 풀이함에 아무 이유 없이 문왕·태사와 연계시키는 것을 비판하였는데, 시를 교화적으로 보는 시각에 대한 회의라고 결론지었다.

둘째, 부비흥론에 대하여 고찰하였다. 임상덕의 부비흥론은 주희의 판정을 바탕으로 하면서도 주희와 다른 입장에서 구체적이며 논리적으로 그 근거까지 제시함 점을 특징으로 들 수 있다. 이는 주희의 판정을 존중하되 무조건 동조하기보다는 나름대로 가지고 있는 부비흥의 판정 근거를 제시하여 경전에 대한 남다른 분석 능력을 보여주었다고 할 수 있다.

셋째, 작품 재해석의 특징과 그 의미를 새겨보았다. 『시경』에 있어 개인적 재해석은 한 개인의 『시경』을 바라보는 시각이요, 결국 시를 바라보는 태도일 수도 있어 중요하다. 임상덕은 『시경』을 기능적 측면에 초점을 두어 재해석하였는데, 이는 시의 사회적 효용을 다시 한 번 되짚어본 결과라고 할 수 있다. 결국 임상덕 자신이 유학자의 위치에 있었기 때문에 『시경』을 바라보는 틀도 여기에서 크게 벗어날 수 없었을 것으로 생각된다. 또한 임상덕은 『시경』 작품과 역사적 사건·인물을 의도적으로 연계시키려고 하였다. 이미 그의 나이 30세

때 『동사회강』이라는 우리나라 역사서를 저술하였는데, 이러한 역사
에 대한 관심이 『시경』 국풍론을 전개하던 중 자연스럽게 표출되었
을 것으로 생각한다. 이는 『시경』과 현실을 관련지어보려는 또 다른
움직임으로 自得的인 면이 드러났다는 데에 의미를 부여할 수 있겠다.

參 考 論 著

『老村集』(여강출판사, 1985)　『論語』　『詩經』
『詩譜』(鄭玄)　『詩集傳』(朱熹)　『禮記』

朴錫武, 『茶山紀行』, 한길사, 1988.
柳塋杓, 「詩經 二南 獨立問題考」, 『중국학보』 제24집, 한국중국학회, 1984.

附論

蓀谷 李達의 시문 연구

●
●
●

1장

李達 題畵詩의 形象化 방법

1. 머리말

蓀谷 李達(1539?∼1618?)은 세칭 三唐詩人의 한 사람으로 불리운
다.[1] 그가 생존했던 16세기나 17세기 상황은 몇 차례의 사화와 당쟁,
그리고 임·병 양란이라는 큰 전쟁을 치렀던 혼돈의 시기였다. 이런
분위기에도 불구하고 투철한 문학정신을 갖추려고 노력했던 문인들
을 어렵지 않게 찾을 수 있는데, '穆陵盛世'라 하여 文運이 왕성했던
때로 자리 매김하는 이유도 이 때문이다. 고려 말이래 선초까지 성행
했던 宋詩風을 지양하고, 비교적 인간의 감정을 중시하는 唐詩風으로
의 변모는 문단의 상황을 日新하기에 이르렀던 것이다.

삼당시인의 출현은 이때의 문운 정도를 대변해준다. 이들은 시를
餘技로써가 아닌 솔직한 인간 감정을 담아낼 수 있는 없어서는 안될
것으로 인식하여 그 창작 또한 투철한 작가 정신에 기반을 두었다.

그 동안 삼당시인에 대한 연구는 그 중요도에 맞추어 적지 않은 성

---

1) 任相元, 「蓀谷集序」: "當穆陵朝 有稱三唐集者 謂崔孤竹慶昌 白玉峯光
勳 李蓀谷達也 是三子者 刻意摹唐 間有絶相肖者 驟而續之 倩麗可愛 若
奪唐人之髓."
申緯,『警修堂集』10冊 48卷,「東人論詩絶句」其十七 : "才擅三唐崔白李
溯源風謂始沖庵 後來深院孤竹句 突過杏花微雨簾."

과가 있었다. 특히, 이달과 그의 시에 대한 연구 고찰은 삼당시인 중 다른 두 사람에 비해 두드러진다.[2] 이런 결과가 나오게 된 이유는 許 筠 이후 비평가들이 삼당시인 중에서 특히, 이달에 대한 찬사를 아끼지 않았기 때문이다.[3]

본 논고에서는 이달 題畵詩의 形象化 방법을 이미지 표출과 거리 조절, 경물 표현면에서 살피려고 한다. 이달은 그의 시문집『蓀谷集』 6卷을 남겼는데, 여기에는 그림을 감상하고 시로 형상화한 작품이 모두 14題 31首에 이르고 있다. 이러한 작품 수는 그림에 대한 그의 所懷가 일회성이 아니었음을 말해준다. 따라서 그 동안 그의 제화시에 관심을 보여 자주 언급되긴 했지만, 여러 측면에서 고찰하여 체계화시키진 못하였다.[4]

---

2) 지금까지 이달과 그의 시에 대한 연구 논문은 수십편에 이른다. 그중 본 논고를 서술하는데 있어 도움의 자료로 삼은 논문은 다음과 같다.
宋寯鎬,「蓀谷 李達詩 硏究」, Ⅰ,『東方學志』제64집, 연세대 국학연구원, 1989 ;「우리 漢詩의 理解를 위한 省察과 하나의 試論 − 李達의 詩를 例로 하여 −」,『한국한문학연구』학회창립 20주년 기념 특집호, 한국한문학회, 1996 ; 安炳鶴,『三唐派 詩世界 硏究』, 고려대 박사학위논문, 1988 ;「李達의 詩世界에 있어서의 束縛된 自我와 그 變奏」,『泰東古典硏究』제4집, 한림대 태동고전연구소, 1986 ; 柳晟俊,「蓀谷 李達詩의 唐風的 試攷」,『韓國學論集』제7집, 계명대 한국학연구소, 1980 ;「李達과 王維의 詩 比較攷」, 東方文學比較硏究會 編,『衝擊과 調和』, 국학자료원, 1992 ; 兪賢淑,『蓀谷 李達의 詩硏究』, 동국대 박사학위논문, 1987 ; 李鍾虎,「蓀谷 李達과 三唐詩」, 성균관대 석사학위논문, 1980 ; 崔敬桓,「李達의 題畵詩와 詩的 形象化」,『西江語文』제7집, 서강어문학회, 1990.
3) 許筠,「惺叟詩話」:"崔詩悍勁 白詩枯淡 俱不失李唐跬逕 誠亦千載希調也 李益之較大 故包崔孕白而自成大家也."
具樹勳 撰,「二旬錄」:"我國文章以明宣爲盛際 蓀谷李達出於庶孼 以詩名世 尤長於七絶 殆逼唐調."
4) 崔敬桓만이 앞의 논문을 통하여 이달 제화시를 체계화시키기는 했지만, 이달 제화시를 주제와 시적 진술의 대상에 따른 하나의 시적 범주로 분류하고 있어 본 논고의 방향과는 다른 점을 보였다.

　지금까지도 그랬지만 앞으로 한시에 대한 연구 태도는 실증적 견지
에서 이루어져야 할 것이다. 즉, 작품이 지어졌을 당시뿐 아니라 그
후대인의 평을 적극 참조해야 한다는 말이다. 그러나 그러한 비평들
은 대개 한 작가의 작품 개별성을 존중해서 나왔다기보다 전체 작품
을 평하는 가운데 나와 인상적으로 이루어진 것이 많다. 이달도 마찬
가지여서 삼당시인 중 한 사람이라는 사실 때문에 많은 연구자들이
그의 시에 대해 唐風的 특질을 지녔다라고 먼저 규정하고 전개한 경
우가 많았다. 본 논고는 이러한 것은 될 수 있으면 지양하고, 개개 작
품을 분석하여 이달 제화시 특색을 드러내 보일 것이며, 이러한 가운
데 詩風 특징도 자연스럽게 나타나게 될 것이다.

2. 題畵詩 제작 경위

　한시는 시적 제재에 따라 懷古·詠物·山水·紀行·閨怨·題畵
詩 등으로 나뉜다. 이중 제화시는 화면상의 여백에 써넣어지든 아니
든 시인이 그림을 시적 제재나 대상으로 하여 지은 시[5]라고 정의할

---

5) 題畵詩를 포괄하는 용어로 題畵文學이 있다. 제화문학에는 畵贊·題
　詩·畵記·畵跋 등이 있는데, 화찬과 제시는 운문의 형식을 빌은 것이
　고, 화기와 화발은 산문의 형태로 지어진 것이다. 또한 제화시와 비슷한
　용어로 畵題詩·詠畵詩가 있는데, 화제시는 화면상의 여백에 적혀진 시
　들 가운데 그림의 제재나 대상이 된 시를 가리키고, 영화시는 그림을 시
　적 제재나 대상으로 하였지만, 화면상의 여백에 적혀지지 아니한 시를
　말한다. 이에 대한 사항은 孫政仁, 「李奎報 題畵詩의 考察」, 『嶺南語文
　學』 제14집, 영남대 어문학회, 1987, 194쪽 ; 李慧淳, 「牧隱 李穡의 題畵
　詩 試考」, 『梨花女子大學論叢』 제52집, 이화여자대학교, 1987, 56쪽 ; 崔
　敬桓, 『韓國 題畵詩의 陳述樣相 硏究』, 서강대 박사학위논문, 1990, 1~2
　쪽 등을 참조할 것.

수 있다.

시는 자연, 인생 등의 모든 사물에 대하여 일어나는 정서, 감흥, 상상, 사상 등을 문자를 통하여 일종의 운율적 형식으로 표현하는 것이고, 회화는 어떤 사물의 형상이나 그리는 사람의 심상을 필묵을 이용하여 공간에 선과 색으로 형상화하는 것으로 시와 회화는 그 표현 형식이 다르다.[6] 시와 그림의 이런 차이로 인해 Gotthold Ephraim Lessing(1729~1781)은 회화는 공간상에 존재하는 형태와 색채를 사용하고, 시는 시간상에 존재하는 소리를 사용한다[7]라고 하여 둘을 구분짓고 있다. 즉, 시와 그림은 그 매개체가 다르기 때문에 하나는 동작을 서술하는 데에 적당하고, 또 하나는 정물을 묘사하는데 알맞은 것이다.[8]

그러나 시와 그림의 표현 방법상의 차이는 오히려 서로 보완할 수 있는 여지를 내포하고 있다. 그림에서 보여주지 못하는 동적인 느낌과 음악성 등은 시를 통하여 표현 가능하며, 또한 그림에 얽힌 사연이나 내력 등도 그림만으로 모두 말할 수는 없다. 따라서 서로의 한계를 인식해 양자가 보충해야만 했을 것이니 제화시의 출현은 이런 의미에서 찾을 수 있겠다. 물론 이는 서양인에 비해 직관력을 중시하는 동양인의 사고 체계와 맞물려 있어 쉽게 단정할 수는 없지만, 둘의 상보성을 고려했음은 분명하다.

우리나라의 경우 제화시가 본격적으로 지어진 시기는 고려 무인 정권기로 볼 수 있다. 현재까지 전해지는 제화시를 보면 李仁老, 林椿, 李奎報, 陳澕의 작품이 비교적 많이 남아 있기 때문이다. 이때는 과거 급제의 이름을 적은 榜이 나붙게 되면 '사람마다 올해도 30명의 동파가 나왔다'[9]라고 할 정도로 蘇軾의 영향을 지대하게 받고 있었다. 즉,

---

6) 이희승,『국어대사전』, 민중서림, 1992.
7) 朱光潛 지음·鄭相泓 옮김,『詩論』, 東文選, 1991, 198쪽.
8) 朱光潛 지음·鄭相泓 옮김, 앞의 책, 205쪽.
9) 李奎報,『東國李相國集』卷26,「答全履之論文書」:"世之學者 初習場屋

고려 말 문인들의 제화시 제작은 소식의 영향과 시기적으로 제화시가
발달한 중국의 元代와 비슷한 때여서 자연스럽게 형성될 수 있었다.
　조선에 들어서서도 제화시 제작은 계속된다. 특히, 세종조 때 安平
大君 李瑢의 활약은 두드러지는데, 화가로 하여금 「瀟湘八景圖」를
그리게 하는가 하면, 당대 문인 19명에게 「소상팔경도」를 대상으로
시를 짓게 한다. 또한 자신이 꿈속에서 보았던 桃源의 풍경을 安堅으
로 하여금 그림으로 그리게 하고, 당대 문인 21인에게 그 그림을 토대
로 시를 짓게 한다. 그리하여 『夢遊桃圓圖詩卷』을 제작하기에까지
이른다.
　이러한 선초의 분위기는 중기를 이어 후기까지 이르는데, 이달이
그림을 시적 제재로 삼아 시로 형상화하여 제화시를 남겼음은 이런
맥락 때문에 가능했다고 하겠다. 다시 말해 제화시가 한시 장르의 하
나로 자리잡게 되면서 형성된 자연스러운 현상이었을 것이다.
　그러나 이러한 설명만으로 그 제작 경위를 모두 말했다고 할 수는
없다. 그 직접적 배경은 그 學詩 과정을 통해 알 수 있다.

　　하루는 思庵 정승이 達에게 말해주기를, "詩道는 마땅히 唐詩로 하는
　것이 正道가 되네. 子瞻의 시는 호방하기는 하지만, 이미 당시의 아래로
　떨어졌네"라고 하였다. 그리고는 시렁 위에서 李太白의 樂府・歌吟詩,
　王維, 孟浩然의 근체시를 찾아서 보여주었다. 달은 깜짝 놀란 듯 정법
　이 거기에 있음을 알았다. 드디어 전에 배운 기법을 완전히 버리고, 예
　전에 숨어살던 손곡의 산장으로 돌아갔다. 『文選』과 이태백 및 盛唐의
　12家・劉長卿・韋應物과 伯謙의 「書音」까지를 꺼내서 문을 닫고 외웠
　다. 밤이면 날을 새운 적도 있었고, 온종일 무릎을 자리에서 떼지 않기
　도 하였다. 이렇게 하여 5년을 지내자 어렴풋이 깨우침이 있었다. 시험
　삼아 시를 지었더니 어휘가 무척 淸切하여 옛날의 수법은 씻어졌다. 그
　리하여 당대 여러 시인들의 詩體를 본받아 장편・단편 및 율시・절구

_____

　科擧之文 不暇事風月 及得科第然後 方學爲詩 則尤嗜讀東坡詩 故每歲榜
　出之後 人人以爲今年又三十東坡出矣."

를 지어냈다.10)

이달은 원래 鄭士龍에게서 두보와 소식의 시를 익혔으나 思庵 朴淳을 만난 이후 당시를 정도로 삼았다고 한다. 그 당시에는 성당 12가의 시를 비롯하여 中唐의 劉長卿과 韋應物의 시까지 포함되어 있다. '밤이면 날을 새운 적도 있었고, 온종일 무릎을 자리에서 떼지 않기도 하였다'라는 말을 통해 시 수련 과정이 힘들었을 뿐만 아니라 열심히 했음을 알게 해준다. 이런 학시의 과정을 거친 연유로 허균은 「蓀谷集舊序」에서 '그의 시의 본원은 왕유와 유장경에 출입하여 기취가 온실하고 미려하며 고담하다. (중략) 이런 변화와 무쌍한 기교는 開元·天寶·大曆 등 성당 시대에 갖다 놓아도 왕유·장삼의 대열에서 빠지지 않는다'11)라고 하여 극찬을 아끼지 않는다.

위의 언급은 시풍 형성에 왕유와 유장경의 영향이 컸음을 말하는 것으로 특히, 그 동안 연구 과정 중 이달과 왕유를 연관지어 논의하게 하는 결정적 단서가 되었다.12) 실제로 이달 시를 감상해 보면 회화성이 짙음을 느낄 수 있는데, 이런 점에서 왕유의 영향을 전혀 배제할 수는 없다. 시에 있어 회화성이 있음은 회화의 묘사 기법을 시에 적용했다는 말로 평소 그림에 대한 식견이 전혀 없는 사람이라면 불가능하리라고 본다. 그러나 이달이 그림에 대한 안목이 있었음을 분명히 알 수 없는 이유는 그 단서를 알려주는 글이 거의 없기 때문이다. 다만, '晋나라 사람에 가깝도록 글씨도 잘 썼다'13)라고 하는 허균의 언급은 많은 것을 類推할 수 있게 한다. 여기서 말하는 진나라 사람은

---

10) 許筠, 『惺所覆瓿藁』 卷8, 「蓀谷山人傳」.
11) 許筠, 「蓀谷集舊序」: "其詩本源供奉 而出入乎右丞隨州 氣溫趣逸 芒麗語澹 (中略) 置在開天大曆間 瑕不廁王岑之例."
12) 이에 대한 내용은 柳晟俊, 앞의 논문 참조.
13) 許筠, 『惺所覆瓿藁』 卷8, 「蓀谷山人傳」.

王羲之를 가리킨다. 書가 있으면 당연히 畵도 뒤따랐을 것이고, 거기에 詩까지 덧보태어 시·서·화에 적지 않은 관심을 보였을 것으로 추측하게 하는 대목이다. 이런 배경 하에 그는 제화시를 제작했을 것으로 생각한다.

이미 밝혔듯이 이달 제화시는 31수이다. 이에는 사대부 계층이 즐겨 다루었던 四君子나 鶴등과 같은 문인화풍의 제재 그림보다는 산수화에 題한 시가 많다. 이는 그가 세속에 얽매이지 않고 탈세속하여 산수 유람하기를 즐겨했던 평생 이력과 관련지을 수 있겠다. 산수에 대한 관심이 산수화에까지 그 영향이 미쳤을 것이기 때문이다.

또 한 가지 특징은 어떤 그림에 題詩했는지 확실히 알 수 있는 경우는 31수 중 6수에 불과하다는 점이다. 때문에 내용을 읽어 보아야만이 어떤 그림에 제시했는지를 비로소 알 수가 있다.

3. 題畵詩의 形象化 방법

1) 立體的 이미지 표출

시에 있어 이미지는 시 감상자의 감성을 자극하여 무한한 상상의 힘을 안겨주는 역할을 담당한다. 즉, 시인은 전달하고 싶은 관념이나 실제 경험 또는 상상적 체험들을 미학적으로 그리고 호소력 있는 형태로 형상화시킬 수단을 찾는다. 이 수단이 이미지이다.[14] 따라서 이미지 선택은 주관에 치우칠 수밖에 없으며, 실제 대상과 다르다는 것은 당연하다. 주관적이라 함은 시인은 전달하고 싶은 관념이나 정서를 구체적인 언어인 이미지를 통해 표현할 것인데, 다른 사람과 다르

---

14) 金埈五, 『詩論』, 三知院, 1993, 103쪽.

게 표출한다는 의미이다.

제화시에 있어 이미지는 그림에 대한 이미지를 시인이 다시 만들어 낸 것이기 때문에 이미지의 이미지라고 할 수 있겠다. 그러나 그때 시인이 표출한 이미지도 그림에 그대로 나타난 모습 그 자체는 아니다. 그런 이유로 이미지 분석을 통해 시의 주제 뿐 아니라 시인이 의도하고자 했던 정서적 환기도 읽어낼 수 있다.

이달 제화시도 이런 측면에서 논의가 가능하다. 먼저 士大夫 계층이 詩畵 제재로 즐겨 사용했던 四君子 중 매화와 대나무 그림을 보고 시로 형상화한 작품을 인용하면 다음과 같다.

> ① 울퉁불퉁 옹이 많은 늙은 둥치 있지만
> 차가운 향 감도니 매화인 줄 알겠네
> 어젯밤 서리와 눈 속에서도
> 오히려 한 가지 꽃 피웠네
> 擁腫古槎在　寒香知是梅
> 前宵霜雪裏　尙有一枝開[15]

> ② 긴 대나무 허리가 꺾였어도
> 앙상한 가지 늙은 뿌리에서 났네
> 지금까지 안개비 속에서
> 몇 개의 어린 싹 키워냈을까?
> 脩竹半身折　疎枝生老根
> 從前煙雨裏　幾箇長兒孫[16]

이 두 시는 전개 순서가 비슷하다. 기구에서는 매화와 대나무의 모습을 형용하였고, 승구에서는 존재의 확인, 그리고 전구에서는 어려운 상황을 제시했는가 하면, 마지막 결구에서는 그 어려움을 딛고 꿋

---

15) 『蓀谷集』 卷5, 「畵梅」.
16) 『蓀谷集』 卷5, 「畵竹」.

꿋하게 살아남은 모습을 두 작품 모두 보여주고 있기 때문이다.

이렇게 전개된 모습을 구체적으로 살피면, 먼저 ①과 ②의 기구에서 보여주는 매화와 대의 이미지는 마우 유사하게 그려져 있다. 매화를 '擁腫古槎'라 하여 '울퉁불퉁 옹이 많은 옛 등지'라 했는가 하면, 대나무를 '半身折'이라 하여 '허리가 꺾인 것'으로 묘사하고 있기 때문이다. 즉, 둘 모두 시간상 오래되었음을 말함으로서 마치 생명력이 없는 듯 표현했다. 뒤이은 ①의 승구에서는 '寒香'이 있어 비로소 매화가 죽지 않고 살아 있음을 알게 되었다라고 했는가 하면, ②에서는 '疎枝'의 존재로 인해 마찬가지 대나무가 죽지 않고 생명을 지니고 있음을 다시 한 번 확인한다. 전구에서는 '霜雪裏'와 '煙雨裏'라는 비슷한 언어를 사용하여 어려운 환경 설정을 하였고, 마지막 결구에서는 '一枝開'와 '長兒孫'이라는 말을 통해 어려움을 이기고 끊임없이 이어지는 강인한 생명의 힘을 보여주고 있다.

그 동안 사군자는 시의 제재로써 닳은 사람들 입에서 膾炙되어 왔었다. 그 이유로 梅·蘭·菊·竹은 잠시라도 도를 이탈하지 않기 위해 경계하고 삼가고 두려워하며 隱顯自若하는 군자의 자태를 풍기는 식물로서 추워도 춥다하지 아니하고 더워도 덥다하지 않으며 貧寒에서도 궁생하지 아니한 강인한 지조와 절개를 지켜 中和의 哲理를 상징하고 있기 때문이다.[17] 이 중에서 특히, 매화를 시 제재로 선택하여 작품으로 형상화한 경우를 어렵지 않게 찾을 수 있는데, 이때도 같은 사물인 매화를 보고서 어떻게 형상화했느냐가 문제이다. 이는 크게 둘로 나뉘는데 事象의 순수한 존재를 관조하고 그것을 있는 그대로 전달하려는 경우와 철학의 논리적 관점에서 사상을 끌어와 부합시키려 노력하는 경우가 있다.[18] 전자가 순수 시인들에게 해당되는 사항

---

17) 洪瑀欽, 『漢詩論』, 嶺南大學校出版部, 1991, 109쪽.
18) 洪瑀欽, 앞의 책, 109쪽.

이라면, 후자는 성리학자들이 즐겼던 형상화 방법이라고 하겠다. 시 창작의 指向點이 서로 다르기 때문에 그 형상화 방법이 다르게 나타남은 당연하다고 생각한다. 이중 이달은 순수시인이므로 전자에 해당된다. 매화와 대 그림을 보고 시 형식을 빌어 새로운 이미지로 창출해냈지만, 추상적이지 않고 구체적이며 이념을 드러내 보이려는 흔적을 어디에서도 찾을 수 없는 점이 이를 뒷받침한다. 이런 이유로 실제 그림을 보고 있는 듯한 입체감을 더해 주는 것이다.

다음 시는 鶴을 제재로 한 그림을 보고 새로운 이미지로 표출해 낸 것이다.

> 외로운 학 멀리 허공을 바라보는데
> 밤이 추워 학 다리를 오그렸구나
> 갈바람 대숲에 몰아치는데
> 온몸 가득 가을 이슬 적셔있구나
> 獨鶴望遙空　　夜寒拳一足
> 西風苦竹叢　　滿身秋露滴[19]

이 작품도 앞의 시들과 마찬가지로 도덕적 이념을 추구하지 않고, 처음부터 끝까지 학에 대한 이미지 묘사로 일관했음을 읽어 낼 수 있다. 정서가 '이미지 선택'의 원리요, 한편의 시 속에 선택된 여러 이미지들을 통일시키는 힘이 있다[20]라고 할 때, 작가가 이 시의 여러 이미지들을 통해 어떤 정서를 환기시키려 했나를 알 수 있다.

화자는 가까이 있는 '獨鶴'과 멀리 있는 '竹叢'을 밖에서 관조하며 사실적으로 그리려는 데에서 그쳤지 어떠한 판단도 내리지 않는다. 단지, 외로운 학에 대한 이미지만 묘사할 뿐이다. 이러한 이미지를 더해주는 시구는 매 구마다 존재해 있다. 승구의 '夜寒'은 한 다리를 오

---

19) 『蓀谷集』 卷5, 「畵鶴」.
20) 金埈五, 앞의 책, 107쪽.

그리게 하는 원인을 제공하는 역할을 담당하는데, '춥다'라는 상태 형용사로 인해 외로움의 정도를 강화시켜 주고 있다. 전구의 '西風'과 결구의 '秋露'는 같은 계절인데도 불구하고, 중복해서 표현함으로서 마찬가지 학의 외로움이 극에 이르게 하였다. 다시 말해 이 시의 主点이 학이라고 할 때, 학이 드러내 보이려는 정서는 외로움이고, 외로움은 '寒', '風', '露' 등을 객관적 상관물(objective correlative)로 사용하여 이미지를 입체적으로 드러냈다고 하겠다.

다음 시는 허균의 評語 '其和也 若春陽被百卉'[21])에 어울리는 작품이다.

> 푸른 버들 문 닫힌 이곳이 뉘 집인가
> 반쯤 솟은 붉은 다락 끊긴 노을에 비치네
> 못 믿을 손 꾀꼬리 하루 종일 울음 우니
> 늦게 갠 마을에 지는 꽃도 많아라
> 綠楊閉戶是誰家　半出紅樓暎斷霞
> 無賴流鶯啼盡日　晚晴門巷落花多[22])

이 시는 감각적 이미지를 최대한 활용했다. 먼저 기구와 승구의 '綠楊'과 '紅樓'의 채색 대비를 통해 시각의 선명함을 드러냈고, 승구에서는 '流鶯'의 명사와 '啼'의 동사를 사용해 청각화하였다. 그리고 마지막 결구에서는 '落花多'라는 어구를 통해 시각화함으로써 봄날의 화려함을 감각 이미지를 통해 표출해 내었다. 감각적 이미지를 통해 시의 주제를 감각적으로 선명히 이허한다라고 할 때 이달이 봄날의 화려한 광경을 표현하려고 한 의도는 충분히 드러났다고 하겠다.

---

21) 許筠, 「蓀谷集舊序」.
22) 『蓀谷集』 卷6, 「題畫」 二.

2) 描寫的 거리 조절

시에 있어 미적 거리는 시인이 어떤 제재를 어떠한 태도로 인식했는가와 관련이 깊다. 즉, 같은 제재를 두고서 창작했지만, 심리적 거리[23]가 다르다면 의미조차 달라지기 때문에 시 창작의 성패까지도 좌우한다 하겠다. 이러한 거리가 描寫的이라 함은 시적 화자의 감정이 최대한 절제된 상태에서 주어진 제재를 객관화시켰음을 말한다. 다시 말해 작품 창작이 자아와 세계의 관계 속에서 일정한 구조를 갖추게 된다고 볼 때, 세계와 세계의 관계에 의해서 창작된 작품을 이른다.[24]

이런 의미에서 이달 제화시에 보이는 심리적 거리는 묘사적이라고 할 수 있겠다. 그림을 제재로 하여 시로 형상화하면서 작자의 주관은 많은 부분 억제되어 있거나 거의 나타나 있지 않기 때문이다.

① 눈이 쌓여 산길에 가득도 한데
   쓸쓸히 나뭇잎은 흩날리네
   그 사람 집은 어느 곳에 있는지?
   해 저물자 땔감 지고 돌아가누나
   積雪滿山逕　　蕭蕭林葉飛
   渠家在何處　　日暮擔樵歸[25]

② 강나무는 짙은 그늘을 덮었는데
   노새를 타고서 강길을 간다
   고깃배는 어느 곳으로 향하는가?
   해는 지고 풍랑이 이는데 …
   江樹濃陰合　　騎驢江上行
   漁舟向何處　　日暮風浪生[26]

---

23) 심리적 거리(psychic distance)란 영국의 E.Bullough가 1912년 처음으로 사용한 용어로 金埈五의 앞의 책, 247쪽을 참조할 것.
24) 尹浩鎭, 『漢詩의 意味構造』, 法仁文化社, 1996, 47쪽.
25) 『蓀谷集』 卷5, 「詠畵」 一.

①과 ②는 산수화를 시 제재로 삼았을 뿐 아니라 시 내용을 전개해 가는 화자의 감정이 모두 절제되어 있다. 먼저 ①은 '積雪'이나 '林葉飛'와 같은 시어로 인해 늦가을에서 초겨울로 넘어가는 언저리임을 알 수 있게 한다. 기구와 승구에서는 눈이 쌓여 있는 산길과 한 잎 두 잎 떨어지는 낙엽을 '蕭蕭'라는 음율적 효과까지 가미해 한적한 풍경을 그리고 있다. 여기까지는 서경 묘사이기 때문에 화자의 절제된 감정 상태를 읽을 순 없다. 그러나 전구에 나타난 작중 인물을 표현함에 있어 화자는 그에 대한 어떠한 감정의 재단도 자제한다. 심지어 '何處'라는 말을 통해 그의 집이 어디에 있는지 조차도 모름을 알려준다. 단지 화자는 작중 인물이 땔감을 지고 감으로 '日暮'라는 시간 상황을 가미해 낮에 산에서 나무를 해 해가 지자 집으로 향해 가고 있을 것이라는 상상만을 남기고 있을 뿐이다.

②는 '江樹'·'江上'·'漁舟'·'風浪' 등의 시어로 인해 배가 떠다니고 풍랑이 일 정도의 넓은 강이 있는 산수화를 제재로 한 시임을 알 수 있다. 기·승 두 구에서는 ①의 시와 마찬가지로 현상적으로 드러난 서경을 여과 없이 그리고 있다. 때문에 어떠한 감정도 개입되어 있지 않다. 그러나 전구에서는 어느 정도 감정이 개입된 듯 표현하였지만, 역시 '何處'라는 말을 통해 감정이 절제되어 있음을 간접적으로 알 수 있게 한다. 단지, 결구의 '日暮'라는 시간적 상황과 '風浪'이라는 표현을 통해 '漁舟'가 걱정스럽다는 여운을 주어 독자로 하여금 해석의 여지를 남기고 있을 뿐이다.

다음 두 시는 작중 인물이 현상적으로 드러나 있지만, 앞의 시들과 마찬가지로 어느 정도 객관적 거리를 두고 관조하는 입장에서 형상화한 작품이다.

---

26)『蓀谷集』卷5,「詠畵」四.

① 비단 주머니를 달랑달랑 차고 가며
　동자는 산옹을 따르고 있네
　작은 서늘함이 수풀 잎새에 이니
　온 산은 풍경 속에 있구나
　封着錦囊去　　童子隨山翁
　微凉起林葉　　滿山風景中[27)

② 그늘진 언덕에 옛 역이 있어
　나그네는 밤들자 투숙을 하네
　흰구름 속에서 개 짓는 소리
　동자는 산골짜기 내려가누나
　陰崖古驛存　　行人夜投宿
　犬吠白雲中　　童子下山谷[28)

　①의 시를 읽고 상상할 수 있는 산수화는 산이 있고, 중간엔 두 사람이 걸어가고, 그 아래 주변엔 잎새들이 하늘하늘 흔들거리는 모습이다. 이러한 세 공간에 위치한 것 중에서 화자는 중간에 있는 두 사람에게 관심의 초점을 모으고 있는데, 특히 童子의 걸어가는 모습을 '비단 주머니를 달랑달랑 차고 가며'라고 하여 사실적으로 묘사하였다. 그러나 이때도 두 사람이 단지 걸어가고 있음만 알릴 뿐이지, 어떠한 감정도 개입하지 않는다. 전구에서만 감정이 다소 들어간 '微凉'이라는 시어를 사용했지만, 기·승구의 '童子'와 '山翁'에 모아진 집중력이 강해 그것이 전체시에 미치는 영향은 미미할 뿐이다.
　②의 시는 ①의 시와 마찬가지로 두 명의 작중 인물이 등장하지만, 그들이 위치해 있는 곳은 다르다. 行人은 '古驛'에 투숙하려는 사람으로, 童子는 '山谷'에서 내려오는 인물로 각각 그려져 있다. 또한 기구만이 '存'이라는 어구를 통해 정적인 분위기를 자아낸다면, 승구에서

---

27)『蓀谷集』卷5,「詠畵」二.
28)『蓀谷集』卷5,「題畵帖」.

결구까지는 동적 이미지를 자아내고 있다. 이렇듯 시 전체 분위기가 동적임에도 불구하고, 묘사에만 치중했지 감정을 이입하여 직접 개입하진 않는다. 때문에 결구의 동자가 산골짜기에서 내려가는데, 그 곳에 인적이 있음을 '犬吠'라는 청각적 시어를 통해 알림으로써 '白雪中'에 쌓인 공간에 대해 상상의 여지를 남기고 있다.

이렇듯 이달은 그림을 시로 형상화함에 있어 감정의 절제된 모습을 보여 사실 묘사에 치중하려 했는가 하면, 독자로 하여금 시 감상 후에도 여운을 느낄 수 있는 여유로움마저 주고 있다.

3) 寫意的 경물 표현

그림의 이미지를 시로 형상화하는 방법에는 크게 寫意的인 것과 寫實的인 것이 있다.[29] 사의적인 방법은 '山을 그리되 象山을 그리지 않고, 나무를 그리되 象樹를 그리지 않으며, 사람을 그리되 象人을 그리지 말라(畵山不要象山 畵樹不要象樹 畵人不要象人)'[30]는 水墨의 특성을 살린 경우라 하겠다. 이는 곧 가슴 속의 心境을 회화의 영역으로 하고 형세의 형상에 그 뜻을 두지 말라는 것이며, 자연을 해석함에 있어 심령적 능력(powers of the soul)에 의한 淨化를 요하는 것이라 하겠다.[31]

이달 제화시는 대부분 사의적 형상화 방법을 취하고 있다. 몇 편의 시를 통해 그 실상을 밝혀보면 사의적 기법은 결국 어떠한 결과를 파생시켰는지를 알 수 있을 것이다.

먼저 그림 속 경물을 동적으로 표현한 시 한 수를 들어본다.

---

29) 이와 관련된 구체적 설명은 崔敬桓, 앞의 논문, 121~125쪽을 참조.
30) 崔炳植, 『中國繪畵史論』, 玄岩社, 1938, 79쪽.
31) 崔炳植, 앞의 책, 79쪽.

늙은 매화나무에 꽃이 피어나고
긴 대 숲에선 바람 소리 울린다
산 사람이 눈을 밟고 이르러서는
시구를 스스로 길게 읊조리누나
老樹梅花發　　風鳴脩竹林
山人踏雪至　　詩句自長吟[32]

이 시에 제시된 경물은 '梅花'·'竹'·'山人'·'雪' 등으로 산수화에서 흔히 접할 수 있는 것들이다. 그런데도 이러한 경물이 마치 지금 무슨 동작을 하려는 듯 느껴지는 이유는 경물에 어울리는 적절한 동사 어구를 사용했기 때문이다. '發'·'鳴'·'踏'·'吟' 등의 동사 어구는 경물의 상태가 완결된 것이 아닌 현재 진행되고 있음을 알려줌으로서 경물을 活物化시키고 있다. 그럴 뿐만 아니라 기구와 전구에서 매화가 피고, 산 사람이 눈을 밟았다라고 하여 시각화를 기했고, 승구와 결구에서는 대숲에 바람 소리 들리고, 시구를 읊조린다라고 하며 청각화하여 경물의 이미지를 뚜렷이 부각시켰다.

표현 기법 면에서는 승구와 결구를 눈여겨보아야 할 것이다. 승구에 제시된 바람의 실체는 눈으로 볼 수 있는 것이 아니다. 그럼에도 마치 대숲에 바람이 불듯이 느껴지는 것은 사의적 표현 때문이다. 또한 결구에 표현된 행동의 주체는 산 사람인데, 이것도 이달 개인의 사의성이 개입된 부분임을 쉽게 느낄 수 있다. 평면의 그림에 시구를 읊조리는 듯한 모습이 형상화되어 있을지라도 그것을 단정지어 이야기할 수는 없기 때문이다.

다음 시는 遊仙的 특징을 보여주는 작품이다.

붉은 안개 옷 입고 학을 타고
표표히 옛 신선 날아가누나

---

32) 『蓀谷集』 卷5, 「題畫」 二.

구름 속을 아득히 들어가는데
하늘 바람 불어와 그치지 않네
鶴上紫烟衣　飄飄古仙子
去入雲冥冥　天風吹不已[33]

유선은 선인이 날아서 하늘로 올라가 周流遊覽한다는 의미를 가지고 있다.[34] 이는 당풍의 내용을 이루는 특징적 한 국면이라고 할 수 있다. 이 작품은 제목에서 말해주듯이 산수를 그린 병풍을 보고 시로 형상화한 것이다. 그런데도 산수시다운 맛을 전혀 느낄 수 없는 것은 표현 기법의 사의성 때문이다.

시에 제시된 현상적 경물은 '鶴'·'仙子'·'雲' 등이다. 그러나 학이나 구름과 같은 경물은 결국 신선의 모습과 행동을 보여주기 위한 주변적인 것임을 알 수 있다. 즉, 이 시에 있어 主点은 신선이 되고, 학이나 구름 등은 신선의 활물성을 드러내 보이기 위한 장치인 것이다.

다음 제시된 작품은 매 구마다 '山'이라는 시어를 사용하고 있지만, 긴밀성을 약화시키지 않아 오언시의 특성을 제대로 살린 시이다.

산 시내 속에서 나무 하다가
산 주변 돌에서 어깨를 쉬네
멀리 고향 산을 바라보다가
서산에 해 지는 줄 알지 못하네
采樵山澗中　息肩山邊石
遙遙望家山　不知山日石[35]

각 구마다 '산'이 나오고 있지만, 각각 제시된 산의 의미는 다르다. 기구와 승구의 산은 작중 인물이 현재 나무하고 있는 공간이며, 전구

---

33) 『蓀谷集』 卷5, 「題金醉眠山水障子面」 三.
34) 金明姬, 『許蘭雪軒의 文學』, 集文堂, 1987, 86쪽.
35) 『蓀谷集』 卷5, 「題畵」 二.

의 산은 遠景에 위치한 고향산을, 결구의 산은 지금 작중 인물이 나무하는 산보다는 멀지만, 고향산보다는 가까운 곳에 위치한 공간이다. 이런 이유로 한 시어를 계속 반복해서 사용했으나 흩어짐보다는 정연한 느낌을 가져다주는 것이다.

시의 진술을 통해 대략 어떤 그림일까?를 상상할 수 있겠는데, 아마도 뒤로는 산이 첩첩이 쌓여 있는 가운데 땔나무를 옆에 두고 어디엔가 시선을 고정한 사람의 모습을 형상화한 것이 아닌가 생각한다. 이렇다면 기구와 승구까지의 내용은 그림 속에 나타낼 수 있겠지만, 전구와 결구는 실제 그림 속에 보여지는 것이 아니어서 작자의 사의적 표현 기법이 가미된 부분이라고 해야 할 것이다. 특히, 결구의 '不知'라는 시어는 작중 인물의 마음 상태를 간접 표현한 것으로 의도적이라고 해야 할 것이다.

이상 사의성이 짙은 몇 편의 작품을 살폈는데, 이들 작품의 공통점은 경물이 동적으로 느껴진다는 점이다. 즉, 이달은 비록 그림 속 경물이지만, 활물화시킴으로서 역동성까지 느끼게 했다고 하겠다.

4. 맺음말

시와 그림은 표현 방법이 서로 다르나 상보성을 인정하여 오래 전부터 둘은 하나라는 인식이 팽배해 있었다. 이달은 이러한 것을 인식한 데서 그치지 않고 직접 제화시 31수를 남겼다. 이러한 제화시를 이미지와 거리, 경물 제시 방법 면에서 고찰하였다.

첫째, 그림의 이미지를 시로 표출하는 데 순수 시인의 입장을 견지하고서 事象의 순수한 존재를 관조하고 그것을 있는 그대로 전달하려는 노력이 엿보인다. 때문에 매화나 대 그림을 보고 시 형식을 빌어 새로운 이미지를 창출해냈지만, 추상적이지 않고 구체적으로 형상화할 수 있었다. 또한 그림 속에 내재해 있는 정서를 시로 옮기기 위해 그에 맞는 이미지를 선택하여 표현했는가 하면, 감각어의 적절한 사용으로 시를 읽고 있지만, 실제 그림을 대하고 있는 듯한 느낌을 주었다.

둘째, 그림의 형상을 시로 옮기는데, 거의 많은 제화시가 관조적 거리를 유지한 채 묘사하듯 표현하였다. 관조적 거리를 유지함으로서 감정의 절제된 모습을 보여주었는가 하면, 읽는 이의 상상의 폭을 넓혔다고 해야 할 것이다.

셋째, 이달은 경물을 주로 寫意的으로 표현하였다. 사의적이라 함은 어떤 실상을 寫實的으로 묘사하지 않고, 작가의 의식을 한 번 거쳐 나온 것이라고 할 수 있다. 이달 제화시가 동적으로 느껴지는 이유는 바로 이 사의적 표현 때문이라고 결론지었다.

이상 이달 제화시의 형상화 방법을 세 측면에서 살폈다. 이외에 縮約的 시어 사용도 눈여겨보아야 할 부분이라고 생각하지만, 본 논고의 고찰 대상에서 제외하였다. 전체 제화시 31수 중 세 편 정도로 전체를 지배할만한 사항이 아니었기 때문이다.

參 考 論 著

『警修堂集』 『東國李相國集』 『惺所覆瓿藁』 『蓀谷集』

金明姬, 『許蘭雪軒의 文學』, 集文堂, 1987.

金埈五, 『詩論』, 三知院, 1993.

孫政仁, 「李奎報 題畵詩의 考察」, 『嶺南語文學』 제14집, 영남대 어문학회, 1987.

宋寯鎬, 「蓀谷 李達詩 研究」(Ⅰ), 『東方學志』 제64집, 연세대 국학연구원, 1989.

_____, 「우리 漢詩의 理解를 위한 省察과 하나의 試論 — 李達의 詩를 例로 하여 — 」, 『한국한문학연구』 학회창립20주년기념특집호, 한국한문학회, 1996.

安炳鶴, 『三唐派 詩世界 研究』, 고려대 박사학위논문, 1988.

_____, 「李達의 詩世界에 있어서의 束縛된 自我와 그 變奏」, 『泰東古典研究』 제4집, 한림대 태동고전연구소, 1986.

柳晟俊, 「蓀谷 李達詩의 唐風的 試攷」, 『韓國學論集』 제7집, 계명대 한국학연구소, 1980.

_____, 「李達과 王維의 詩 比較攷」, 東方文學比較研究會 編, 『衝擊과 調和』, 국학자료원, 1992.

兪賢淑, 『蓀谷 李達의 詩研究』, 동국대 박사학위논문, 1987.

尹浩鎭, 『漢詩의 意味構造』, 法仁文化社, 1996,

李鍾虎, 「蓀谷 李達과 三唐詩」, 성균관대 석사학위논문, 1980.

李慧淳, 「牧隱 李穡의 題畵詩 試考」, 『梨花女子大學論叢』 제52집, 이화여자대학교, 1987.

이희승, 『국어대사전』, 민중서림, 1992.

朱光潛 지음/ 鄭相泓 옮김, 『詩論』, 東文選, 1991.

崔敬桓, 「李達의 題畵詩와 詩的 形象化」, 『西江語文』 제7집, 서강어문학회, 1990.

崔敬桓, 『韓國 題畵詩의 陳述樣相 研究』, 서강대 박사학위논문, 1990,

崔炳植, 『中國繪?史論』, 玄岩社, 1988.

洪瑀欽, 『漢詩論』, 嶺南大學校出版部, 1991.

2장

李達 시에 나타난 仙趣의 두 空間

1. 머리말

仙詩는 신선과 관련된 내용을 담고 있는 시로 주로 중국 盛唐 때 많은 문인들에 의해 제작된 것으로 알려져 있다. 성당 무렵은 道書가 과거시험 과목으로 채택될 만큼 고유 종교인 道敎가 융성해가던 때이다. 또한 문인들 중에는 어지러운 현실을 떠나 은일의 삶을 추구하는 이들이 많았다. 이러한 사회의 복합적인 요인은 선시 창작을 만연시키는데, 현실의 불만을 직접 토로하지 못하는 상황에서 멀리 이상 세계나 꿈속에서 자신의 생각과 감정을 드러내 보일 수 있는 통로가 있다는 것을 긍정적으로 받아들였기 때문이다.

이러한 중국의 도교가 우리나라에 공식적으로 들어온 시기는 삼국시대 말로 본다. 그러나 우리나라에서는 타종교의 위세에 밀려 종교로서는 자리를 잡지 못하고 민간 신앙 속에 흡수되어 신비적이고 초현실적인 특성을 갖춘 것으로 인식하게 되었다. 그리하여 종교로서 뿌리내리는 것은 비록 실패했지만, 사상적인 면은 유효하여 이를 바탕으로 한 문학 창작은 끊임없이 이어져갔다. 그래서 한시를 비롯하여 설화·소설·가사·시조 등의 문학 장르에 선 취향을 나타내 보였다. 특히 한시사의 흐름에서 16, 7세기는 당시풍의 추구와 함께 시

제재의 다양함을 보여주는데, 신선을 그리거나 그들의 세계를 묘사
한 작품이 다른 시기에 비해 상대적으로 많이 나오게 된다. 그럴 수
있었던 원인은 복합적으로 얽혀 있어 한 가지로 이야기할 수는 없지
만, 송시풍에서 당시풍으로의 변모와 사회에 만연된 도가적 분위기
등을 주된 요인으로 손꼽을 수 있을 것이다.[1] 그 주요 작가를 나열하
면, 洪裕孫·鄭希良·鄭磏·朴枝華·鄭礎을 중심으로 한 丹學派와
李達·崔慶昌 등의 三唐詩人, 楊士彦·許篈·許筠·許蘭雪軒·李
春英·李睟光·申欽·權韠·鄭斗卿 등으로 당시 문단을 주도했던
이들이 거의 포함되어 있다. 이들 중 몇몇을 제외한 공통점은 세상의
時流에 영합하지 않는 方外的 삶을 살았다는데 있다.

본 논고는 이들 중 蓀谷 李達(1539?～1618?)의 仙詩를 집중 연구하
고자 한다. 이달의 시문집인 『蓀谷集』6卷에는 선적 분위기의 시가
대략 24題 32首에 이르고 있다.[2] 이중에는 물론 소재적 측면에 머무
른 작품도 있지만, 작품 전반에 걸쳐 선적 분위기를 담아낸 경우가 더
많음을 볼 수 있다. 특히 이달은 두 공간을 통해 그의 선 취향을 담아
내었는데, 본 논고에서는 탈세속 공간과 초현실 공간으로 나누어 보
았다. 탈세속 공간이라 함은 전국 방방곡곡을 유람하며 들렀던 누정
공간이나 산과 산사 등을 이르는 것으로 단순히 여행에서 그친 것이
아니라 선 분위기로 전이하고 있음을 볼 수 있다. 또한 초현실 공간이
라 함은 현실을 떠난 곳을 이르는 것으로 주로 신선의 세계를 그린

---

1) 鄭珉,「16, 7세기 遊仙詩의 자료개관과 출현동인」,『韓國 道敎思想의 理
   解』, 아세아문화사, 1990, 115～128쪽 참조.
2) 지금까지 이달과 그의 시에 대한 연구 논문은 수십편에 이른다. 이중 선
   시를 집중적으로 연구한 경우는 없었다. 단지 이달 시에 선적 분위기가 있
   음을 단편적으로 언급한 경우로는 柳晟俊,「蓀谷 李達詩의 盛唐風試攷」,
   『韓國學論集』제7집, 계명대 한국학연구원, 1980, 154쪽과 鄭珉, 앞의 논
   문, 1990, 105쪽 등이 있었는데, 이들도 이달 선시를 각각 19수와 10수로
   언급하여 필자와는 다른 입장을 보여주었다.

작품들이 해당된다. 이러한 구분이 가능한 것은 仙趣의 펼쳐진 모습
이 다르기 때문이다. 따라서 선취 공간을 탈세속과 초현실로 나누어
그 작품의 양상을 살피고, 仙 공간을 통해 지향했던 점과 한계를 고찰
해 봄을 목적으로 한다. 그러나 이의 본격적인 논의는 선 취향을 갖게
된 배경이 설명되었을 때 가능할 것이다.

2. 詩風影響과 交遊人物

이달의 선 취향에 대한 기록은 어느 곳에서도 찾을 수 없다. 따라서
그와 관련된 기록의 편린들을 모아 배경을 설명해야 할 것이다. 이는
당시 당시풍이 만연된 문단 상황과 교유인물들의 이해를 통해 설명이
가능하리라고 본다.

첫째, 이달의 당시풍에 대한 심취가 선 취향의 시를 남겼을 것으로
생각한다. 고려 말 이후 일기 시작한 송시풍은 선초까지 이어지는데,
이것도 중·명종 때에 이르러서는ㄴ 당시풍으로 변모하게 된다. 그리
고 선조와 광해군 때를 지나면서 당시풍은 문단의 주된 흐름으로 자
리를 잡는다.[3] 그럴 수 있었던 이유 중 하나는 前後七子가 중심이 되
어 '文必秦漢 詩必盛唐'의 기치를 내걸었던 중국 明 문단에 대한 우
리 문인들의 추종이 있었기 때문에 가능했다.[4] 그러나 당시 문인들의

---

3) 당시풍이 만연된 이때의 문단상황을 당시 비평가들의 시평을 통해 어렵
   지 않게 발견할 수 있다. 申欽, 『象村集』「晴窓軟談」: "麗朝及我朝 皆尙
   東坡 高麗朝大比至有三十五東坡之語 近年以來 稍稍不喜 爲詩者皆學唐
   人." 李睟光, 『芝峯類說』卷9: "我東詩人 多尙蘇黃二百年間皆襲一套 至
   近世崔慶昌白光勳始學唐."

4) 許筠, 『惺所覆瓿藁』卷4, 文部1, 「明四家詩選序」: "弘正之間 光嶽氣全
   俊民蔚興 時則北地(李夢陽)立幟 信陽(何景明)嗣筏 鏗鏘炳烺 殆與李唐之

시 창작에 대한 방법적 모색을 더 큰 이유로 들 수 있다. 즉, 시 창작의 방법적 모색을 충족시켜 줄 수 있는 詩學的 기반이 필요했을 것인데, 그것을 당시에서 찾았다.

　이러한 문단의 상황을 대변하듯 당풍을 기반으로 시를 창작하는 문인들이 점차 출현하기 시작한다. 그 대표 문인들이 소위 '삼당파'라 지칭되는 최경창·백광훈·이달 등이다. 일찍이 허균은 '국조의 시는 선조조에 이르러 크게 갖추어지게 되었다. 盧守愼은 두보의 법을 깨쳤는데 黃廷彧이 뒤를 이어 일어났고, 최경창·백광훈은 당을 본받았는데 이달이 그 흐름을 밝혔다'5)라고 하였는데, 이를 통해서도 삼당 시인의 위치를 가늠해 볼 수 있다. 특히, 시인들 중 이달이 최경창·백광훈이 일으켰던 당풍을 더욱더 振作시켰다고 함은 그의 시적 경지가 높았음을 말해준다. 그럴 수 있었던 것은 다음과 같은 그의 學詩 과정이 있었기 때문에 가능했다고 생각한다.

　　『文選』과 李太白 및 성당의 十二家·劉隨州·韋左史·伯謙의 『唐音』까지를 꺼내서 문을 닫고 외웠다. 밤이면 날을 새운 적도 있었고, 온종일 무릎을 자리에서 떼지 않기도 했다. 이렇게 하여 5년을 지내자 어렴풋이 깨우쳐짐이 있었다. 시험삼아 시를 지었더니 어휘가 무척 청절하여 옛날의 수법은 완전히 씻어졌었다. 그리하여 당나라 여러 시인들의 시체를 본받아 장편·단편 및 율시·절구를 지어냈다. 글자와 구절을 단련하고 성음과 음률을 揣摩하면서 법도에 부당함이 있으면 달이 넘고 해가 가도록 뜯어고치는 것을 거듭하였다.6)

　盛 爭其銖累 詎不韙哉 流風相尙 天下靡然 遂有體無完膚之誚 是模擬者之過也 奚病於作者 麾下生(李攀龍)以卓犖踔厲之才 鵠起而抯之 吳郡(王世貞)遂繼以代興 岳峙中原 傲倪千古 直與漢兩司馬 爭衡於百代之下 吁亦异哉 之四鉅公 實天界之以才 使鳴我明之盛 其所制作 具參造化 足以耀後來而軼前人 夫豈與標榜窃襲者 幷指而枚屈哉."
5) 許筠, 『惺所覆瓿藁』 卷25, 說部4, 「惺叟詩話」: "我朝詩 至宣廟朝大備 盧蘇齋得杜法 而黃芝川代興 崔白法唐 而李益之闡其流."

이달은 처음에는 湖陰 鄭士龍에게서 두보와 소식의 글을 배운다. 그러나 思庵 朴淳의 문하에 들어간 후부터는 唐詩를 正道로 알고 당 시인의 시문집 등을 섭렵하게 되는데, 위 글의 내용이 그와 관련된 것이다. 5년의 시간을 문학 수업 기간으로 정하고 각고의 노력을 했음은 시를 적어도 餘技로서 여기지 않았다는 말이다. 그리고 어느 한 문인이나 특정 시기에 얽매이지 않고 시를 익혔음을 알 수 있는데, 그의 시 경향을 이야기한 허균의 다음 글은 이를 대변해준다.

> 그 시는 본래 供奉 李白에 근원을 두고 右丞 王維와 隨州 劉長卿에 출입하여 기운은 따뜻하고 자취는 빼어났으며, 빛은 곱고 말은 맑았으니 그 곱기는 南威와 西子가 고운 옷을 입고 밝게 단정한 것 같고, 그 부드럽기는 봄볕이 온갖 꽃에 내려 비치는 것 같으며, 그 맑음은 서리처럼 찬 물줄기가 큰 골짜기를 씻어 내리는 것 같으며, 그 울림의 맑음은 九霄의 笙鶴이 오색구름의 표면을 노니는 것 같으며 ….7)

이달의 시의 경향을 은유적으로 묘사했지만, 정확할 뿐 아니라 자세하다는 특징을 가진다. 특히, 본 논문과 관련해 눈여겨보아야 할 부분은 '울림의 맑음은 九霄의 笙鶴이 오색 구름의 표면을 노니는 것 같다'는 표현이다. '笙鶴'은 학의 이름으로 선적 이미지를 지니고 있다. 그 학이 마치 구름 위를 노니는 것 같다라고 함은 시가 遊仙的임을 말한 대목이다. 이에서 조금이나마 이달이 시에서 선 취향을 드러내 보였다는 것을 알 수 있게 한다.

---

6) 許筠,『惺所覆瓿藁』卷8, 文部 25,「蓀谷山人傳」: "取文選太白及盛唐十二家劉隨州韋左史 暨伯謙唐音 伏而誦之 夜以繼略 瞭不觀坐席 凡五年 悅然若有悟 試發之詩 則語甚淸切 一洗舊日態 卽倣諸家體 而作長短篇及律絶 句鍛字鍊 解揣律摩 有不當於度 則月竄而歲改之."

7) 許筠,『惺所覆瓿藁』卷5, 文部2,「蓀谷集序」: "其詩本源供奉 而出入乎右丞隨州 氣溫趣逸 芒麗語澹 其艶也若南威西子 袨服而明粧 其和也若春陽之被百卉 其淸也若霜流之洗巨壑 其響亮也若九霄笙鶴 彷像乎五雲之表."

둘째, 당시 선 취향을 지닌 이들과의 교유가 선시 창작의 배경이 되었을 것으로 보인다. 이달이 교유했던 인물들 중에는 도교의 사상적 조류에 부응하는 이들이 많았다. 이들 중 許筠 가문 사람들과 蓬萊 楊士彦, 그리고 格庵 南師古와의 교유를 주목해야 할 것이다.

허균 가문과 이달이 인연을 맺게 된 것은 순전히 이달의 文才 때문이었다. 이달은 허균의 형인 荷谷 許篈과 시적 교유를 했는가 하면, 누이인 許蘭雪軒의 시재를 키웠다. 특히, 허균은 그의 나이 10대 때 이달을 만나게 되는데,[8] 당시 사람들이 그랬던 것처럼 그도 처음에는 이달을 그리 신뢰하지 않았다. 그러나 이달의 시재가 뛰어남을 보고 점차 따르게 되어 그의 문하에 출입하게 된다. 허균이 '문장은 西厓 柳成龍을 따르고, 시는 이달에게서 배우고야 바야흐로 문장의 길이란 여기에 있지 저기에 있지 않다는 것을 알았다'[9]라고 한 말에서 그러한 사정을 알게 한다.

허균은 당대에 혁혁한 가문 출신임에도 불구하고 시류에 합하지 못하는 운명을 걷는다. 이 때문에 겪은 심리적 고통과 자유분방한 성격은 한 가지 사상에 몰입하지 않는 특성을 보이는데, '내가 말하기를 道家와 佛家 二家는 우리 儒家에서는 말하지 않는 것으로 나는 마땅히 스스로 誠明의 학을 다함으로써 治平의 일을 실행할 따름이지 반드시 떠들면서 억지로 시비를 가려 배척하지는 않는다'[10]고 말함을 통해 그의 사상 체계가 단순치 않으면서 개방적이었음을 알 수 있게 한다. 또한 도가에 대한 그의 이해는 內丹學에 대한 관심으로까지 확

8) 許筠, 『惺所覆瓿藁』卷4, 文部 1, 「淸溪集序」: "不佞 往在壬午歲 尙少矣 從亡兄荷谷先生坐 遇蓀谷李益之 袖所謂龍城唱酬集者一帙."
9) 許筠, 『惺所覆瓿藁』卷10, 文部7, 「答李生書」: "文從厓相學 詩從蓀谷學 方知文章之經 在是不在彼."
10) 許筠, 『惺所覆瓿藁』卷6, 文部 3, 「酒吃翁夢記」: "余曰仙釋二家 吾儒所 不道者 吾當自盡誠明之學 以措治平之業已 不必呶呶强與辨斥之也."

대되는데, 朱之藩에게서 받은『陰府經』·『黃庭經』등을 신선이 되는 첩경으로 알고 차마 손에서 놓지 못했다는 언급이나 친구인 宋天翁에게 도교 경전을 읽는 방법을 묻는 편지[11]에서 그러한 정황을 짐작케 한다. 이와 같은 도가 사상에 대한 경도는 문학 창작으로까지 이어져 도가 성향의 작품을 남기기도 하는데,「上淸辭」18수·「海上仙夢謠」·「姑泉禮仙謠」등이 이에 해당한다.[12] 그리고 누이 난설헌의「遊仙詞」는 당시 많은 이들의 호응을 얻어 유사한 작품을 창작하게 만드는데, 이달이 선 취향 작품을 창작하게 된 배경도 이와 직접 관련이 되어 있을 것으로 짐작된다.

> 유선사 백 편은 모두 郭景純의 남긴 뜻인데, 曹堯賓 따위로는 미치지 못한다. 나의 중형 허봉과 이달이 모두 모방하여 지었으되 마침내 그 율을 넘지 못했으니 우리 누님은 天仙의 재주라 할 만하다.[13]

허난설헌은 유선사 87수를 남겼다. 여기서 유선사 백 편이라 함은 다른 유선적 작품을 합해서 이르는 듯하다. 또한 곽경순은 중국 東晉 郭璞의 자로 유선시를 남긴 이로 유명하다. 즉, 난설헌이 곽박의 뒤를 이어 유선시를 창작했고, 그녀의 유선 작품에 대한 당시 다른 이들의 호응이 컸음을 말한 대목이다. 그리고 이달이 난설헌의 유선시 영향을 받아 창작했다고 하는 작품은「步虛詞」일 것으로 추측해 본다. 이처럼 이달의 선취시는 허균 가문 사람들과 직·간접 관련을 맺어 창

---

11) 許筠,『惺所覆瓿藁』卷13, 文部10,「題石刻諸經後」: "余得之於朱宮諭 愛玩不認釋手也 噫諸經皆什仙之捷梯 人苟十周萬遍 義自朗悟."
12) 허균이 도가 성향 작품을 창작한 데는 사상뿐 아니라 문단의 성향 등 여러 복합적 요인의 힘을 받았다고 생각한다. 이에 대한 논의는 정민의 앞의 논문(1990)을 참조할 것.
13) 許筠,「鶴山樵談」: "遊仙詞百篇 皆郭景純遺意 而曹堯賓輩莫及焉 仲氏及李益之 皆擬作而率不出其藩籬 妹氏可謂天仙之才."

작되었다고 할 수 있다.

　양사언에 대한 기록은 확실한 것이 없어 자세히는 알 수 없지만, 구전되는 설화나 야사의 기록을 통해서 보면 서얼 출신임에 틀림없다.[14] 따라서 이달이 허균 가문 사람들과 시재로 인연을 맺었다면, 양사언과는 시재 뿐 아니라 동병상련의 처지에서 만남이 지속되었음이 분명하다.[15]

　이 둘의 친분이 어느 정도였는지는 주고받은 교유시를 보면 확연해진다. 이 달이 양사언을 위해 지은 대표적인 시는 「淮陽府簡寄楊蓬萊」와 「哭楊蓬萊」가 있다. 또한 양사언이 이달과 관련지어 지은 작품으로는 「降仙亭戲爲留眼蓀谷李謫仙」·「感遇贈李蓀谷」·「送李蓀谷」·「贈送平安郡事兼寄李謫仙」·「江陵詠懷示蓀谷」·「次蓀谷挽玄鶴」·「寒梅次蓀谷韻」 등이 있다. 이중 이 달의 「곡양봉래」 작품을 들어본다.

　　　　이는 인간 시해의 몸인 줄 알겠거니
　　　　모름지기 슬픈 눈물 수건 적시지 말일이다
　　　　봉래 바다 위 동쪽으로 돌아가는 길에는
　　　　아마도 벽도 천 그루 봄날이 있으리라
　　　　知是人間尸解身　　不須惆悵浪沾巾
　　　　蓬萊海上東歸路　　疑有碧桃千樹春[16]

---

14) 양사언의 자는 應聘, 호는 蓬萊·完邱·滄海·海客 등으로 알려져 있다. 양사언의 생애와 시는 홍순석의 저서(『양사언의 생애와 시』, 경인문화사, 2000)를 참조.

15) 다음 기록은 양사언이 강릉부사를 재임할 때에 이달을 반갑게 맞아 빈사의 예의를 갖추었다는 내용이다. 당시 많은 이들이 이달을 배척한 것에 비하면, 파격적인 행동이라고 할 수 있다. 許筠, 「鶴山樵談」: "李益之少 以花柳之失 忌才者從而謗之 有云 不待聖善而惟薄不修也 曉曉不已 楊蓬萊莅溟州之日 待以賓師禮 娟嫉者 又飛語於先大夫 先大夫移書 勸謝絶之."

16) 『蓀谷集』 卷6, 「哭楊蓬萊」.

'尸解'는 도가 술수의 하나로 몸만 남겨두고 혼백이 빠져 나가버린 다는 뜻을 담고 있다. 즉, 신선으로 변했다는 의미이다.[17) 또한 '蓬萊' 는 양사언의 호이기도 하지만, 方丈·瀛州와 함께 삼신산의 하나로 신선이 사는 별세계를 가리킨다. '碧桃'는 선계에서 나는 봉숭아로 알 려져 있다. 양사언은 몸은 비록 죽었지만, 혼은 신으로 변해 신선이 사는 봉래에 갔을 것이라는 내용이다. 따라서 마냥 슬퍼할 일은 아니 라는 의미로 수건을 적시지 말라고 주문한다. 양사언의 죽음을 선적 이미지로 형상화했는데, 이는 당시 양사언을 '神仙의 風采, 道人의 氣 骨'[18)이라고 평한 것과도 서로 연관지을 수 있다. 즉, 당대인에게 비 친 양사언은 보통 사람과는 다른 풍채와 기골을 지니고 있어 도가적 인물로 평가되었음을 읽을 수 있다.

양사언은 그의 작품 시제에서 이달을 '謫仙'으로 표현하여 최고의 호칭을 붙여준다. 또한「감우증이손극」작품에서는 중국 춘추·전국 시대 伯牙와 鍾子期의 고사를 들어 '지금 세속에는 노래를 아는 이 적은데 누가 종자기를 보내 백아의 짝이 되게 했나? (秖今在世知音少 誰遺鍾期伴伯牙)'라고 하여 자신은 백아이고 이달은 종자기로 서로 자신들의 처지를 잘 알고 있음도 말한다. 이처럼 이달과 양사언은 자 신들의 같은 처지를 바탕으로 시문을 서로 주고받으며 두터운 교분을 쌓았다.

남사고는 생몰 연대가 확실치 않은 인물이다. 자는 景初이고, 호는 格庵인데 역학·풍수·천문·복서·相法의 비결에 도통했다. 洪萬 宗이 그의 저서『旬五志』에서 도선가 40인을 거론하고 있는데, 40인 속에 포함되어 있어 그의 평생 이력을 가늠해 볼 수 있게 한다. 당시

---

17) 葛洪,『抱朴子』內篇 卷2 : "上士擧形昇虛 謂之天仙 中士遊於名山 謂之 地仙 下士生死後蛻 謂之尸解仙."
18) 許筠,「鶴山樵談」: "蓬萊在楓岳詩曰 … 深有仙風道骨" ; 洪萬宗,「詩評 補遺」: "楊士彦蓬萊 淸州人 官府使 能文善書 世稱仙風道骨."

남사고가 교유했던 문인으로는 鄭磏·朴枝華 등이다. 정작·박지화
등도 홍만종이 거론한 40인 속에 들어가 있는데, 이로써 이들 교유의
성격을 알 수 있게 한다. 이달이 남사고와 교유하여 남긴 시는 다음과
같다.

> 약목의 나루에 난새 수레 표연히 뜨니
> 군평의 주렴 아래 다시 누가 있으리요?
> 상동의 제자들이 남긴 초고를 거두니
> 옥동의 복사꽃 피어 온 나무가 봄일세
> 鸞馭飄然若木津　　君平簾下更何人
> 床東弟子收遺草　　玉洞桃花萬樹春[19)

지금까지 이달의 선취시 제작에 작용했을 배경을 살폈다. 이달은
삼당시인 중에서 당풍을 가장 잘 드러낸 작가로 기록되어 전한다. 따
라서 그의 시를 논할 때는 당풍과 관련지어 논해야 함은 당연하다. 선
취시도 당풍을 익히는 가운데 자연스럽게 제작되었을 것이다. 또한
이달의 주변에는 선가에 관심이 많은 이들이 있음도 살폈는데, 이러
한 것들이 복합적 배경으로 작용하여 선취시 창작의 바탕이 되었다고
하겠다.

3. 仙趣의 두 空間

1) 탈세속공간에서의 仙趣

이달에게 있어 현실은 생활의 즐거움을 안겨 주는 곳이 아니었다.

---

19) 『蓀谷集』 卷6, 「挽南格庵師古」.

그에게 있어 현실은 제약과 구속의 공간이었지만, 그렇다고 적극적으로 대항하지도 않았다. 속으로 삭히면서 속세를 떠나 자연과 벗하며 긴 여로의 길을 떠나는 것만이 그가 할 수 있는 최대의 현실 대응자세였다. 현실적으로 실현 불가능하거나 도달하기 힘든 상황임을 인식하게 되면 거기에 적응하기 위한 새로운 돌파구를 모색하게 되는데, 이때 내면의 세계에 몰입하여 자신이 처한 현재적 상황에 대하여 반복적으로 단념하고 체념하며 합리화를 하게 된다. 이러한 단계를 거치면 환상적인 꿈을 꾸게 되는데, 이러한 꿈의 하나가 신선에 대한 동경과 선계 지향이라고 할 수 있다.[20]

이달이 탈세속 공간에서 선취를 드러낸 작품으로는 그의 시집 권3에 수록된 「題孝里堂」・「送北渚金學士遊妙香之行」・「遊三淸洞」・「靑鶴洞」・「佛日庵贈因雲釋」과 권4의 「登白華山」・「降仙樓夜懷」・「次雙阜相公廣寒樓韻」・「次權進士韻」 권6의 「降仙曲次淸潤亭韻」・「三日浦」・「尋伽倻山」・「巫山道中逢雨感懷」・「遊三淸洞」 등이 해당한다. 시제에서 효리당・묘향산・심청동・청학동・불일암・강선루・광한루・청간정・삼일포・가야산・무산 등의 신선적 이미지의 지명이나 승경을 배경으로 한 누정명이 있는 것으로 보아 仙跡이 있는 곳에서 관습적으로 작품이 창작되었음을 알 수 있다. 즉, 勝景의 仙界化라고 할 수 있다. 이런 작품 경향은 선시라면 모두에 해당할 것으로 생각한다. 승경을 만나면 神仙 故事를 연상하고 선경으로 표현하기 때문이다. 따라서 중요한 것은 작품에 드러난 승경의 선계화만을 드러낼 것이 아니라 더 나아가 승경을 선계화하는 과정이 어떻게 드러나는가를 살펴야 할 것이다. 이러한 과정을 고찰하게 되면 이달의 작가로서의 纖細함과 精緻함을 읽어 낼 수 있을 것으로 생각한다.

---

20) 孫燦植, 「龍門 趙昱 詩에 表象된 神仙思想」, 『국문학과 도교』, 태학사, 1998, 191쪽.

먼저 승경이 선계화하여 마치 신선의 세계를 그리고 있는 듯한 작품을 보자.

> 삼주의 벽도는 천 년 만에 열매 맺고
> 반쯤 흰 푸른 난새 한 쌍 날아드네.
> 하늘에선 선절로 서왕모가 내려오니
> 영롱한 바다 기운 구름 창에 이어졌네.
> 三洲碧桃結千歲　　半白靑鸞來一雙
> 中天仙節降王母　　玲瓏海氣連雲窓[21]

청간정에는 이미 정해진 운자가 있었을 것이다. 선녀가 내려온다는 의미를 가진 '강선곡'을 짓기 위해 청간정의 운을 빌렸다는 시제를 가지고 있다. 이는 청간정의 분위기가 선적일 때 가능할 것으로 생각한다. 승경을 선계화시켰을 뿐 아니라 신선이 遨遊하는 이미지를 그리고 있다. 따라서 청간정이라는 특정의 장소를 언급하지 않았다면, 지상과는 전혀 무관한 천상의 세계로 착각했을 것이다.

승경의 선계화는 거의 매구마다 나온 선계의 용어로 인해 설득력을 얻고 있다. 1구의 '碧桃', 2구의 '靑鸞', 3구의 '仙節'과 '王母'등의 어휘는 모두 선계와 관련되어 있다. '벽도'는 신선 세계에서 나는 복숭아요, '청란'은 瑞禽獸로 반백이라는 구체적 색채감을 제시하여 신비함을 더해주고 있다. 또한 '왕모'는 중국 전설상의 인물인 서왕모를 가리키는데, 이 시의 가장 중요한 仙語에 해당한다. 즉, 서왕모가 하늘에서 땅으로 내려오는 모습을 신비스럽게 그리기 위한 것이 시의 진정한 목적인 것이다. '청란'이나 '벽도'는 서왕모의 messenger로써의 역할을 담당하여 주변적 선어로 보아야 할 것이다. 더구나 마지막 4구의 '海氣'는 직접적 선어는 아니지만, '영롱하다'는 수식어를 붙여

---

21) 『蓀谷集』 卷6, 「降仙曲次淸澗亭韻」.

서왕모의 강선 이미지를 더욱더 신비스럽게 만들고 있다.

> 하늘에 생학 소리 가을 하늘에 내리는데
> 천 년 전 고운은 이미 적막하구나
> 달 밝은 동문에는 흐르는 물만 있어
> 어느 곳이 무릉의 다리인지 알 수 없어라
> 中天笙鶴下秋霄　千載孤雲已寂寥
> 明月洞門流水在　不知何處武陵橋[22]

　가야산은 현재 경남 합천에 있는 산으로 거기에는 海印寺가 있다. 이 해인사는 신라 말 孤雲 崔致遠이 은거했던 곳으로 유명하다.[23] 따라서 이달도 가야산과 최치원을 연관짓고 있다. 1구에서는 가야산에 들르니 마치 선계에 접어든 느낌이 듦을 '笙鶴'의 이미지를 통해 전달하고 있다. '생학'은 선인이 타는 선학으로 위의 시에 나온 '청란'과 마찬가지로 서금주이다. 즉, 생학 소리 울리는 가야산에 왔는데 최치원의 흔적은 간 곳 없음을 말하고 있다. 그러나 여기서 '고운'은 단순히 최치원만을 가리키는 것이 아니라 외로운 구름의 이미지를 의미함으로서 중의성을 띠고 있다. 1·2구를 허균이 평하기를 '空中布景 覽之冷然'이라 하여 공중에 장면을 펼쳐놓았다고 했는데, 2구의 '고운'을 반드시 최치원만을 뜻하는 것으로 볼 수 없는 이유이다. 3구의 '洞門'는 구체적으로 해인사 입구에 題詩石이 있는 '紅流洞'을 가리킨다. 그 '홍류동'을 비추는 것은 밝은 달이다. 따라서 시간은 낮이 아닌 밤임을 알 수 있다. 거기에 청각적 이미지인 물소리만 들리니 어디가 어디인지 분간이 서지 않는다고 하며 4구에서 '무릉교'를 들어 마치 중국 晉 때의 陶淵明이 길을 헤매다 도착한 武陵桃源을 연상하게 한다.

---

22) 『蓀谷集』 卷6, 「尋伽倻山」.
23) 李荇外, 『新增東國輿地勝覽』 卷30 : "高麗太祖將興 崔致遠上書 有鶴林黃葉 鵠嶺靑松之語 羅王惡之 致遠卽帶家 隱于伽倻山之海印寺."

허균이 3·4구를 평하기를 '故墮其烟霧中'이라 했음은 현실과 이상적
낙원이 서로 분간하기 어려움을 보여준 것이라 하겠다. '무릉교'도 홍
류동 입구에 있는 다리 이름이기도 하여 2구의 '고운'과 마찬가지로
중의적으로 쓰였음을 알 수 있다. 이는 이달이 가야산의 현재 모습을
보고 신선이 되었다고 전하는 최치원과 무릉도원을 연상하면서 승경
을 선계화시켰다고 하겠다.

> 선계의 경소리 고요하고 밤의 전각은 비었는데
> 흰 구름 속 많은 별들에게 멀리 절하네
> 조금 있다 도사가 문을 닫아 건 뒤에
> 상계의 바람결에 한 점 향기 나부끼네
> 仙磬寥寥夜殿空 衆星遙拜白雲中
> 須臾道士關門後 一點香飄上界風[24]

시제인 '三淸洞'은 선계 중에서 天仙界에 속하는 것[25]으로 '三
元'·'三淸'·'三淸境'이라고 하며, 天寶帝君·靈寶帝君·神寶帝君
등의 三帝君이 거처하는 곳을 가리킨다. 그러나 이달 자신이 들른 곳
은 현실에 존재해 있는 삼청동이다. 삼청동은 당시 昭格署가 있던 곳
으로 하늘에 제사 지내고 별에게 기도하는 특정 장소의 의미를 지니
고 있다. 따라서 이러한 이미지 때문에 많은 시인묵객의 시정을 일으
키는 곳으로도 유명하다.[26]

이달이 서 있는 곳은 삼청동 밖이라고 할 수 있다. 밖에 서서 안에
서 일어나는 일을 객관적이고 관조적으로 바라보고만 있을 뿐이지 일

---

24) 『蓀谷集』卷6, 「遊三淸洞」.
25) 선계 구분에 대해서는 李演載, 『高麗詩와 神仙思想의 理解』, 亞細亞文化
   社, 1989, 157~162쪽을 참조할 것.
26) 三淸을 읊은 시에 대한 언급은 李能和 輯述·李鍾殷 譯註, 『朝鮮道敎
   史』, 普成文化社, 1986, 144~148쪽 참조.

을 주관하거나 관장하지는 않는다. 대신 일을 주관하는 이는 3구에 나오는 '道士'이다. 경소리만 고요하게 울리는 소격서(소격서 이전에는 소격전이라고 하였음)가 비었다고 하여 한적한 분위기를 더해주고 있다. 한적하고 고요한 분위기 연출은 별에게 기도해야 하는 경건한 상황을 만들기 위한 것이라고 하겠다. 이러한 예식이 끝난 후 도사는 그 전각의 문을 닫아걸고 어디론가 사라졌다. 그런데 여기에서 모두 끝난 것이 아니라 4구에서 하늘에서 부는 바람결에 향기가 묻어난다 하여 제사 지낸 정성이 하늘까지 전달되었음을 암시하고 있다. 앞에서 보았던 두 시와 마찬가지로 승경을 선적인 이미지로 그려 현실과 멀리 떨어진 것처럼 묘사하고 있다.

이달은 이처럼 승경을 선계화시켜 나름의 이미지를 창출하고 있는데, 그 선계화하는 과정을 두 가지로 나누어 볼 수 있다. 첫째, 사람이 승경에 직접 가서 체험하는 중에 선계에 몰입하는 경우가 있고, 둘째 밤이라는 특정한 시간에 入夢을 하여 선계에 들어가는 경우가 그것이다.

첫째에 해당하는 작품 두 수를 들어본다.

> ① 지리는 현무로 이어져 있고
>   노봉은 옥경에 가까움다오
>   선랑은 저절로 분이 있어서
>   떠남에도 도질을 가지고 가네
>   허공 밖에서는 향기가 들리고
>   수풀 사이에선 범종 소리 들리리니
>   만일에 녹발의 늙은이를 만나거든
>   재배하고 장생술을 물어보게나
>   地理連玄武　　爐峯近玉京
>   仙郎自有分　　道帙帶經行
>   空外聞香氣　　林間聽梵聲
>   如逢綠髮叟　　再拜問長生[27]

---

27) 『蓀谷集』卷3, 「送北渚金學士遊妙香之行」.

② 끊어진 골짜기엔 산그늘 짙고
　깊은 산엔 고목들이 평평하구나
　왕자진을 불러오게 하려고
　때에 동쌍성을 부르는구나
　청학이 나래 쳐 솔 이슬이 지고
　바위 위 노을은 적성을 감도는구나
　만일 머리 푸른 노인을 만나면
　재배하고 장생을 물어보리라
　絶壑嵐陰重　深山古木平
　欲招王子晋　時喚董雙成
　松露翻靑鶴　巖霞繞赤城
　如逢綠髮叟　再拜問長生[28]

　앞의 시는 北渚 金學士[29]가 묘향산을 유람하러 가는 것을 전송하며 지은 작품이고, 뒤의 시는 지리산 청학동을 이 달 자신이 직접 유람하면서 느꼈던 소회를 작품으로 형상화한 것이다.

　먼저 ①의 시는 거의 매구마다 仙語를 사용하여 묘향산이 신비롭고도 낭만적인 곳임을 암시한다. 1·2구에서는 북방의 신인 '玄武'와 도가에서 천제가 있다는 '玉京'을, 3·4구에서는 선인을 의미하는 '仙郞'과 도가의 서적인 '道帙'을 들고 있으며, 7구에서는 '綠髮叟'를 언급하여 묘향산이 신선의 세계와 가까이 있음을 보여준다.

　1·2구는 묘향산의 위치를 구체적으로 말한 대목인데, 지리적으로는 북방의 신으로 연결되어 있고, 봉우리는 천선계와 통해있어 속세와 멀리 떨어져 있다고 한다. 그리고 3·4구에서는 신비에 가득찬 묘향산을 가는데 道書는 필수적으로 갖고 가야 하는 것으로 김학사를 선랑

---

28) 『蓀谷集』 卷3, 「靑鶴洞」.
29) 북저 김학사가 누구인지는 확실하지 않다. 다만, 이두희 외 3인 공저, 『한국인명자호사전』(계명문화사 간, 1988)을 검토해본 결과 김류(1571~1648)라는 인물이 이달과 거의 동시대인으로 조사되었다. 그러나 이는 단정할 수 없는 문제이고, 앞으로 좀더 추적해보아야 할 것이다.

으로 지칭하며 그 당연성을 말하고 있다. 5·6구는 묘향산의 밖과 안의 이미지를 그리고 있는데, '향기가 들린다'라는 표현을 하며 후각적인 것을 청각화함으로써 구체성을 띠고 있다. 또한 수풀 속에서는 범종소리 들린다 하여 절의 존재를 알리고 있다. 마지막 7·8구에서는 푸른 머리털을 한 늙은이를 우연히 만나거든 공손히 장생의 방법을 여쭈어라고 하여 이달 자신뿐 아니라 인간에게 있어 최대의 바람을 제시하고 있다.

②의 시도 1·2구를 제외하고는 거의 모두 선어를 사용하고 있다. 3·4구에서 '王子晉'과 '董雙成'의 선인이 나오는데, 왕자진은 중국 周나라 靈王의 태자로 생황을 잘 불었으며 도사 浮丘生을 만나서 신선술을 익혀 후에 학을 타고 승천했다는 고사를 지닌 실재했던 인물이다. 그리고 동쌍성은 실재하진 않았지만, 서왕모의 시녀로 알려져 있다. 5·6구에서는 '靑鶴'이라는 서금수와 '赤城'이라는 地仙界를 언급하여 한층 더 선적 이미지를 고조시키고 있다. 그리고 4구에서는 앞의 시에서와 마찬가지로 '綠髮叟'를 등장시켜 장생의 방법을 묻겠노라고 하여 화자 자신의 의지를 드러낸다.

②의 시도 또한 선계로 이끌기 위한 과정을 ①의 시와 거의 비슷한 순서를 지키며 행하고 있다. 처음 1·2구에서 '絶壑'과 '深山'의 용어를 써서 ①의 시에서 '현무'·'옥경'이라고 하여 속세에서 멀어졌듯이 청학동이 매우 깊은 심심산천에 있음을 은밀히 보여주는가 하면, 그럴 때에만이 선계에 진입할 수 있음을 느낄 수 있도록 한다. 또한 5·6구에서는 시제 청학동에 어울리게 소나구 이슬 위를 '청학'이 난다고 했을 뿐 아니라 지선계 중의 한 곳인 '적성'을 들어 선적 이미지를 강화하고 있다. 따라서 이러한 분위기에는 분명 푸른 머리를 풀어 헤친 늙은이가 있을 것이기에 장수의 비결을 묻겠다고 다짐한다. 이처럼 이달은 승경과 직접 접하면 신비스러움 때문에 선적인 느낌을

받을 것으로 보았다.

그러나 다음 두 작품은 앞의 시들과 마찬가지로 탈세속적 상황에서
선적 감흥을 느끼나 그 과정의 相異를 보이고 있다.

① 신선들이 표현히 푸른 다락에 내려오니
　　밤 향기 가볍게 옥비녀에 감도는구나
　　천 잔 법주에 사람은 막 취하는데
　　한 무리 예상곡은 끝나지 않았어라
　　밝은 달 하늘 가득 상계가 나뉘어지고
　　긴 바람 부는 자리에서 봄 놀이를 다스리네
　　삼청동부가 오히려 여긴가 하니
　　방사의 금단을 밖에서 구하지 않으리
　　仙侶飄然下翠樓　　夜香輕泛玉搔頭
　　千杯法酒人初醉　　一隊霓裳曲未收
　　明月滿天分上界　　長風來席馭春遊
　　三淸洞府還疑此　　方士金丹不外求[30]

② 밤 기운 서늘하여 이슬 맺고 내 끼는데
　　푸른 하늘 소루 앞에 꽃 피고 달이 떴네
　　처마와 기둥은 허무 속에 어슴푸레 하고
　　생학은 아득한 곳에서 들리는 듯하여라
　　삼도의 진인이 하늘에서 내려오고
　　구천의 선례로 경연에서 취했네
　　내일 아침 다시금 오늘밤 흥을 생각하면
　　뜬 세상 공명이 비로소 가엾어지리라
　　夜氣冷冷生露烟　　碧空花月小樓前
　　簷楹怳若虛無裏　　笙鶴如聞縹緲邊
　　三島眞人來上界　　九天仙醴醉瓊筵
　　明朝却憶今宵興　　浮世功名始可憐[31]

---

30) 『蓀谷集』 卷4, 「次雙阜相公廣寒樓韻」.
31) 『蓀谷集』 卷4, 「次權進士韻」.

①의 시는 그 제목에서도 알 수 있듯이 광한루라는 특정 공간에서 지어졌을 것으로 생각한다. 1·2구는 시간은 밤이요, 공간은 광한루의 다락이다. 그런데 3구부터 6구까지는 같은 밤이면서도 1·2구 때보다도 좀더 시간이 흐른 상황임을 알 수 있다. 공간은 지상이 아닌 천상으로 변화하면서 수직 상승을 하여 마치 꿈을 꾸고 있는 듯한 느낌을 준다. 7·8구는 삼청동부, 즉 천상의 천제가 계시는 곳과 광한루를 동일시하면서 장수의 방법을 억지로 쓰지 않아도 오래 살 수 있는 비결은 여기에 있음을 말하고 있다.

②의 시도 앞의 시와 같은 입장에서 바라볼 수 있다. 시제만 보아서는 확실한 정황 파악이 되지 않으나 앞의 시와 거의 비슷한 상황에서 창작된 것이 아닌가 생각한다. 다른 점이 있다면, 앞의 시에서는 꿈에 젖어드는 모습을 '취한다'라고 했는가 하면 선인들의 舞曲인 '霓裳曲'을 들어 화자가 선계에 있음을 보여주고 있다. 한편 뒤의 시는 '어슴푸레하다'라고 하여 꿈속에 들어갔음을 암시하는가 하면, 선학인 '생학'을 통해 마찬가지로 선계에 있음을 알 수 있게 한다.

그러므로 두 작품은 구조면에서 공통점을 지니고 있다. 1·2구가 현실의 상황이면서 선적 분위기를 돋우고 있는가 하면, 3구부터 6구까지는 작중 화자가 선계를 유선하고 있고, 마지막 7·8구는 다시 현실로 돌아와 자신의 처지를 돌아보고 있기 때문이다. 즉, 現實 → 入夢 → 現實의 구조를 이루고 있다. 그러나 처음과 나중의 현실은 다르다. 처음의 현실이 환상적 밤의 분위기에서 만들어진 것이라면, 나중의 것은 선계를 거치고 온 후 새로운 자세를 가다듬게 만드는 차이를 보인다.

2) 초현실공간에서의 仙趣

선인이 사는 仙境은 현실 공간이 아닌 초현실 공간이다. 인간은 현

실에서의 불만족을 충족시키기 위해 때로는 또 다른 세상을 꿈꾸기도
하는데, 현실을 초월한 세계가 바로 그것일 것이다. 이달의 출생과 삶
은 현실적으로 수용이 불가능했다. 하지만, 수용 불가능한 세상을 담
담히 받아들일 뿐 거기에 대항해 자신의 내면을 외면화시키진 않았
다. 그 대신 문학의 상상력을 통해 잠시나마 현실을 떠나 선계의 모습
을 묘사한다. 이와 관련된 작품으로는 「題金醉眠山水障子面」·「題畵」
(卷6) 등의 제화시와 「步虛詞」 8수를 들 수 있겠다.

먼저 두 편의 제화시를 통해 현실이 아닌 공간에서 보여주는 이달
의 상상의 풍부성을 살피면 다음과 같다.

> ① 붉은 안개옷 입고 학을 타고
> 옛 신선이 표표히 날아가누나
> 구름 속을 아득히 들어가는데
> 하늘 바람 불어와 그치지 않네
> 鶴上紫烟衣　　飄飄古仙子
> 去入雲冥冥　　天風吹不已[32)]

> ② 황학루 앞에는 가을달이 밝은데
> 긴 젓대 한 소리 강을 비껴 지나가네
> 잠시 있다 곡조 끝나 학들이 날아가니
> 다시 바람을 하늘에서 몰아 상청으로 도네
> 黃鶴樓前秋月明　　一聲長笛過江橫
> 須臾曲盡鶴飛去　　更馭風天歸上淸[33)]

①의 시는 遊仙的이다. 유선은 선인이 날아서 하늘로 올라가 周流
遊覽한다는 의미를 가지고 있다.[34)] 즉, '古仙子'가 붉은 색 안개옷을
입고 학을 타고서 날고 있는 것이다. 시에 제시된 형상적 경물은

---

32) 『蓀谷集』 卷6, 「題金醉眠山水障子面 三」.
33) 『蓀谷集』 卷6, 「題畵 二」.
34) 金明姬, 『許蘭雪軒의 文學』, 集文堂, 1987, 86쪽.

'鶴'·'仙子'·'雲' 등이다. 그러나 학이나 구름과 같은 경물은 결국 신선의 모습과 행동을 보여주기 위한 주변적인 것임을 알 수 있다. 다시 말해 이 시에 있어 主点은 신선이 되고, 학이나 구름 등은 신선의 활물성을 드러내 보이기 위한 장치인 것이다.[35]

②의 시도 매구마다 신선이 遨遊하는 모습은 없지만, 3·4구에서 유선적 특질을 보이고 있다. '黃鶴樓'는 선계의 누정이다. 거기에 밝은 달이 있는 것으로 보아 시간은 밤이며, 게다가 스산함을 더해주는 가을이다. 가을의 긴 젓대 소리는 음산함까지 더해주는데, 이는 현실과 동떨어진 별세계의 모습을 그리기 위해 의도적으로 만들어낸 것이다. 3·4구는 드러나진 않지만 감추어진 작중 화자가 있는 것으로 보아야 한다. 물론 그 화자는 선인이다. 그 이유는 '학'은 仙의 이미지를 지녀 선인과 함께 하는데, 분명히 긴 젓대의 음악을 들은 이는 선인일 것이고, 그를 태우고 다니는 것은 학이 될 것이기 때문이다. 그래서 마지막 4구의 돌아가는 주체는 선인이 되는 것이다.

이상 그림을 소재로 상상의 날개를 편 두 작품을 들었는데, 신선의 생활을 구체적으로 그린 「보허사」 8수는 이달 선시의 극치라고 할 수 있다. 보허사는 악부의 일종으로 도사가 허공을 거닐며 경을 읽는 노래라는 뜻을 지닌 道家曲을 지칭한다. 따라서 신선 세계에 대한 이해가 전제되지 않으면 창작이 불가능하다. 다시 말해 仙語[36]를 많이 알고 있을 때에만 작품을 지을 수 있다는 말이다. 「보허사」 8수 중 몇

---

35) 박명희, 「李達 題畵詩의 形象化 方法」, 『韓國言語文學』 제44집, 韓國言語文學會, 2000, 93쪽.

36) 仙話는 중국 신화의 별종이며 또한 말류로 도교의 발생과 밀접히 관련되어 있다. 중국의 도교는 동한 말기에 이르러 차차 형성되기 시작했지만 종교의 선동성으로 인해 이때부터 신선의 이야기가 중심이 된 선화가 성행한다. 그리고 모든 선화는 장생불사를 그 중심 내용으로 한다. 원가 지음/전인초·김선자 옮김, 『중국신화전설』, 민음사, 1992, 99쪽 참조.

작품을 분석해 본다.

① 삼각의 높고 높은 귀밑머리에 비단을 덮고
　홀어 느린 남은 머리 가는 허릴 지났네
　조금 있다 잔치에 서왕모에게 가려는지
　한곡조 난새 피리 울리자 푸른 하늘 향하네
　三角峨峨鬢上綃　　散垂餘髮過纖腰
　須臾宴赴西王母　　一曲鸞簫向碧霄[37)]

② 왕모의 구름 마차 오색 기린이 끌고
　흰 난새 앞에서 인도하여 서쪽 향해 순수하네
　천장을 새벽에 허황전에 아뢰니
　팔만 년 봄을 여는 선계 꽃이 피었다네.
　王母雲車五色麟　　白鸞前導向西巡
　天章曉奏虛皇殿　　仙桂花開八萬春[38)]

　두 시 모두 西王母가 등장한다. ①시의 주체는 서왕모가 아니다. 대신 서왕모의 잔치에 초대받아 가는 아리따운 여인인 듯하다. 1·2구는 주체가 되는 여인에 대한 묘사로 이루어져 있다. 생김과 차림새에서 현실계의 여인과는 달리 화려함을 강조하고 있을 뿐 아니라 표현의 섬세함을 보여주고 있다. 4구의 난새 피리는 서왕모에게 가려는 여인이 유선할 수 있도록 유도하는 매개체의 역할을 담당하고 있다.
　②의 시는 ①과는 달리 서왕모가 시를 이끌어가는 주체이다. 서왕모는 가장 오랜 전설 속의 신선이고 여신 중에서도 최고의 신선이다. 따라서 '雲車'·'五色麟'·'白鸞' 등의 선어들도 그를 위해 등장한다.
　기록에 의하면 서왕모는 여러 과정을 거쳐 변모된 것으로 알려져 있다. 다음 설명은 이를 말해준다.

---

37)『蓀谷集』卷6,「步虛詞 一」.
38)『蓀谷集』卷6,「步虛詞 二」.

『산해경』「서차삼경」에 나오는 서왕모는 본래 표범의 꼬리에 호랑이의 이빨, 봉두난발에 비녀를 꽂고 하늘의 재앙과 다섯 가지 형벌을 관장하는[豹尾虎齒 蓬髮戴勝 司天之厲及五殘] 괴신이었다. 성별도 남자인지여자인지 분명하지 않다. 그러나『穆天子傳』의 서왕모는 周 穆王과 시를 주고받는 인간세계의 왕으로 나타난다. (중략) 한나라 때의 石刻畵나磚畵에 의하면 용이나 호랑이 곁에 앉아 있는 서왕모는 왕의 복장을 하고 있긴 해도 그 모습이 좀 거칠다. (중략) 이때부터 서왕모는 신선의 색채를 띠기 시작한다. 班固가 지었다고는 하지만 사실은 육조시대 사람의 작품인『漢武故事』와『漢武內傳』속의 서왕모는 <나이 삼십여 세>에 <얼굴이 너무나 아름다운> 女仙의 모습으로 변화된다.[39]

이처럼 서왕모는 처음에는 괴신으로 무서운 외모를 지녔는데 차츰 변모 과정을 거쳐 부드럽고 아름다운 신의 모습을 갖추게 된 것이다. 이달 시에 등장하는 서왕모는『한무고사』나『한무내전』에 나오는 여선의 형태로 나타난다. 이는 이달이『한무고사』나『한무내전』등의 책을 통해 서왕모를 접했을 가능성을 시사한다.

다음 시는 서왕모를 직접 등장시키진 않았지만, 그와 관련된 고사를 담고 있는 작품이다.

>청동은 완릉화와 짝을 맺고서
>삼주 소옥의 집을 밤중에 내려오네
>한가히 자양궁 일 이야기하다
>옥섬돌의 벽도화를 몰래 꺾었네
>靑童結伴婉凌華　夜下三洲小玉家
>閑說紫陽宮裏事　玉階偸折碧桃花[40]

碧桃는 서왕모가 심은 복숭아를 가리킨다. 서왕모가 심은 복숭아는 3천 년에 한번 열매를 맺는다. 그런데 그 복숭아를 東方朔이 3번이나

---

39) 원가 지음 / 전인초·김선자 옮김, 앞의 책, 97쪽.
40)『蓀谷集』卷6,「步虛詞 二」.

훔쳐 먹고 三千甲子의 장수를 누렸다는 고사가 있다. 『한무고사』에 나오는 이야기이다. 이 작품에서는 동방삭이 했던 蟠桃偸食을 靑童과 婉凌華가 하는 것으로 이야기를 각색했다. '청동'은 신선 이름이고, '완릉화'는 서왕모의 시녀이다. 그리고 '三洲'는 蓬萊·瀛洲·方丈등의 三神山을 가리키며, '小玉'은 '완릉화'와 마찬가지로 신선이 거느린 시녀이다. 즉, 1·2구는 신선이 오유하는 모습을 때와 장소 등을 들어 짧은 글 속에 구체적으로 표현하여 허균이 '遊仙佳品'이라고 평하기도 하였다. 3구에 나오는 '紫陽宮'은 신선들이 사는 궁전을 말한다. 그리고 그곳의 이야기를 주고받는 이들은 청동과 완릉화·소옥 등이다. 그들이 하는 이야기는 열거하지 않아 알 수는 없지만, 서왕모의 복숭아를 먹으면 장수한다는 것을 말하지 않았을까 하는 상상을 하게 한다. 마지막 4구의 정황을 따져 보았을 때 그러한 개연성이 있기 때문이다. 고사에 나오는 이야기를 들어 낭만적 분위기에서 시를 엮었음을 알 수 있다.

다음 시는 신선들의 진지하고 조화로운 자세를 엿보게 하는 작품이다.

① 옥간 금서의 도록을 다 통하니
  자황께서 새로이 예주궁에 내리시네
  선관들이 모셔서 용호를 배열하니
  시끄럼 없이 숙목 속에 예를 다하는구나
  玉簡金書道籙通　紫皇新下蕊珠宮
  仙官列侍排龍虎　盡禮無譁肅穆中[41]

② 삼단에서 한밤 중 진경을 강론하니
  많은 신선들 크게 모여 뜰 아래에 줄지어있네
  오직 노군께서 별전에서 수도하며
  손수 운전을 써서 현명으로 보내네
  三壇中夜講眞經　大集群仙列下庭

---

41) 『蓀谷集』 卷6, 「步虛詞 五」.

唯有老君修別殿　手書雲篆送玄冥[42]

　①의 시는 太淸 九宮의 최고의 신선인 紫皇을 많은 신선들이 엄숙한 분위기에서 예의를 갖추어 모시는 모습을 그리고 있다. 1구의 '道籙'은 도가의 예언서를 가리키는데, 그 책을 통한 사람은 감추어진 작중 화자로 이달 자신일 수도 있다. '도록'을 다 읽고 이해하고 나니 비로소 신선 '자황'이 꽃으로 꾸며 아름다운 '蕊珠宮'으로 내린다라고 하여 유선적 분위기를 보여준다. '자황'을 맞이하는 궁궐의 선관들은 원화하고 조용하다. 이러한 상황은 4구에 나온 '肅穆'이라는 어휘에서 읽어 낼 수 있다.

　②의 시도 ①의 분위기와 비슷함을 느끼게 한다. 단지 ①에서는 선관들의 조회장면을 연상하게 하고, ②에서는 많은 신선들이 도가 경전 강의를 듣고 있음이 다를 뿐이다. 3구의 '老君'은 老子를 가리킨다. 그렇다고 하면 1구의 '眞經'은 노자의 저서 『道德經』일 수도 있다. 이는 노자를 신적인 존재로 평했음을 의미한다.

　이상 초현실 공간에서의 선취시를 감상했는데, 앞의 탈세속 공간에서의 그것과는 달리 서사적이면서 낭만적이고, 선계의 이미지를 조화롭게 표현하고 있음을 알게 한다. 서사적이라 함은 선화를 바탕으로 지어진 것이기 때문에 당연하다고 본다. 그런데 선계를 조화롭게 보고 있음은 현실세계의 부조화를 선 곳간에서나마 조화롭고자 하는 갈망에서 나왔다고 해야 할 것이다. 또한 이달 자신은 선계 밖에서 관조하며 묘사하여 함께 유선하는 모습을 보이지 않는다. 이는 인간과 선계의 구분을 뚜렷이 느꼈기 때문이 아닌가 생각한다.

---

42) 『蓀谷集』卷6, 「步虛詞 八」.

4. 仙趣의 지향의식과 한계

선초 이래 소극적 방법의 현실 대응 방식의 하나로 인식되어 온 도
교사상은 임란 전쟁을 전후로 도교사상에 탐닉하여 內丹學을 추구하
는 경향이 확산되어 간다. 내단 수련법을 설명한 각종 비결과 수련서
및 단학 전수 과정을 제시한 도교사서 및 의학서의 출판이 이루어진
것도 바로 이때이다.[43] 이러한 사회적 분위기를 이끈 이들의 공통점
은 신분상의 문제로 사회에서 받아들여지지 않았거나 放逸한 성품으
로 인해 時流의 뜻에 어울리지 못했다는 데에 있다.

당시 丹學派의 일들을 기록한 서적들을 검토해보면, 이달에 대한
언급은 찾을 수가 없다. 따라서 그는 내단학을 전수한 단학파는 아니
지만, 格庵 南師古나 蓬萊 楊士彦 등과 같은 선가들과 친밀하게 지내
며 선 의식을 고취시켰을 것임은 이미 논의하였다. 뿐만 아니라 그의
시에 단편적으로 나타나는 도서에 대한 언급에서 독서에 일정한 제한
을 두지 않았음을 알 수 있다. 바로 이러한 주변적 상황이 그의 선취
시 제작에 도움을 주었다.

이달이 선취시를 통해 지향했던 것은 현실을 떠난 자유에의 飛翔
이었다. 작품 「新知樂贈申施甫德瀋」의 마지막에서 '지금 백성들 성
곽을 옳다 그르다 하는 사이에, 천 년의 遼東鶴이 되어 떠나갈거나'라
는 내용[44]을 통해 그러한 열망을 읽을 수 있다. 그에게 있어 현실은

---

43) 이때 나온 道敎史書類로는 『海東傳道錄』, 『海東異蹟』, 『靑鶴集』 등이 전
한다. 그리고 秘訣과 修鍊解說書로는 鄭磏의 「龍虎訣」 韓無畏의 「丹家
口訣」·「丹家別旨口訣」 權克中의 『參同契註解』 등이 있고, 의학서로는
許浚의 『東醫寶鑑』 등이 남아있다. 박영호, 『許筠 文學과 道敎思想』, 태
학사, 1999, 21~22쪽 참조.
44) 『蓀谷集』 卷2, "人民城郭是非間 千載去作遼東鶴." 여기서 '요동학'은 요

언제나 벗어나고픈 곳이었다. 그 현실을 벗어나는 방법은 여러 가지
가 있을 것인데, 이달은 세속을 떠난 공간과 현실에서 완전히 멀어진
곳을 택해 영원한 안식을 누리고자 했다.

이달은 탈세속 공간을 '세상 근심을 잃어버리게 하는 곳'이면서 '선
계'이고, '金丹을 구할 수 있는 곳'으로 인식하였다.[45] 따라서 세속에
서 이루지 못한 꿈을 이룰 수 있는 공간으로 생각한다. 이달도 다른
사람과 마찬가지로 장수 비법을 아는 것을 최대 꿈으로 여기는데, 이
는 이미 보았던 「送北渚金學士遊妙香之行」과 「靑鶴洞」 시의 '如逢綠
髮叟, 再拜問長生'이라는 언급에서 알 수 있다. 하지만, 이달 자신도
인간 수명은 어쩔 수 없는 한계가 있음을 인정하며, '머리 희어지니
인간 세상 슬프건만, 단사를 빚으려 해도 동천과는 멀구나'[46]라는 하
소연을 하게 된다. 탈세속 공간도 세속 공간만 아닐 뿐이지 현실 공간
임을 인정한 것이다. 이러한 현실 공간에서 느낀 한계는 초현실 공간
에서의 望仙·羨仙 의식으로 나타나나 신선의 모습을 관조하며 낭만
적으로 그릴뿐이지 거기에 직접 개입해 유선의 모습을 보이진 않는
다. 결국 이달은 마음의 안식을 찾기 위해, 그리고 인간의 한계를 인
정하고 그것에서 헤어나오고자 하는 바람에서 선계를 노래했지만, 완
전한 탈출은 하지 못했다고 하겠다.

동 사람인 丁令威를 가리킨다. 그는 선술을 익혀 학이 되어 천 년 만에
돌아왔다고 한다.
45) 『蓀谷集』 卷3, 「遊三淸洞」: "悠然忘世慮 夜久不知還"; 『蓀谷集』 卷4,
「降仙樓夜梅」: "仙居不必求他界 何處緱山有玉笙"; 『蓀谷集』 卷4, 「次
雙阜相公廣寒樓韻」: "三淸洞府還疑此 方士金丹不外求."
46) 『蓀谷集』 卷3, 「題孝里堂」: "白髮悲人世 丹砂隔洞天."

5. 맺음말

본 논고는 이달 시에 나타난 仙趣를 두 공간으로 나누어 그 작품의 양상을 살피고, 선 공간을 통해 지향했던 점과 한계를 고찰함을 목적으로 하였다.

이달의 선취시는 당풍의 영향과 당시 만연되었던 도가적 성향을 가진 인물들과의 교유로 인해 가능했다고 보았다. 고려 말 이후 일기 시작한 송시풍은 선초까지 이어지는데, 명·중종 때에 이르러서는 당시풍으로 변모한다. 그리고 선조와 광해군 때를 지나면서 당시풍은 명실공히 문단의 주된 흐름으로 자리를 잡는다. 이때 중요한 위치를 접했던 이들이 소위 말하는 '삼당시인'들이었다. '삼당시인' 중에서 특히 이달의 시적 경지가 가장 높은 것으로 평가되는데, 그의 선취시도 당시풍의 영향을 받아 제작되었다고 하겠다. 중국에서 선시 제작이 가장 많았던 때가 당 때이고, 이달의 시를 평한 허균의 글은 그것을 알게 한다.

또한 당시 교유했던 인물들을 면밀히 검토해 보면, 도선적 인물들이 많음을 볼 수 있다. 특히, 허균 가문 사람들과 봉래 양사언, 격암 남사고 등의 교유에 초점을 맞추었다. 허균 가문 사람들과 이달은 시재로 인연을 맺었다고 할 수 있는데, 그들은 서로 시를 주고 받으며서 시 창작에 직접 영향을 미치기도 한다. 이달의 유선시 창작에 허난설헌의 시가 직접적 배경이 되었음은 이를 증명한다. 양사언과 남사고는 당시 도선적 인물들로 평가받았던 사람들이다. 이러한 사람들과 서로 詩交했음은 정신적 영향도 주고받았음을 의미한다.

선취시는 탈세속적 공간과 초현실적 공간으로 양분하여 분석하였다. 이렇게 양분되는 이유는 펼쳐진 선취시의 모습이 다르기 때문이다.

먼저 탈세속 공간에서 선취를 드러내는 작품으로는 「제효리당」 「송북저김학사유묘향지행」 등 14수로 나타났다. 이러한 작품들은 승경을 접하고서 선계를 연상하는 내용으로 되어있는 것이 공통점으로 나타난다. 따라서 승경의 선계화를 언급하면서 동시에 선계화되는 과정을 논했다. 선계화되는 과정은 첫째, 사람이 직접 승경에 가서 체험하는 중에 선계에 몰입하는 경우가 있고, 둘째 밤이라는 특정한 시간에 입몽하여 선계에 들어간 경우가 있는 것으로 조사되었다.

초현실 공간에서의 선취를 나타내는 작품으로는 제화시 두 편과 「보허사」 8수였다. 보허사는 악부의 일종으로 도사가 허공을 거닐며 경을 읽는 노래라는 뜻을 지니고 있다. 다라서 仙話에 대한 이해가 전제되지 않으면 창작이 불가능하다. 이달은 평소 '善談古今'했다는 평을 받았는데, 이러한 그의 특기가 시로 형상화되었다고 하겠다. 초현실 공간에서의 선취시는 탈세속의 그것과는 달리 서사적이며, 낭만적으로 그려져 있음을 알 수 있다. 또한 선계의 모습을 조화롭게 묘사하고 있는데, 이는 현실 세계의 부조화를 선계에서나마 조화롭게 보고자 하는 갈망에서 표출되었다고 하겠다.

이상 이달의 선취시를 탈세속 공간과 초현실 공간으로 나누어 작품들을 분석하여 양상을 살폈다. 이달의 현실은 늘 암울했다. 서얼이라는 신분적 제한 뿐 아니라 어디를 가도 그를 반갑게 맞이해 주는 이는 그리 흔하지 않았기 때문이다. 이러한 현실을 벗어나고자 하는 심리는 다른 세상을 희구하게 되는데, 선계가 바로 그곳이었다. 하지만, 선계도 그에게는 위안의 안식처라기보다 그저 바라보고 있어야만 하는 관조의 대상이었다. 이것이 이달 선취시에 드러난 의식의 한계이기도 하다.

參 考 論 著

『象村集』 『惺所覆瓿藁』 『蓀谷集』 『新增東國輿地勝覽』

金明姬, 『許蘭雪軒의 文學』, 集文堂, 1987.

박명희, 「李達 題畫詩의 形象化 方法」, 『韓國言語文學』 제44집, 韓國言語文學
        會, 2000.

박영호, 『許筠 文學과 道敎思想』, 태학사, 1999.

孫燦植, 「龍門 趙昱 詩에 表象된 神仙思想」, 『국문학과 도교』, 태학사, 1998.

柳晟俊, 「蓀谷 李達詩의 盛唐風試攷」, 『韓國學論集』 제7집, 계명대 한국학연
        구원, 1980.

李能和 輯述 / 李鍾殷 譯註, 『朝鮮道敎史』, 普成文化社, 1986.

이두희 외 3인 공저, 『한국인명자호사전』, 계명문화사, 1988.

李演載, 『高麗詩와 神仙思想의 理解』, 亞細亞文化社, 1989.

鄭 珉, 「16, 7세기 遊仙詩의 자료개관과 출현동인」, 『韓國 道敎思想의 理解』,
        아세아문화사, 1990.

홍순석, 『양사언의 생애와 시』, 경인문화사, 2000.

찾아보기

박 명 희(朴明姬)

전남 장성 출생
전남대 국어국문학과 졸업
동 대학원 국어국문학과 수료(문학박사)
전남대 호남문화연구소 연구교수 역임
현 전남대, 조선대, 광주보건대 강사
현 전북대 전라문화연구소 학술연구교수 및 전남대 한국어문연구소 연구원

주요논저

『18세기 문학비평론』, 『구림연구』(공저), 「存齋 魏伯珪의 현실인식과 시적
형상화」, 「규남 하백원 시에 나타난 정회의 변모 양상」, 「여암 신경준의
고체시에 나타난 진정성」 등

호남 한시의 공간과 형상

인쇄일 2006.11.20
발행일 2006.11.30

저 자 박 명 희
발행인 한 정 희
발행처 경인문화사
주 소 서울시 마포구 마포동 324-3
전 화 718-4831 - 2
팩 스 703-9711
E-mail kyunginp@chol.com
등록번호 제 10-18 호(1973.11.8)

ISBN : 89-499-0446-2 93810   값 : 15,000원